Kohlhammer

Psychoanalyse im 21. Jahrhundert

Klinische Erfahrung, Theorie, Forschung, Anwendungen

Herausgegeben von Cord Benecke, Lilli Gast,
Marianne Leuzinger-Bohleber und Wolfgang Mertens

Berater der Herausgeber
Ulrich Moser, Henric Parens, Christa Rohde-Dachser,
Anne-Marie Sandler, Daniel Widlöcher

Eine Übersicht aller lieferbaren und im Buchhandel angekündigten Bände der Reihe finden Sie unter:

 https://shop.kohlhammer.de/psychoanalyse-21

Der Autor

Prof. em. Dr. Wolfgang Mertens war von 1982 bis 2011 Professor für Klinische Psychologie und Psychoanalyse am Department für Psychologie der Ludwig-Maximilians-Universität München. Er ist Psychoanalytiker und psychoanalytischer Psychotherapeut (DGPT) und war viele Jahre als Dozent, Lehranalytiker und Supervisor der Akademie für Psychoanalyse und Psychotherapie München e. V. tätig.

Wolfgang Mertens

Psychoanalytische Behandlungstechnik

Konzepte und Themen psychoanalytisch begründeter Behandlungsverfahren

2., erweiterte Auflage

Verlag W. Kohlhammer

Dieses Werk einschließlich aller seiner Teile ist urheberrechtlich geschützt. Jede Verwendung außerhalb der engen Grenzen des Urheberrechts ist ohne Zustimmung des Verlags unzulässig und strafbar. Das gilt insbesondere für Vervielfältigungen, Übersetzungen und für die Einspeicherung und Verarbeitung in elektronischen Systemen.

Die Wiedergabe von Warenbezeichnungen, Handelsnamen und sonstigen Kennzeichen berechtigt nicht zu der Annahme, dass diese frei benutzt werden dürfen. Vielmehr kann es sich auch dann um eingetragene Warenzeichen oder sonstige geschützte Kennzeichen handeln, wenn sie nicht eigens als solche gekennzeichnet sind.

Es konnten nicht alle Rechtsinhaber von Abbildungen ermittelt werden. Sollte dem Verlag gegenüber der Nachweis der Rechtsinhaberschaft geführt werden, wird das branchenübliche Honorar nachträglich gezahlt.

Dieses Werk enthält Hinweise/Links zu externen Websites Dritter, auf deren Inhalt der Verlag keinen Einfluss hat und die der Haftung der jeweiligen Seitenanbieter oder -betreiber unterliegen. Zum Zeitpunkt der Verlinkung wurden die externen Websites auf mögliche Rechtsverstöße überprüft und dabei keine Rechtsverletzung festgestellt. Ohne konkrete Hinweise auf eine solche Rechtsverletzung ist eine permanente inhaltliche Kontrolle der verlinkten Seiten nicht zumutbar. Sollten jedoch Rechtsverletzungen bekannt werden, werden die betroffenen externen Links soweit möglich unverzüglich entfernt.

2., erweiterte Auflage 2023

Alle Rechte vorbehalten
© W. Kohlhammer GmbH, Stuttgart
Gesamtherstellung: W. Kohlhammer GmbH, Stuttgart

Print:
ISBN 978-3-17-042344-2

E-Book-Formate:
pdf: ISBN 978-3-17-042345-9
epub: ISBN 978-3-17-042346-6

Geleitwort zur Reihe

Die Psychoanalyse hat auch im 21. Jahrhundert nichts von ihrer Bedeutung und Faszination verloren. Sie hat sich im Laufe ihres nun mehr als einhundertjährigen Bestehens zu einer vielfältigen und durchaus auch heterogenen Wissenschaft entwickelt, mit einem reichhaltigen theoretischen Fundus sowie einer breiten Ausrichtung ihrer Anwendungen.

In dieser Buchreihe werden die grundlegenden Konzepte, Methoden und Anwendungen der modernen Psychoanalyse allgemeinverständlich dargestellt. Worin besteht die genuin psychoanalytische Sichtweise auf Forschungsgegenstände wie z. B. unbewusste Prozesse, Wahrnehmen, Denken, Affekt, Trieb/Motiv/Instinkt, Kindheit, Entwicklung, Persönlichkeit, Konflikt, Trauma, Behandlung, Interaktion, Gruppe, Kultur, Gesellschaft u. a. m.? Anders als bei psychologischen Theorien und deren Überprüfung mittels empirischer Methoden ist der Ausgangspunkt der psychoanalytischen Theoriebildung und Konzeptforschung in der Regel zunächst die analytische Situation, in der dichte Erkenntnisse gewonnen werden. In weiteren Schritten können diese methodisch trianguliert werden: durch Konzeptforschung, Grundlagenforschung, experimentelle Überprüfung, Heranziehung von Befunden aus den Nachbarwissenschaften sowie Psychotherapieforschung.

Seit ihren Anfängen hat sich die Psychoanalyse nicht nur als eine psychologische Betrachtungsweise verstanden, sondern auch kulturwissenschaftliche, sozialwissenschaftliche sowie geisteswissenschaftliche Perspektiven hinzugezogen. Bereits Freud machte ja nicht nur Anleihen bei den Metaphern der Naturwissenschaft des 19. Jahrhunderts, sondern entwickelte die Psychoanalyse im engen Austausch mit geistes- und kulturwissenschaftlichen Erkenntnissen. In den letzten Jahren sind vor allem neurowissenschaftliche und kognitionspsychologische Konzepte und Befunde hinzugekommen. Dennoch war und ist die klinische Situation mit ihren spezifischen Methoden der Ursprung psychoanalytischer Erkenntnisse. Der Blick auf die Nachbarwissenschaften kann je nach Fragestellung und Untersuchungsgegenstand bereichernd sein, ohne dabei allerdings das psychoanalytische Anliegen, mit spezifischer Methodik Aufschlüsse über unbewusste Prozesse zu gewinnen, aus den Augen zu verlieren.

Auch wenn psychoanalytische Erkenntnisse zunächst einmal in der genuin psychoanalytischen Diskursebene verbleiben, bilden implizite Konstrukte aus einschlägigen Nachbarwissenschaften einen stillschweigenden Hintergrund wie z. B. die derzeitige Unterscheidung von zwei grundlegenden Gedächtnissystemen. Eine Betrachtung über die unterschiedlichen Perspektiven kann den spezifisch psychoanalytischen Zugang jedoch noch einmal verdeutlichen.

Der interdisziplinäre Austausch wird auf verschiedene Weise erfolgen: Zum einen bei der Fragestellung, inwieweit z. B. Klinische Psychologie, Entwicklungspsychologie, Entwicklungspsychopathologie, Neurobiologie, Medizinische Anthropologie zur teilweisen Klärung von psychoanalytischen Kontroversen beitragen können, zum anderen inwieweit die psychoanalytische Perspektive bei der Beschäftigung mit den obigen Fächern, aber auch z. B. bei politischen, sozial-, kultur-, sprach-, literatur- und kunstwissenschaftlichen Themen eine wesentliche Bereicherung bringen kann.

In der Psychoanalyse fehlen derzeit gut verständliche Einführungen in die verschiedenen Themenbereiche, die den gegenwärtigen Kenntnisstand nicht nur klassisch freudianisch oder auf eine bestimmte Richtung bezogen, sondern nach Möglichkeit auch richtungsübergreifend und Gemeinsamkeiten aufzeigend darstellen. Deshalb wird in dieser Reihe auch auf einen allgemein verständlichen Stil besonderer Wert gelegt.

Wir haben die Hoffnung, dass die einzelnen Bände für den psychotherapeutischen Praktiker in gleichem Maße gewinnbringend sein können wie auch für sozial- und kulturwissenschaftlich interessierte Leser, die sich einen Überblick über Konzepte, Methoden und Anwendungen der modernen Psychoanalyse verschaffen wollen.

Die Herausgeberinnen und Herausgeber
Cord Benecke, Lilli Gast,
Marianne Leuzinger-Bohleber und Wolfgang Mertens

Inhalt

Geleitwort zur Reihe 5

Vorwort 15

1 Veränderungen in der Theorie der psychoanalytisch
  begründeten Verfahren 17
  1.1 Terminologisches 18
  1.2 Veränderungen 23
      1.2.1 Veränderungen in der Persönlichkeitstheorie
            der Psychoanalyse 25
      1.2.2 Veränderungen in der psychoanalytischen
            Entwicklungspsychologie 26
      1.2.3 Veränderungen in der Allgemeinen und
            Speziellen Krankheitslehre 27
      1.2.4 Veränderungen in der psychoanalytischen
            Theorie der Behandlung 28
  1.3 Anstöße von anderen Disziplinen 33
      1.3.1 Aus den Sozial- und Kulturwissenschaften ... 34
      1.3.2 Aus der Linguistik 35
      1.3.3 Aus der Philosophie 35
      1.3.4 Aus Neurowissenschaft und Cognitive
            Science 36

2 Freie Assoziation und gleichschwebende Aufmerksamkeit: Methoden des psychoanalytischen Standardverfahrens ... 39

- 2.1 Psychoanalyse als Behandlungsmethode ... 41
- 2.2 Freie Assoziation und gleichschwebende Aufmerksamkeit – mittlerweile überholt oder nach wie vor wertvoll? ... 43
  - 2.2.1 Freie Assoziation: Methode der Selbstbeobachtung und Grundregel mit interaktivem Bezug ... 45
  - 2.2.2 Was leistet die freie Assoziation? ... 48
  - 2.2.3 Komplikationen – häufig zu Behandlungsbeginn ... 51
  - 2.2.4 Die Angst des Analytikers vor der psychoanalytischen Methode ... 56
  - 2.2.5 Seine eigenen Geschichten erzählen können ... 58
  - 2.2.6 Differenzierungen ... 59
- 2.3 Gleichschwebende Aufmerksamkeit und andere Modi des Zuhörens ... 61
  - 2.3.1 Gleichschwebende Aufmerksamkeit ... 61
  - 2.3.2 Statt des Hörens mit dem dritten Ohr die konzentrierte Beobachtung des Assoziationsflusses – Zur Prozessanalyse von Paul Gray ... 64
  - 2.3.3 Empathie in Form stellvertretender Introspektion ... 66
  - 2.3.4 Intersubjektives Zuhören ... 69
  - 2.3.5 Vor- und Nachteile der jeweiligen Modi des Zuhörens ... 71
- 2.4 Freie Assoziation und Zuhören: Künstliche Gesprächsform oder unschätzbares Erkenntnisinstrument? ... 73
- 2.5 Unterschiede zwischen Psychoanalyse, analytischer Psychotherapie und tiefenpsychologisch fundierter Therapie ... 75

3 Psychoanalytisch begründete Therapieverfahren – ein Überblick ... 81
3.1 Welche Patienten behandeln Psychoanalytiker gegenwärtig? ... 83
3.2 Psychoanalyse als hochfrequentes Standardverfahren ... 87
3.3 Überblick über psychoanalytisch begründete Therapieverfahren ... 88
3.4 Abgrenzungen und Missverständnisse: Überflüssige oder notwendige Stadien eines Professionalisierungsprozesses? ... 91

4 Diagnostik und Indikation ... 96
4.1 Diagnostik ... 97
4.2 Indikationsentscheidungen ... 100
    4.2.1 Diskussion ... 103
    4.2.2 Die Vielfalt diagnostischer Einschätzungen .. 104
    4.2.3 Zum Problem der Geltungsbegründung diagnostischer Eindrücke ... 107
4.3 Zur Indikationsstellung – was ist zu beachten? ... 109
    4.3.1 Indikation für eine Therapie nach den Psychotherapie-Richtlinien? ... 109
    4.3.2 Therapie: Ja oder nein? ... 111
    4.3.3 Kognitiv behaviorale Verfahren oder psychoanalytisch begründete Verfahren? ... 111
    4.3.4 Analytische Psychotherapie oder tiefenpsychologisch fundierte Psychotherapie? ... 114
    4.3.5 Weitere Indikationen ... 121
4.4 Schwierige Entscheidungen ... 121

5 Von der Oberfläche in die Tiefe ... 126
5.1 Die Oberfläche als Ausgangspunkt ... 127
5.2 Das präzise Verständnis der Oberflächen-Metapher ... 131
5.3 Die Oberfläche wird von Theorien bestimmt ... 140
    5.3.1 Oberfläche bei Gill ... 141
    5.3.2 Oberfläche bei Gray ... 142
    5.3.3 Oberfläche bei Kris ... 143

5.3.4	Oberfläche bei Schwaber	143
5.4	Sich-Verlassen-Können auf die unbewusste Kommunikation?	151

6 Warum ist Veränderung so schwierig? **157**
- 6.1 Zur Ubiquität von Abwehr und Widerstand 158
- 6.2 Die klassische Einteilung der Widerstände 164
- 6.3 Einige Aspekte zeitgenössischer Auffassungen über Widerstände 166
- 6.4 Sind alle Widerstände interaktionell? 169

7 Was heilt? Von der Übertragungsdeutung zum Umgang mit der interpsychischen Kommunikation – Veränderungsprozesse in der Psychoanalyse **176**
- 7.1 Vom Archäologen und Detektiv zum intersubjektiven, miterlebenden Mitgestalter 177
- 7.2 Die Anfänge der Psychoanalyse: Übertragung und Gegenübertragung – Vom größten Hindernis zum mächtigsten Hilfsmittel 181
- 7.3 Psychoanalyse in Nordamerika: »Übertragungsdeutung only« 185
- 7.4 Ein neues Verständnis von Gegenübertragung 186
- 7.5 Mutative Übertragungsdeutungen, »lex talionis« und Invalidierung pathogener Überzeugungen 188
- 7.6 Das Übertragungs-Gegenübertragungs-Geschehen dynamisiert sich – Einige Konzepte der Kleinianer 190
- 7.7 Nichtsprachliche Kommunikation als wertvolle Mitteilung und die Stärkung von Ich-Funktionen .. 192
- 7.8 Übertragungsdeutungen sind nicht immer hilfreich und angemessen 195
- 7.9 Sich-verwenden-Lassen und Empathie als Wundermittel? 199
- 7.10 Die intersubjektive Erweiterung der Selbstpsychologie 201
- 7.11 Implizites Beziehungswissen und Momente der Begegnung 204

7.12	Dyadische Bewusstseinserweiterung und interpsychische Kommunikation	208
7.13	Zwischen Affirmation und Aporie	212

Empfehlenswerte neuere Literatur mit kurzem Kommentar .. 217

Literatur 232

Sachregister 251

Personenregister 256

Vorwort

Zu allererst möchte ich Ruprecht Poensgen und dem Kohlhammer-Verlag ganz herzlich für die Inverlagnahme der umfangreichen Reihe zur »Psychoanalyse im 21. Jahrhundert« danken. Psychoanalytisches Denken durchdringt zwar nahezu jede Faser eines aufgeklärten Menschen und doch ist es keineswegs nur beliebt. Dies hat sicherlich damit zu tun, dass es uns auch immer wieder mit unliebsamen Fragen konfrontiert, die unserer Selbstliebe keineswegs schmeicheln, sondern uns auch in die Abgründe des Menschlichen und der gegenwärtigen gesellschaftlichen Verfasstheit unserer Natur blicken lässt. Andererseits stellt die Beschäftigung mit individuell und gesellschaftlich unbewussten Prozessen auch eine große Bereicherung und Möglichkeit dar, sein Menschsein tiefgründiger verstehen zu können. Man muss diese Chance nur zu ergreifen wissen.

Wie immer danke ich den vielen Studierenden, Patienten, Lehranalysanden und Supervisanden, von denen ich seit nunmehr fast vierzig Jahren lernen konnte. Ohne ihre Verbundenheit wäre das Interesse an der Beschäftigung mit psychologischen bzw. psychoanalytischen Fragestellungen zwar nicht versiegt, aber die Freude am Schreiben wäre wohl um Einiges geringer ausgefallen. Bedanken möchte ich mich vor allem auch bei meiner Frau für ihre Unterstützung. Und ganz besonderer Dank ergeht an Celestina Filbrandt, die auch dieses Mal wieder das Manuskript mit besonderer Sorgfalt redigiert hat.

1 Veränderungen in der Theorie der psychoanalytisch begründeten Verfahren

Einführung

In diesem einführenden Kapitel gilt es zunächst, terminologische Fragen zu klären: Was ist in diesem Buch unter »psychoanalytisch begründeten Verfahren« zu verstehen? Welche politischen Auseinandersetzungen gehen mit der Wahl dieser Begrifflichkeit einher?
Im Anschluss daran sollen einige ausgesuchte Veränderungen in den für die Behandlungspraxis wichtigen psychoanalytischen Disziplinen skizziert werden. Haben die grundlegenden Konzepte und Auffassungen der psychoanalytischen Theorie der Behandlung in den zurückliegenden zwei bis drei Jahrzehnten wesentliche Veränderungen erfahren und wenn ja, welche? Und was folgt daraus für die Behandlungstechnik?

Lernziele

- Einen Überblick über eine Kontroverse bei den psychoanalytisch begründeten Verfahren bekommen, die sich in den verwendeten Begrifflichkeiten äußert
- Einige Veränderungen im Überblick kennen lernen, die in den zurückliegenden drei Jahrzehnten in der psychoanalytischen Theorie und Praxis stattgefunden haben

1 Veränderungen in der Theorie der psychoanalytisch begründeten Verfahren

1.1 Terminologisches

Zunächst einmal ist ein terminologisches Problem zu klären, das wichtige Implikationen aufweist. In den Psychotherapie-Richtlinien (»PT-Richtlinien«) wird der Terminus »*Psychoanalytisch begründete Verfahren*« als Oberbegriff für die Gruppe der analytischen Psychotherapie (AP) und der tiefenpsychologisch fundierten Psychotherapie (TP) verwendet.

Die analytische Psychotherapie (AP) wurde mit der Einführung als Kassenleistung im Jahr 1967 als eine Anwendungsform des psychoanalytischen Standardverfahrens beschrieben und hinsichtlich ihrer Bestimmungsstücke festgelegt. Sie umfasst 160 Stunden zwei- bis dreistündiger Therapie, wobei eine Verlängerung auf 240 Stunden, in Ausnahmefällen auch bis zu 300 Stunden erfolgen kann.

Die tiefenpsychologisch fundierte Psychotherapie (TP, als ältere Abkürzung findet sich auch noch das Akronym tfP) wurde ebenfalls im Jahr 1967 in die Psychotherapie-Richtlinien als Alternativverfahren zur analytischen Psychotherapie eingeführt. Sie umfasst insgesamt 50 bis 80, maximal 100 Sitzungen. Die TP schließt als Sonderformen die folgenden weiteren Verfahren ein: Kurztherapie, Fokaltherapie, Dynamische Psychotherapie, Niederfrequente Therapie in einer längerfristigen Halt gewährenden therapeutischen Beziehung.

Ferner gibt es – und dies ist auf den ersten Blick verwirrend – die Bezeichnung der »*Psychodynamischen Psychotherapien*«, die im Jahr 2004 vom Wissenschaftlichen Beirat Psychotherapie ebenfalls als Oberbegriff für die analytische Psychotherapie und für die tiefenpsychologisch fundierten Psychotherapieverfahren eingeführt wurde. Mit dieser Bezeichnung ergibt sich somit ein Gegensatz zum Begriff der psychoanalytisch begründeten Verfahren, der in den Psychotherapie-Richtlinien der Oberbegriff für die beiden genannten Verfahren ist.

Dieser Gegensatz zwischen der Terminologie der Psychotherapie-Richtlinien und derjenigen des Wissenschaftlichen Beirats deutet bereits Einiges über das Spannungsfeld an, in dem sich psychoanalytische Psychotherapeuten derzeit bewegen: Sollen sie sich als Psychoanalytiker begreifen oder als Psychodynamiker? Was spricht für die eine und was für die andere Auffassung? Soll die Bezeichnung des Wissenschaftlichen

Tab. 1.1: Verschiedene Oberbegriffe für Analytische und Tiefenpsychologisch fundierte Psychotherapie

Terminologie der Psychotherapie-Richtlinien	Terminologie des Wissenschaftlichen Beirats
Psychoanalytisch begründete Verfahren	Psychodynamische Psychotherapien
Analytische Psychotherapie	Analytische Psychotherapie
Tiefenpsychologisch fundierte Psychotherapie Kurztherapie Fokaltherapie Niederfrequente Therapie	Tiefenpsychologisch fundierte Psychotherapie Kurztherapie Fokaltherapie Niederfrequente Therapie

Beirats deutlich machen, dass die aus dem Standardverfahren abgeleiteten Verfahren sich so weit von diesem entfernt haben, dass es nicht mehr zeitgemäß erscheint, den Oberbegriff »Psychoanalytisch begründete Verfahren« zu benützen, wie es den Kommentatoren der Psychotherapie-Richtlinien immer noch als sinnvoll erscheint? Klingt die Bezeichnung »psychodynamisch« umfassender und moderner, US-amerikanisch? Tatsächlich kennen amerikanische Psychoanalytiker den Begriff der »Tiefenpsychologisch fundierten Psychotherapie« nicht und sprechen, ohne allerdings völlig Vergleichbares damit zu bezeichnen, von »psychodynamic therapy«.

Der Ausdruck »Tiefenpsychologie« erscheint vielen als veraltet, weil die Raummetapher der »Tiefe« kein wissenschaftliches Konzept oder gar eine wissenschaftliche Disziplin begründen könne. Deswegen sollte ihrer Auffassung nach die Bezeichnung »Tiefenpsychologisch fundierte Psychotherapie« am sinnvollsten durch »Psychodynamische Psychotherapie« ersetzt werden. Mit zu dieser Bezeichnung beigetragen hat wie gesagt auch der Umstand, dass der Ausdruck »tiefenpsychologisch« in der nordamerikanischen Psychoanalyse nicht gebräuchlich ist und sich dort die Bezeichnung »psychodynamic« für all jene Verfahren eingebürgert hat, die nicht im engeren Sinn psychoanalytisch sind, sondern eher »psychoanalysis light« darstellen (vgl. z. B. Cabaniss et al., 2011). Zudem werden unter »psychodynamisch« zunehmend auch solche Verfahren

1 Veränderungen in der Theorie der psychoanalytisch begründeten Verfahren

subsumiert, die ursprünglich nicht dem psychoanalytischen Denken entstammen.

Ganz schön verwirrend alles, oder? Aber diese Verwirrung lässt uns auch teilnehmen an den gegenwärtigen berufspolitischen Kontroversen zwischen unterschiedlichen Traditionen, Interessensvertretungen und Verbänden, aber auch teilweise ungelösten Problemen.

Machen wir uns kurz klar, woher die Bezeichnung psychodynamisch kommt und was sie ursprünglich bedeutet hat. Sie stammt von keinem Geringeren als von Sigmund Freud, der allerdings noch nicht von »psychodynamisch« gesprochen hat, sondern von »dynamisch«. Diese Charakterisierung stellte für ihn das wichtigste und zentralste Alleinstellungsmerkmal der Psychoanalyse dar. Er thematisierte psychische Phänomene unter drei metapsychologischen Koordinaten oder Gesichtspunkten, der Dynamik, Ökonomik und Topik:

> »Die Psychoanalyse als Tiefenpsychologie betrachtet das Seelenleben von drei Gesichtspunkten, vom dynamischen, ökonomischen und topischen. In ersterer Hinsicht führt sie alle psychischen Vorgänge – von der Aufnahme äußerer Reize abgesehen – auf das Spiel von Kräften zurück, die einander fördern oder hemmen, sich miteinander verbinden, zu Kompromissen zusammentreten usw. Diese Kräfte sind ursprünglich alle von der Natur der Triebe, also organischer Herkunft, durch ein großartiges (somatisches) Vermögen (Wiederholungszwang) ausgezeichnet, finden in affektiv besetzten Vorstellungen ihre psychische Vertretung« (Freud, 1926f, S. 301).

Freud drückte die seelischen Kräfte dem damaligen wissenschaftlichen Zeitgeist entsprechend in Metaphern physikalischer Energie und der Hydromechanik aus. Jede Wissenschaftlergeneration kleidet ihre erfahrungsfernen Konstrukte in Metaphern. Bei Freud galt die Physik als Leitwissenschaft. In der zweiten Hälfte des 20. Jahrhunderts, als die Informations- und Computerwissenschaft ihren Siegeszug antrat, verwendete man Computermetaphern, bis die Biologie zur Leitwissenschaft wurde und man entdeckte, dass auch die bisherigen Computermetaphern unzureichend sind, weil das informationsverarbeitende Gehirn immer verkörpert, »embodied« ist. Dabei erfolgen die metapsychologischen Perspektivierungen auf einem hohen Abstraktionsniveau, sind aber für die Konzeptualisierung mentaler Daten unerlässlich, will man nicht bei lediglich phänomennahen Beschreibungen stehen bleiben.

1.1 Terminologisches

Man könnte diese Gesichtspunkte auch als Konstrukte bezeichnen, die über die reine Beobachtbarkeit hinausgehen, aber natürlich auch immer einen Referenzpunkt in dieser aufweisen müssen. Jede fortgeschrittene Wissenschaft arbeitet selbstverständlich mit Konstrukten unterschiedlicher Abstraktionsstufen.

Mit der dynamischen Perspektive distanzierte sich Freud vor allem von einer Betrachtungsweise, bei der seelische Konflikte auf eine degenerative Erbanlage oder angeborene Unzulänglichkeiten zurückgeführt wurden. Vielmehr kommen in ihnen widerstreitende Seelenkräfte zum Ausdruck, die sich dem ständigen Wirken unbewusster Triebe, wie Selbsterhaltung und Sexualtriebe, Psychosexualität und Aggression, verdanken. Freud (1915e) unterschied in topischer Hinsicht zwischen dem deskriptiven und dem dynamischen Unbewussten. Sein Hauptinteresse galt dem dynamischen Unbewussten, nicht dem vorübergehend nicht Erinnerbaren, dem Vorbewussten.

Das dynamische Unbewusste ist kausal wirksam. Es ist somit nicht einem Archiv abgelagerter Erinnerungseindrücke vergleichbar, sondern es steht im ständigen Kontakt zum Bewusstsein, versucht auf Umwegen, mittels so genannter Abkömmlinge kontinuierlich Zugang zum Bewusstsein zu finden und sich Geltung zu verschaffen. Im Traumbewusstsein gelingt dies scheinbar mühelos, allerdings auch nur in maskierter Form. Dieser ständige Kontakt dynamisch unbewusster Prozesse mit bewussten Vorgängen des Wahrnehmens, Erinnerns, Denkens ist wiederum für eine psychoanalytische Betrachtungsweise konstitutiv.

Mit der Entwicklung des strukturellen Denkens in *Das Ich und das Es* postulierte Freud (1923b), dass auch Teile des Ichs, wie die Abwehrmechanismen, im dynamischen Sinn unbewusst sind wie auch das Überich, das als ein Generationen übergreifender Bestand der familiären Werte, modifiziert durch individuelle projektive Vorgänge zu betrachten ist. Auch Überich-Regungen können deshalb unbewusst sein und einen erheblichen Einfluss auf die Dynamik seelischer Konflikte ausüben. Unbewusste Sühnehandlungen, Unfallneigungen, falsche Partner- und Berufswahl bis hin zum kriminellen Agieren (»Verbrecher aus Schuldgefühl«) sind bekannte Beispiele Freuds hierfür. Auch das Wirksamwerden der Signalangst, die zum Vermeiden von Schuld- und Schamangst auslösenden Handlungen führt, ist ein unbewusster Vorgang.

1 Veränderungen in der Theorie der psychoanalytisch begründeten Verfahren

In späteren Versionen der Ichpsychologie stellen jede Handlung, jedes Symptom und jeder Traum immer eine Kompromissbildung aus triebhaften Impulsen, Überich-Normen, Ängsten, Abwehrprozessen und den Anforderungen der jeweiligen Situation bzw. Realität dar. Die zuletzt genannten Erscheinungen implizieren selbstverständlich auch einen adaptiven und einen systemischen Gesichtspunkt.

Was folgt aus diesem Exkurs nun für die Betrachtung der eingangs aufgeworfenen Frage?

Der vom Wissenschaftlichen Beirat Psychotherapie eingeführte Oberbegriff der »*Psychodynamischen Psychotherapien*« hat die Absicht, die in manchen Kreisen mittlerweile als veraltet oder als zu eng geltende Bezeichnung »Psychoanalyse« zu vermeiden. Für Außenstehende wirkt der Begriff »psychodynamisch« offenbar zeitgemäßer und moderner. Psychoanalyse bliebe dann aber nur noch ein untergeordnetes Verfahren, nicht jedoch der Ursprung von allem. Unbekannt bleibt für Viele dabei auch, dass Freud die zentrale Betrachtungsweise psychischer Prozesse wie ausgeführt dynamisch begründet hat. Und wir haben gehört, dass in den USA aus dem dynamischen Gesichtspunkt und der »deep psychology« dann irgendwann der Terminus »psychodynamic« wurde.

Ein weiterer Grund für dieses offensichtliche »Updating« ist, dass in der psychotherapeutischen Versorgung diejenigen Therapeuten, die tiefenpsychologisch fundierte Therapieverfahren praktizieren, gegenüber den analytischen Psychotherapeuten seit dem Inkrafttreten des Psychotherapeuten-Gesetzes im Jahr 1999 eindeutig in der Überzahl sind, und dass sich viele von ihnen aufgrund berufspolitischer Gründe von der »Mutter Psychoanalyse« endlich emanzipieren wollen, um nicht mit der angeblich veralteten, aber auch standespolitisch immer noch als mächtig wahrgenommenen Psychoanalyse in einen Topf geworfen zu werden. Diese Loslösungs- und Individuationsbewegung gleicht aber in mancherlei Hinsicht dem Hin- und Hergerissensein von Frühadoleszenten: Zum einen wollen sie bereits weitgehend selbstständig sein, zum anderen sind sie aber noch sehr auf ihre Eltern angewiesen und ohne sie genau genommen nicht überlebensfähig. Allerdings muss diese Abhängigkeit kräftig verleugnet werden, denn sie täte dem Selbstwertgefühl des Heranwachsenden überhaupt nicht gut. Aber wie kann man tiefenpsychologisch oder psychodynamisch argumentieren und vor allem auch qualifiziert behandeln, wenn man nicht über den Wissensschatz der Arbeitsweisen unbewusster Prozesse, der Entstehung von Konflikten, der Auswirkungen und Verarbeitungen von Traumatisierungen, der vielfältigen Abwehrmodalitäten, der Entstehung von Persönlichkeitszügen, entwicklungspsychologischer Abfolgen, der Wirkungsweise unbewusster Abwehrvorgänge, des Erkennens und Durcharbeitens von Widerständen u. a. m. verfügt? All diese Themen bilden aber den genuinen Erfahrungsschatz der Psychoanalyse, der sich im 20. Jahrhundert weltweit entwickelt, konsolidiert und diversifiziert hat. Nur wenn man aus Unkenntnis oder aus berufspolitischen Gründen die Psychoanalyse auf das Werk Freuds begrenzt, hätte man mit der Auffassung Recht, dass man sich von dieser »veralteten« Form der Psychoanalyse distanzieren und eine moderne, auch »evidenzbasierte« Form der psychodynamischen Therapie vertreten müsse. Denn tatsächlich ist Einiges von Freuds ursprünglichen Auffassungen heutzutage nicht mehr vertretbar. Und solange eine kaum mehr überschaubare Pluralität psychoanalytischer Richtungen, Minitheorien und Modelle besteht, kann man auch wiederum diejenigen Kollegen verstehen, die eine operationalisierte Begriffssprache und handhabbare psychodynamische Manuale der schwer zu durchdringenden Komplexität psychoanalytischer Begriffe und Konzepte vorziehen. Und schließlich lässt sich auch nicht übersehen, dass die Nachfrage nach zeitlich begrenzten und auf Symptomreduktion abzielenden Verfahren sehr hoch ist, deren Evidenzbasierung zudem leichter zu erreichen ist als bei Langzeittherapien.

1.2 Veränderungen

Es wäre aber mehr als verwunderlich, wenn sich psychoanalytisches Wissen im 20. Jahrhundert nicht kontinuierlich weiterentwickelt hätte. Wenn viele Außenstehende ihr attestieren, dass sie ja immer noch an den ursprünglichen Freud'schen Positionen festhalte, dann scheinen diese Personen so gut wie nichts von dieser Weiterentwicklung mitbekommen zu haben oder zu wollen.

Natürlich spielen hierbei auch Wissenslücken selbst bei solchen Menschen eine Rolle, die dem psychoanalytischen Projekt der Aufklärung durchaus wohlgesonnen sind: So konnte man in einem Gespräch zwischen dem Hirnforscher Gerhard Roth und dem Psychoanalytiker Otto Kernberg im Nachrichtenmagazin »Der Spiegel« im Jahre 2014 lesen, dass Roth anzweifelte, ob die Psychoanalyse ausreichend wirkungsvoll sei, da sie ja nur auf Prozesse der Einsicht abziele. Worin könnte hierbei die Wissenslücke bestehen?

Schon Freud verglich in einer fiktiven Ansprache an Ärzte, die seine junge Wissenschaft Psychoanalyse ohne genauere Kenntnisse lediglich nach dem Hörensagen anwendeten, wenn sie zum Beispiel glaubten, neurotische Symptome allein durch das Benennen kindlicher Konflikte und Traumata beseitigen zu können, mit dem Austeilen von Menükarten an Hungernde in Zeiten einer Hungersnot. Nur die Berücksichtigung der Beziehung und der Arbeit mit der Übertragung und dem Widerstand, also nur eine emotional fundierte, beziehungsmäßig und körperlich basierte therapeutische Anstrengung kann zu einer schrittweisen Verbesserung seelischer Leidenszustände führen. Dies ist aber mit anderen Worten ausgedrückt genau das, was Roth im Gespräch mit Kernberg äußert und anmahnt: Veränderungen sind das Ergebnis eines langwierigen und durchaus auch mühseligen Prozesses, in der es zunächst zu einer intensiven Bindung zwischen Patient und Therapeut kommen muss. Ohne diese gefühlshafte Bindung werden keine unbewussten Lernvorgänge aktiviert, die wiederum die Voraussetzung für die Veränderung von bereits früh gelernten Gefühlsgewohnheiten im limbischen System sind (vgl. »Der Spiegel« 2014, Heft 7, S. 131 f.). Kognitive Einsicht in einer eher funktionalen und zweckinstrumentellen Beziehung alleine, wie sie lange Zeit von der Kognitiven Verhaltenstherapie favorisiert wurde, kann nach Roth nicht zu den gewünschten Veränderungen führen, sondern ein Patient muss auf intensive Weise emotional ergriffen werden. Aus diesem Grund betonte Freud vor mehr als einem Jahrhundert, wie wichtig die Arbeit mit der Übertragung sei (▶ Kap. 7).

Es ist nun in der Kürze, die dieser Einführungsband mit sich bringt, nicht möglich, auf all die verschiedenen Entwicklungen der Psychoanalyse seit Freuds Tod vertieft einzugehen. Im Folgenden werden deshalb nur einige der in den letzten 20 bis 30 Jahren erfolgten wichtigsten Veränderungen in der Theorie und Praxis der Psychoanalyse skizziert, so weit sie für das vorliegende Thema von Interesse sind (weitere Literatur z. B. Eagle, 2012, Ehlers & Holder, 2009, Küchenhoff, 2010, Westen & Gabbard, 2002a, b).

1.2.1 Veränderungen in der Persönlichkeitstheorie der Psychoanalyse

- Die rasch expandierende Bindungstheorie trug dazu bei, dass die Beschaffenheit von frühen Mutter-Kind-Interaktionen nicht nur empirisch gut nachvollziehbar wurde, sondern auch die – vor allem von Objektbeziehungstheorie und Selbstpsychologie postulierte – wichtige Rolle der Mutter in den ersten Lebensjahren beim Aufbau von Bindungssicherheit eine empirische Bestätigung erhielt (z. B. Brisch et al., 2002). Die Konzentration auf die gut messbaren Bindungsverhaltensweisen führte aber auch zu einem deutlichen Defizit hinsichtlich des Verstehens des menschlichen Phantasielebens, das nicht nur aus Bindungsthemen und den unmittelbaren und sichtbaren Resultaten der Eltern-Kind-Interaktion besteht
- Dieser erkennbare Mangel wurde in den letzten Jahren zu beheben versucht, indem über den Zusammenhang von Bindung und Psychosexualität neue Hypothesen entwickelt wurden (z. B. Widlöcher, 2002, Diamond, 2007, Target, 2007, Müller-Pozzi, 2008, Strauß et al., 2010, Fonagy, 2011)
- Die zweite Generation der Bindungsforschung unter psychoanalytischen Vorzeichen schuf ebenfalls wichtige Erkenntnisse über die Entwicklung des Mentalisierungsvermögens und der Theorie des Geistes (z. B. Fonagy et al., 2004)
- Das Konzept der allgemeinen Verführungstheorie von Laplanche und damit des grundlegenden Primats des Anderen ermöglichte eine intersubjektive Erweiterung der aus psychoanalytischer Sicht nach wie vor grundlegenden Dimension menschlicher Psychosexualität (z. B. Laplanche, 1996, Müller-Pozzi, 2008, 2012, 2014, Gammelgard & Zeuthen, 2010, Scarfone, 2014)

1 Veränderungen in der Theorie der psychoanalytisch begründeten Verfahren

- Ebenfalls in die Richtung der Dekonstruktion des Triebs als einer biologisch vorgegebenen Naturkategorie zielten die Arbeiten von Lorenzer. Triebe werden in prä- und postnatalen Interaktionen vom physiologischen Körpersubstrat des Fetus/Säuglings und dem mütterlichen Organismus hergestellt; die Triebstruktur entsteht deshalb immer innerhalb einer bestimmten Gesellschaftsformation (z. B. Lorenzer, 1972, Busch, 2001).

1.2.2 Veränderungen in der psychoanalytischen Entwicklungspsychologie

- Die Arbeiten der dritten und vierten Generation entwicklungspsychologisch orientierter Psychoanalytiker, wie z. B. John Bowlby, Robert N. Emde, Peter Fonagy, Joseph Lichtenberg, Allan Schore, Daniel Stern führten zu einer Korrektur und Differenzierung früherer Modelle und Konzepte (z. B. Palombo, 2009, Kapfhammer, 2014, Staats, 2021a, b).
- Die zunehmende Überzeugung, dass menschliche Entwicklungsprozesse nicht linear, sondern nonlinear konzeptualisiert werden müssen (z. B. Meissner, 2000, Mayes, 2001, Sander, 2002, Tyson, 2002, Galatzer-Levy, 2004, Knight, 2011) führte zu einer Revision von rekonstruktiv genetischen und entwicklungspsychologischen Annahmen. Nicht nur die Pubertät stellt eine Chance für Veränderungen des in der (frühen) Kindheit Erlebten dar, sondern jede Entwicklungsphase ist offen gegenüber Veränderungsimpulsen. Diese viel größere Bereitschaft für Destabilisierungen schafft die Voraussetzung für ein kontinuierlich emergentes Wachstum und befreit Kliniker – zumindest teilweise – von der angestrengten Suche nach dem Früheren und Regressiven. Auf diese Weise kann auch der Analytiker zu einem neuen »Entwicklungsobjekt« werden (Abrams & Solnit, 1998)
- Der trieb- und objektbeziehungstheoretischen Sichtweise des ödipalen Konflikts wurden kognitive Theorien der Denk- und Theory of Mind-Entwicklung an die Seite gestellt; dies hat z. B. zur Folge, dass seine Auflösung oder sein »Niedergang« nicht mehr so selbstverständlich erscheint wie von der klassischen Psychoanalyse behauptet (z. B. Brüggen, 2005, Fonagy, 2010, Fosshage, 2010)

1.2 Veränderungen

- Weitere weibliche Versionen des Ödipuskomplexes wurden entworfen, wie z. B. der Kore-Persephone-Komplex, um der spezifischen Entwicklung des Mädchens Rechnung zu tragen; diese aus der Mythologie entnommenen Konfliktkonstellationen dürfen aber nicht als generelle Gesetzmäßigkeiten, sondern lediglich als eine der vielen Varianten von Mutter-Tochter-Konflikten betrachtet werden (z. B. Kulish & Holtzman, 1998, Flaake, 2001, Silverman, 2012)
- Neuere Konzepte und Überlegungen zur Bedeutung der frühen Triangulierung des Jungen für die männliche Identitätsbildung entstanden (z. B. v. Klitzing, 2002, Blaß, 2010, Diamond, 2010, Hopf, 2014)

1.2.3 Veränderungen in der Allgemeinen und Speziellen Krankheitslehre

- Symptome, neurotisches und psychosomatisches Erleben, beeinträchtigte zwischenmenschliche Beziehungen wurden noch konsequenter als individuelle Kompromissbildungen aufgefasst. In diesen wird eine Balance von Wohlbehagen, Selbstakzeptanz und Sicherheit und gleichzeitiger Vermeidung von depressiver Angst, Scham und Schuld angestrebt, wobei die Anpassung an die jeweilige äußere Realität hierbei ebenfalls eine entscheidende Rolle spielt (z. B. Busch, 1995, Steiner, 1998, Abend, 2005)
- Einem Verdrängungsmodell wurde ein Dissoziationsmodell an die Seite gestellt. Sprachlich symbolische Repräsentanzen bleiben im pathologischen Fall von subsymbolischen Emotionsschemata dissoziiert (z. B. Bucci, 2007a, b). An die Stelle der Aufhebung von Verdrängungen tritt die transformierende Arbeit: Körperliche Emotionsempfindungen werden mit symbolischen Repräsentanzen verknüpft und dadurch erst in einem »psychischen Innenraum« verwörterbar (s. u.)
- Der Stellenwert des ödipalen Konflikts wurde relativiert: Am übersichtlichsten hat die Arbeitsgruppe OPD diese Entwicklung zusammengefasst und neben dem ödipalen Konflikt sechs weitere unterschieden (Arbeitsgruppe OPD, 2006)

- Die unfruchtbare Polarisierung von Konflikt und defizitärer Ich-Entwicklung, aber auch von Konflikt und Trauma wurde beendet (z. B. Weinshel, 1990, Busch, 2005)
- Auf die epidemiologischen Befunde über eine Zunahme von Patienten mit niedrig strukturierten Ichfunktionen (z. B. Borderline-Persönlichkeitsstörungen, Patienten mit einer paranoid-schizoiden Organisation) wurde mit einer Modifizierung der psychoanalytischen Standardvorgehensweise und der Entwicklung diverser, aus der Psychoanalyse abgeleiteter Therapieverfahren reagiert (s. z. B. Kernberg et al., 2000, Rudolf, 2004, Streeck, 2004 u. ▶ Kap. 3)
- Die Diagnose und Behandlung von Perversionen wurden vom »Reifungsziel« der Heterosexualität und moralistischen Konnotationen befreit (z. B. Kulish & Holtzman, 2014, Phillips, 2014)
- Die Wiederentdeckung des Freud'schen Konzepts der Aktualneurose als Somatisierungsstörung, chronisches Erschöpfungssyndrom (»Burnout«) und als Ausdruck mangelhafter Symbolisierung und Mentalisierung führte zu einem neuen Verständnis psychosomatischer Erkrankungen im Kontext der zeitgenössischen Bindungstheorie (z. B. Hartocollis, 2002, Solano, 2011)
- Somatoforme Störungen lassen sich als somatische Äquivalente einer Angststörung und/oder einer Depression verstehen (z. B. Verhaeghe et al., 2005, 2007)
- Borderline-Persönlichkeitsstörungen weisen Mentalisierungsdefizite in bestimmten Affektkategorien auf (z. B. Lecours & Bouchard, 2011).

1.2.4 Veränderungen in der psychoanalytischen Theorie der Behandlung

- Es setzte sich immer stärker die Erkenntnis durch, dass der diagnostische Prozess ein multidimensionales Vorgehen erfordert und viele Urteilsfehler aufweisen kann. So laufen eindimensionale psychogenetische Schablonen – wie zum Beispiel Mangel an Empathie, fragmentiertes Selbst, schlechte Bemutterung, unaufgelöste Symbiose, abwesender Vater, beeinträchtigte Triangulierung, gestörte ödipale

Phase, unaufgelöste Bindung an einen Elternteil, narzisstische und sexuelle Traumatisierung – Gefahr, der Nonlinearität und Komplexität menschlicher Entwicklung nicht ausreichend Rechnung zu tragen (z. B. Rubovits-Seitz, 1998)
- Das Konzept der Analysierbarkeit des Patienten verlor an Bedeutsamkeit, die subjektive Indikationsstellung sowie die Passung zwischen Analytiker und seinem Patienten und das bereits in den probatorischen Sitzungen sich einstellende Arbeitsbündnis wurden zu wichtigen prognostischen Variablen des Therapieerfolgs (z. B. Safran et al., 2009, Danckwardt, 2014)
- Das archäologische Denken ebenso wie das Konzept der historischen Wahrheit wurden zunehmend kritisiert; das Kriterium der narrativen Wahrheit rückte an dessen Stelle (z. B. Mertens & Haubl, 1996, Kettner, 2014), was u. a. zu der Auffassung führte, dass die Vergangenheit nur insoweit wichtig ist, als sie sich im Hier und Jetzt äußert (z. B. Fonagy, 1999, Bornstein, 2010)
- Das Auftauchen neuer Erinnerungen dient folglich nicht mehr in erster Linie der Rekonstruktion der Vergangenheit als vielmehr einer Validierung der Interpretation im Hier und Jetzt. Rekonstruktionen werfen Licht auf die Gegenwart, um das Verständnis der Gegenwart zu erleichtern (z. B. Sandler & Sandler, 1994)
- Die metaphorisch als Tätigkeit eines Detektivs bezeichnete Tiefenhermeneutik (»Hermeneutik des Verdachts«, Ricoeur) verlor gegenüber Metaphern des »Haltens« und »Containens« und v. a. auch gegenüber der Transformationsarbeit bezüglich bislang unsymbolisierter und unrepräsentierter psychischer Erfahrungen an Bedeutung (z. B. Haubl & Mertens, 1996, Lachmann, 2008, Lecours, 2007, Sugarman, 2006)
- Die Symbolisierung von bislang nur sensomotorisch und körperlich sowie handlungssprachlich erlebten Phänomenen und deren Transformation in symbolisierbare und reflexionsfähige Repräsentanzen wurde zu einem intensiven behandlungstechnischen Anliegen (z. B. Freedman & Russell, 2003)
- Der Psychoanalytiker wurde nicht nur als Übertragungsobjekt bedeutsam, sondern ebenso als Entwicklungsobjekt, an das neue entwicklungsfördernde, reparative und hoffnungsvolle Wünsche gerichtet werden (z. B. Tähkä, 1993, Walter, 2010, Mertens, 2011).

1 Veränderungen in der Theorie der psychoanalytisch begründeten Verfahren

- Der Analytiker wurde noch viel stärker in seiner Subjektivität und als Person herausgefordert: Konzepte wie »ästhetische Erfahrung«, »Performanz« und »Verwandlungsobjekt« machten deutlich, wie wichtig es ist, dass sich der Analytiker, emotional ergreifen und berühren lässt (z. B. Bollas, 1997, Hübner, 2006, Pflichthofer, 2014)
- Mit Bion beginnend wurde die Intersubjektivität in der Analytiker-Patient-Beziehung zunehmend betont (Orange et al., 2001, Altmeyer & Thomä, 2006, Ermann, 2014)
- Die verborgenen cartesianischen Überreste wurden identifiziert und ihr Einfluss auf das Freud'sche und Post-Freud'sche Denken aufgezeigt, wie z. B. die Entwertung des Nichtsprachlichen als Agieren (Klüwer, 1995, Boston Change Process Study Group, 2002)
- Die leibliche Dimension sowohl des Patienten als auch des Analytikers (seine »verkörperte gleichschwebende Aufmerksamkeit«) erfuhr eine noch stärkere Beachtung (z. B. Geißler & Heisterkamp, 2007, Scharff, 2010)
- Ein zunehmendes Wissen darüber, dass die Affekt-Kommunikation unsere »primäre Sprache« darstellt, setzte sich immer mehr durch. Wenn man diese Erkenntnis auf die therapeutische Situation anwendet, dann ist die Affektkommunikation ein impliziter und expliziter Bestandteil aller therapeutischen Interventionen und somit von maßgeblicher Bedeutung für den Verlauf und das Ergebnis einer Therapie (z. b. Grossmann, 2009, Stern, 2011)
- Neben die verbale Domäne der analytischen »Sprechkur« rückten die impliziten relationalen Phänomene immer mehr in den Fokus der Aufmerksamkeit (z. B. Stern et al., 1998, Moser, 2001, Harrison, 2014)
- Die Erkenntnis wurde immer wichtiger, dass im Prozess der analytischen Therapie kontinuierlich neue Bedeutungen hergestellt werden und sich ein Patient immer stärker als Schöpfer einer Polysemie von Bedeutungen erleben kann (Harrison & Tronick, 2011 u. ▶ Kap. 7)
- Es wurde zunehmend deutlich, dass nonverbale/körperliche Kommunikationsvorgänge in Bruchteilen von Sekunden vor sich gehen, nicht bewusst zu werden brauchen und dennoch wichtige Veränderungsprozesse erzeugen können (z. B. Westen & Gabbard 2002 u. ▶ Kap. 7)

1.2 Veränderungen

- Es wurde postuliert, dass die Bedeutungen von Handlungen keineswegs nur sprachlich symbolischer Natur sind und demzufolge alle Veränderungsprozesse mittels sprachlicher Deutung geschehen, sich somit im Bereich des deklarativen, expliziten Gedächtnisses abspielen, sondern dass Bedeutungen bereits schon sehr früh im nichtsprachlichen Bereich entstehen (Boston Change Process Study Group, 2002)
- Die Einseitigkeit eines ausschließlich psychoanalytischen Vorgehens wurde als zu wenig patientenadaptiert kritisiert; vormalige Polarisierungen zwischen dem analytischen Standardverfahren und der analytischen Psychotherapie sowie der tiefenpsychologisch fundierten/psychodynamischen Psychotherapie werden eher als Kontinua betrachtet (z. B. Wallerstein, 1990a, Lecours, 2007, Mertens, 2009 u. ▶ Kap. 3)
- Die ausschließliche Konzentration auf die intrapsychische Realität als genuin psychoanalytische Domäne wurde vor allem von interpersonellen, relationalen und intersubjektiven Richtungen als zu eng eingeschätzt; auch das Wechselspiel von interpersonellen und intrapsychischen Phänomenen ist selbstverständlich Gegenstand des Analysierens (z. B. Mitchell, 2003, Wachtel, 2008)
- Das Analysieren im Hier und Jetzt wurde immer wichtiger sowie die genaue Betrachtung der subjektiven Einflüsse der Person des Analytikers auf den psychoanalytischen Prozess, die als unvermeidbar angesehen werden (z. B. Renik, 1993)
- Dem vorübergehenden »Mitagieren« in der Inszenierung des Analysanden wurde von immer mehr Analytikern der Gegenwart eine stärkere Aufmerksamkeit gewidmet (z. B. Carpy, 1989, Ginot, 2009); früher galt es, dieses tunlichst zu vermeiden
- Das Konzept des neutralen Analytikers wurde zunehmend mehr in Frage gestellt (z. B. Zwiebel, 2004, Schneider, 2012)
- Immer stärker setzte sich die Erkenntnis durch, dass Veränderungen überwiegend dann geschehen, wenn vor allem emotionale Vorgänge angesprochen und berührt werden, die als implizite Lern-, Gedächtnis- und Affektregulierungsprozesse bezeichnet werden (Stern, 2005, Schore, 2007)
- Die Konzepte der Regression und der Übertragungsneurose wurden differenzierter betrachtet (Körner & Rosin, 1992, Aron & Bushra, 1998)

- Es entstanden aus dem Standardverfahren abgeleitete Therapien, wie z. B. auf spezielle Krankheitsgruppen zugeschnittene, z. T. auch manualisierte Verfahren, die aber nach wie vor auf dem begrifflichen Instrumentarium der Psychoanalyse beruhen (z. B. Luborsky, 1995, Milrod et al., 1997, Bateman & Fonagy, 2004, Caligor et al., 2007)
- Neue Konzeptualisierungen über kognitive Ich-Funktionen ließen innovative Möglichkeiten entstehen, mit Patienten, die wenig selbstreflexive Fähigkeiten aufweisen und eher zum handlungsorientierten und konkretistischen Denken neigen, modifiziert psychoanalytisch arbeiten zu können (z. B. Busch, 1996, Streeck, 2004, Sugarman, 2006, Tuch, 2007)
- Das Interesse an Psychotherapieforschung nahm weiterhin zu; es wurden Forschungseinrichtungen gegründet und zahlreiche Projekte durchgeführt (z. B. Levy, Ablon & Kächele, 2012); psychodynamische Langzeittherapien zeigten gute bis sehr gute und vor allem nachhaltige Behandlungsergebnisse (z. B. Shedler, 2011, Huber et al., 2012)
- Forschungsergebnisse wiesen darauf hin, dass die Persönlichkeit des Therapeuten sowie die Beziehung zwischen ihm und seinem Patienten (zwei psychoanalytische Essentials) den größten Varianzanteil an Veränderungen in Meta-Analysen erklären (Wampold, 2001, Orlinsky, 2008)
- Es erfolgte eine Auffächerung der Wirkfaktoren angesichts interdisziplinärer Befunde; die (klassische) Übertragungsdeutung verlor an Bedeutung (z. B. Gabbard & Westen, 2003)
- Der mimische Affektausdruck wurde seit den Forschungsarbeiten von Rainer Krause und seinen Mitarbeitern zu einem wichtigen Bestandteil der Psychotherapieforschung (z. B. Benecke, 2014)
- Es fand ein Bewusstwerden darüber statt, dass die in Deutschland aus der Richtlinien-Psychotherapie heraus begründeten Abgrenzungen zwischen den verschiedenen psychoanalytisch begründeten Verfahren sich mehr bürokratischen Erfordernissen verdanken als klinischen Notwendigkeiten (Danckwardt & Gattig, 2011a, b)
- In den zurückliegenden 30 Jahren wurden vor allem in den USA eine Anzahl von Symposien durchgeführt und Zeitschriftenartikel veröffentlicht, in denen aufgezeigt wurde, in welchem Ausmaß implizite und explizite theoretische Konzepte das behandlungspraktische

Vorgehen bestimmen (z. B. Silverman, 1987, Kernberg & Bohleber, 1998)
- Neben einer Würdigung der Vielfalt der pluralen Richtungen (z. B. Zwiebel, 2013) begann auch eine Suche nach dem common ground (z. B. Wallerstein, 1990b)
- Hierzu war es notwendig die impliziten Modellannahmen und Mini-Theorien zu explizieren, die in einer komplexen Interaktion mit den öffentlich vertretenen Theorien stehen (z. B. Canestri, 2006, Bohleber, 2007, Will, 2008, Mertens, 2010–2012)
- Dabei richtete sich das Interesse immer stärker darauf, wie Analytiker tatsächlich arbeiten, egal ob sie sich als Post-Ichpsychologen, Selbstpsychologen, Kleinianer oder als psychoanalytische Pluralisten bezeichnen (z. B. Tuckett, 2012)
- Die zeitgenössische Pluralität und die Herausarbeitung eines empirischen Common ground führt auch zu einer immer stärkeren Berücksichtigung von Befunden aus angrenzenden Nachbarwissenschaften (z. B. Gabbard & Westen, 2003, Leuzinger-Bohleber, 2007)
- Die Bereitschaft, sich mit interdisziplinären Theorien und Befunden auseinanderzusetzen, wurde als dringende Notwendigkeit betrachtet. Die vorübergehende – im Rahmen der »hermeneutischen Wende« in den 1980er-Jahren erfolgte – ausschließliche Beschäftigung mit dem klinischen »Wie-macht-man-es?«-Aspekt wurde immer mehr als Rückzug von dem Anspruch betrachtet, Psychoanalyse auch (wieder) als eine wissenschaftliche Disziplin aufzufassen und zu betreiben und nicht nur als therapeutische Kunst, von denen es mittlerweile unüberschaubar viele gibt (z. B. Moser, 2009)

1.3 Anstöße von anderen Disziplinen

Von Beginn an stand Freuds Psychoanalyse im Austausch mit einschlägigen Nachbarwissenschaften, wie der Philosophie, Biologie, Psychologie, Medizin, Ethnologie, Anthropologie, Soziologie, Theologie, Evolutionstheorie sowie den Sprach-, Literatur- und Kulturwissenschaften. Dieser Umstand ergab sich allein schon deshalb, weil sich Freud in einer fast enzyklopädischen Belesenheit mit fachlichen Autoritäten aus vielen Wissensgebieten von Anfang an auseinandergesetzt hat. Patrizia Kitcher (1995) prägte deshalb den Ausdruck vom »interdisziplinären Traum« Freuds.

Auch wenn der Fortschritt in den genannten Wissenschaften kaum mehr überblickbar ist, so gibt es dennoch wichtige interdisziplinäre Anschlüsse, von denen hier überwiegend aus Platzgründen allerdings nur ein kleiner Teil genannt werden kann.

1.3.1 Aus den Sozial- und Kulturwissenschaften

- Die Gender-Perspektive, die in der Psychoanalyse bereits in den 1920er-Jahren mit den ersten Schriften feministisch orientierter Psychoanalytikerinnen begann, erfuhr hierzulande vor allem durch die Arbeiten von Christa Rohde-Dachser (z. B. 1991) einen kräftigen Anschub (z. B. Mens-Verhulst et al., 1996, Flaake, 2001, Kulish, 2010, King, 2014)
- Die »neosexuelle Revolution« führte zu einer Relativierung der klassischen psychosexuellen Gesundheits- und Reifekriterien von Genitalität (z. B. Friedman & Downey, 2002)
- Eine stärkere Berücksichtigung von kulturell und gesellschaftlich verankerten Vorstellungen von Männlichkeit kann fest verankerte, nur dem Anschein nach in der Biologie wurzelnde und »natürlich« erscheinende Annahmen über männliche Entwicklung und Identität relativieren (z. B. König, 2012, Quindeau & Dammasch, 2014)
- Eine stärkere Berücksichtigung der teilweise sehr unterschiedlichen Therapievorstellungen von Menschen verschiedener Kulturen, Ethnien, Religionen und Schichtzugehörigkeiten (z. B. Altman, 2000, Bohleber, 2012)
- Über die Konstatierung von sozialen Pathologien aufgrund der (spät-)kapitalistischen Ökonomie hinausgehend erfolgte eine Reflexion über das Befreiungspotenzial einer gesellschaftskritisch gewendeten Psychoanalyse (z. B. Krovoza, 2012)

1.3.2 Aus der Linguistik

- Die Wiederentdeckung der Zeichentheorie von Charles Sander Peirce führte zu einer Differenzierung des psychoanalytischen Symbolbegriffs und zu fruchtbaren therapeutischen Umsetzungen (z. B. Olds, 2000, Salomonsson, 2007, Saller, 2014, Küchenhoff & Warsitz, 2015)
- Die Anwendung der Konversationsanalyse auf psychoanalytische Gesprächsprotokolle ermöglichte neue Erkenntnisse für die resonante Dimension des Unbewussten (Peräkylä, 2008, Buchholz & Gödde, 2013, Grimmer, 2014)

1.3.3 Aus der Philosophie

- Postcartesianische Konzepte in der Philosophie führten zu veränderten Auffassungen über Beziehung und Intersubjektivität (z. B. Lesmeister, 2009, Orange, 2004)
- Die Überzeugung setzte sich somit mehr und mehr durch, dass die Therapeut-Patient-Beziehung nicht mit der klassischen, naturwissenschaftlichen Beziehung zwischen dem erkennenden Forscher und dem zu beforschenden Objekt gleichgesetzt werden darf, wie sie in medizinischen sowie psychologischen Diagnostik- und Therapieverfahren vorherrscht, sondern als eine Relation zu begreifen ist, in welcher der Erkennende, in dem Fall der Therapeut, zu einem wesentlichen Teil des emotionalen Beziehungsgeschehens wird. Seine Persönlichkeit, seine eigenen gelösten wie ungelösten Konflikte und Traumatisierungen, seine Einfühlungs- und Liebesfähigkeit gehen unweigerlich in alle Erkenntnis-, Analyse- und Therapieprozesse maßgeblich mit ein (alle zeitgenössischen psychoanalytischen Richtungen)
- Postmoderne Subjekttheorien nahmen Einfluss auf metapsychologische Konstrukte: So wurde zum Beispiel das Konzept des Gesetzes des Vaters durch Auffassungen über Anerkennung und Verhandlung in kommunikativen Prozessen infrage gestellt (z. B. Benjamin, 2004, Heenen-Wolff, 2007)
- Die abduktive Logik rückte an die Stelle eines Covering Law Modells oder eines H-O-Schemas der Erklärung, das in früheren Arbeiten von

Kritikern der Psychoanalyse noch als wissenschaftstheoretische Messlatte (z. B. Möller, Perrez, Grünbaum) für Deutungen angelegt wurde. Mit der modifizierten abduktiven Logik von Charles Sander Peirce wurde ein potentes wissenschaftstheoretisches Modell gefunden, mit dem Psychoanalytiker ihre Deutungsoperationen angemessen beschreiben können (z. B. Kettner, 1995, 2012)
- Die zunehmende Erkenntnis über das schwierige Verhältnis von Theorie und Empirie und die Problematisierung früherer wissenschaftstheoretischer Auffassungen über ein einheitswissenschaftliches Vorgehen bestätigten die psychoanalytische Einstellung, einen eigenen Erfahrungsbegriff zu kreieren, welcher der unbewussten Intersubjektivität von Analytiker und Patient gerecht wird (z. B. Hampe, 2001)

1.3.4 Aus Neurowissenschaft und Cognitive Science

- Die Unterscheidung von zwei Gedächtnissystemen, dem impliziten oder nichtdeklarativen und dem expliziten oder deklarativen Gedächtnis schuf ein neues Verständnis für kindliche Amnesien und für das, was und wie erinnert werden kann. Sie wurde vor allem auch für das Verständnis von Übertragungen bedeutsam. Das implizite Gedächtnis bleibt von Säuglingstagen (in Fragmenten auch schon seit der fötalen Existenz) an in Verhaltens- und Erlebensmustern aufbewahrt, die sich im späteren Leben als implizite Beziehungs- und Übertragungsmuster manifestieren (z. B. Clyman, 1992, Köhler, 1998, Busch, 2003, Mancia, 2006, Junker, 2013, Geißler, 2014)
- Diese aus der kognitiven Gedächtnispsychologie und Neuroscience entnommene Auffassung über zwei unterschiedliche und als überwiegend getrennt gedachte Gedächtnissysteme wurde jedoch auch wegen der Vernachlässigung sprachlicher Prozesse und der allzu rigorosen Trennung in zwei Systeme kritisiert (z. B. Vivona, 2006, 2009, Bucci, 2011, Singer & Conway, 2011)
- Die Entwicklung der affektiven und »embodied« Cognitive Science (Damasio, LeDoux, Panksepp) betonte die zentrale Bedeutung von Emotionen und impliziten Motivationen für die kognitive Informationsverarbeitung und ermöglichte damit eine Annäherung an psychoanalytisches Denken (z. B. Leuzinger-Bohleber et al., 2013)

1.3 Anstöße von anderen Disziplinen

- Theorien aus der kognitiven Entwicklungspsychologie und Affekttheorie schufen ein differenziertes Verständnis für psychoanalytische Modelle vom Traum, der Neurose, Psychose, Affektregulierung und Abwehr (z. B. Moser, 2003, 2005, 2009)
- Die Forschungen über Spiegelneuronen vertieften und differenzierten psychoanalytische Auffassungen über Empathie (z. B. Gallese, 2006, 2008, Gallese, Eagle & Migone, 2007)
- Die Erkenntnisse über den zentralen Stellenwert der empathischen Einstimmung für die Affektregulierung und die Rolle der rechten Gehirnhälfte bei der affektiven nichtbewussten Kommunikation bestätigten und erweiterten psychoanalytische Auffassungen über den Transfer von Unbewusst zu Unbewusst (z. B. Schore, 2005, 2007).

Zusammenfassung

Nach der Klärung berufspolitisch motivierter Differenzen hinsichtlich des Begriffs der »psychoanalytisch begründeten Verfahren« wurden einige ausgesuchte Veränderungen in den für die Behandlungspraxis wichtigen psychoanalytischen Disziplinen skizziert. Dabei wird deutlich, wie sehr die von Sigmund Freud gegründete Psychoanalyse nicht nur eine Wissenschaft im steten Wandel ist, sondern auch interdisziplinär viele fruchtbare Impulse von anderen Wissenschaften erhält.

Literatur zur vertiefenden Lektüre

Bohleber, W. (2012). *Was Psychoanalyse heute leistet*. Stuttgart: Klett-Cotta.
Fonagy, P. (2006). *Psychoanalyse und die Psychopathologie der Entwicklung*. Stuttgart: Klett-Cotta.
Frick, E. (2009). *Psychosomatische Anthropologie. Ein Lehr-und Arbeitsbuch für Unterricht und Studium*. Unter Mitarbeit von Harald Gündel. Stuttgart: Kohlhammer. 2., überarb. u. erweit. Aufl. 2015.
Küchenhoff, J. (2010). Der Wandel psychoanalytischer Theoriekonzepte. Klinische Herausforderungen und technischer Fortschritt. In K. Münchnch, D. Munz & A. Springer (Hrsg.), *Die Psychoanalyse im Pluralismus der Wissenschaft* (S. 83–108). Gießen. Psychosozial-Verlag.

1 Veränderungen in der Theorie der psychoanalytisch begründeten Verfahren

Shaked, J. (2011). *Ein Leben im Zeichen der Psychoanalyse*. Gießen: Psychosozial-Verlag.

Wallerstein, R. S. (2006). Entwicklungslinien der Psychoanalyse seit Freud: Divergenzen und Konvergenzen einer Wissenschaft im steten Wandel. *Psyche – Z Psychoanal*, 60, 798–828.

Fragen zum weiteren Nachdenken

- Können die erwähnten Veränderungen zu einem übergreifenden, integrativen Modell psychoanalytischer Praxis, Theorie und Forschung führen?
- Oder wird die lebendige Weiterentwicklung dieser Disziplin von dieser Vielfalt nicht auch befruchtet?
- Kann die Einbeziehung neuerer Forschungsergebnisse aus Kleinkindforschung, Neurophysiologie, Cognitive Science und weiteren interdisziplinären Wissensdomänen zu einer veränderten psychoanalytischen Theorie führen oder berühren diese Disziplinen die psychoanalytische Praxis nur am Rande?
- Können die genannten Disziplinen von den psychoanalytischen Erfahrungen angeregt werden, bestimmte Forschungsthemen differenzierter untersuchen zu können?
- Inwieweit bleibt eine Erste-Person-Perspektive für die Erforschung humanwissenschaftlicher Fragen unverzichtbar?

2 Freie Assoziation und gleichschwebende Aufmerksamkeit: Methoden des psychoanalytischen Standardverfahrens

Einführung

In diesem Kapitel sollen einige methodische Grundzüge der Psychoanalyse als Ausgangspunkt der psychoanalytisch begründeten Verfahren wie analytische Psychotherapie und tiefenpsychologisch fundierte Psychotherapie in einem zeitgenössischen Verständnis dargestellt werden.

Dabei werden vor allem die Besonderheiten des psychoanalytischen Zuhörens anhand des freien Assoziierens und Erzählenlassens besprochen. Obwohl Freuds Ausführungen dazu einen Meilenstein der psychoanalytischen Behandlungstechnik darstellen und sie in vielen Einführungswerken immer noch wie eine unumstößliche Gegebenheit dargestellt werden, wurden sie von einigen Autoren durchaus auch in Frage gestellt. In Übereinstimmung mit den jeweiligen Richtungen, die sich im 20. Jahrhundert entwickelten, erfolgten methodische Veränderungen. Es wird auf die Frage einzugehen sein, ob die ursprünglichen Formulierungen Freuds über die freie Assoziation noch mit modernen Auffassungen über die Besonderheiten der psychoanalytischen Konversation zusammenpassen.

Ebenso sollen verschiedene Modalitäten des Zuhörens in der Psychoanalyse – ausgehend von einer ausführlichen Erörterung des Pendants zur freien Assoziation, der gleichschwebenden Aufmerksamkeit – beschrieben werden, die in der zweiten Hälfte des 20. Jahrhunderts entstanden sind, zum Teil erheblich voneinander abweichen und sogar auf das erkenntnistheoretische Prinzip der gleichschwebenden Aufmerksamkeit mehr oder weniger verzichten.

> Danach werden Vorschläge für eine synergistische Nutzung dieser skizzierten Vorgehensweisen gemacht und abschließend einige Gedanken zum Unterschied zwischen Psychoanalyse, analytischer Psychotherapie und tiefenpsychologisch fundierter Psychotherapie diskutiert, die in den weiteren Kapiteln dieses Buches noch vertieft werden.

Lernziele

- die methodischen Grundlagen für das Analysieren von unbewussten Vorgängen im Überblick kennen lernen
- Sich mit den Besonderheiten der freien Assoziation nach Freud vertraut machen
- Sich mit den Einwänden gegen die freie Assoziation auseinandersetzen und mit den erfolgten Veränderungen vertraut werden
- Die Begründungen für die Haltung der gleichschwebenden Aufmerksamkeit nach Freud kennen lernen
- Einen Überblick über weitere Methoden des Zuhörens bekommen
- Nachvollziehen können, inwiefern eine synergistische Nutzung verschiedener Modi (unterschiedlicher Autoren und »Richtungen«) des Zuhörens für eine zeitgenössische psychoanalytische Erkenntnistheorie von Vorteil sein kann
- Die Unterschiede zwischen alltäglicher Kommunikation und dem psychoanalytischen Diskurs erfahren
- Einige Unterschiede zwischen Psychoanalyse, analytischer und tiefenpsychologisch fundierter Psychotherapie kennen lernen

2.1 Psychoanalyse als Behandlungsmethode

>»Wir wollen uns damit trösten, daß wir ja genötigt sind,
>ins Dunkle hinaus zu bauen« (S. Freud, 1900a, S. 555)

Das psychoanalytische Behandlungsverfahren gilt seit über einem Jahrhundert als dasjenige Vorgehen, mit dessen Hilfe ein Psychoanalytiker unbewusste Vorgänge in einem Analysanden zu erschließen – oder wie Freud sich ausdrückte – zu erraten und ihm anschließend nahezubringen versucht. Unbewusste psychische Prozesse lassen sich selbstverständlich auch mit anderen Methoden erforschen, z. B. mit Experimenten zur Traumforschung, zur subliminalen Wahrnehmung, zu Abwehrvorgängen u. a. m. (z. B. Hau 2008, Leuzinger-Bohleber, Hau, Benecke, 2015). Aber im klinischen Kontext geht es nicht um die naturwissenschaftliche Isolierung und Manipulierung einiger weniger Variablen, sondern um das Verstehen der für einen Patienten unverständlichen Phänomene, die ihn in Form von Symptomen, unerwünschten Verhaltensweisen und quälendem Erleben heimsuchen und die mit einem unvorstellbar großen Netzwerk unbewusster fluktuierender Prozesse zusammenhängen.

Dazu ist – wie auch beim naturwissenschaftlichen Experiment und doch davon sehr unterschiedlich – ein äußerer Rahmen notwendig, in dem diese psychoanalytische Vorgehensweise stattfinden kann. Er besteht aus einer ungewöhnlichen Gesprächssituation, bei welcher der Analysand in der Regel auf einer Couch liegt und möglichst unzensiert alles mitteilt, was ihm einfällt. Der Analytiker sitzt dabei hinter ihm und hört zu. Der äußere Rahmen besteht des Weiteren aus einem zeitlichen Arrangement, einem drei- bis viermaligen Treffen pro Woche für 50 Minuten.

Alles, was vom Analysanden in dieser Zeit erlebt wird, soll versprachlicht werden. Was auf den ersten Blick so einfach aussieht, ist jedoch ein ziemlich komplexer Vorgang. Denn es ist keineswegs damit getan, dass der Analytiker seinem Analysanden unbewusste Impulse sprachlich benennt und übersetzt oder ihm mitteilt, was er auf ihn überträgt, wie es in einfachen Darstellungen der psychoanalytischen Behandlungsmethode gelegentlich zu lesen ist.

2 Freie Assoziation und gleichschwebende Aufmerksamkeit

»Den Stoff für unsere Arbeit gewinnen wir aus verschiedenen Quellen, aus denen, was uns seine Mitteilungen und freien Assoziationen andeuten, was er uns in seinen Übertragungen zeigt, was wir aus der Deutung seiner Träume entnehmen, was er durch seine Fehlleistungen verrät. All das Material verhilft uns zu Konstruktionen über das, was mit ihm vorgegangen ist und was er vergessen hat, wie über das, was jetzt in ihm vorgeht, ohne daß er es versteht. Wir versäumen dabei aber nie, unser Wissen und sein Wissen strenge auseinanderzuhalten. Wir vermeiden es, ihm, was wir oft sehr frühzeitig erraten haben, sofort mitzuteilen oder ihm alles mitzuteilen, was wir glauben erraten zu haben. Wir überlegen uns sorgfältig, wann wir ihn zum Mitwisser einer unserer Konstruktionen machen sollen, warten einen Moment ab, der uns der Geeignete zu sein scheint, was nicht immer leicht zu entscheiden ist. In der Regel verzögern wir die Mitteilung einer Konstruktion, die Aufklärung bis er sich selbst derselben so weit genähert hat, daß ihm nur ein Schritt, allerdings die entscheidende Synthese, zu tun übrig bleibt. Würden wir anders verfahren, ihn mit unseren Deutungen überfallen, ehe er für sie vorbereitet ist, so bliebe die Mitteilung entweder erfolglos oder sie würde einen heftigen Ausdruck von *Widerstand* hervorrufen, der die Fortsetzung der Arbeit erschweren oder selbst infrage stellen könnte« (Freud, 1940a, S. 103 f.).

Wie Freud an dieser Stelle deutlich macht, handelt es sich um zwei getrennte hermeneutische Operationen, diejenige des Patienten und diejenige des Analytikers. Das Geschick des Analytikers besteht nicht etwa darin, dem Patienten seine Vermutung darüber aufzunötigen, welche unbewussten Hintergründe ihm plausibel erscheinen, sondern vielmehr darin, dem Patienten das nahezubringen, was ihm selbst einleuchten und von ihm auf der Suche nach seiner persönlichen Wahrheit angenommen werden kann. Dazu ist nicht nur viel Taktgefühl, sondern auch viel Einfühlung in die Zumutbarkeit von Erkenntnissen erforderlich (▶ Kap. 5).

Und selbstverständlich enthält die obige Beschreibung Freuds in komprimierter Form bereits das psychoanalytische Arbeitsmodell: Neben dem freien Assoziieren und dem Zuhören sind dies die Manifestationsformen unbewusster Prozesse, wie z. B. Träume und Fehlleistungen, Übertragung, Oberfläche, Konstruktion und Interpretation, Widerstand und Timing von Deutungen. In diesem Kapitel wird mit der Beschreibung der wichtigsten Methoden begonnen, welche die Grundlage des psychoanalytischen Arbeitens bilden, in späteren Kapiteln wird auf einige weitere psychoanalytische Grundannahmen eingegangen sowie ihre jeweiligen Modifizierungen, wie sie sich aufgrund ihrer Anwendung in analytischer und tiefenpsychologisch fundierter Psychotherapie ergeben.

2.2 Freie Assoziation und gleichschwebende Aufmerksamkeit – mittlerweile überholt oder nach wie vor wertvoll?

Die freie Assoziation des Patienten und die gleichschwebende Aufmerksamkeit des Psychoanalytikers bildeten für Freud die methodische Grundlage für das Analysieren von unbewussten Vorgängen. Balter, Lothane und Spencer (1980) bezeichnen beide als das »analysierende Instrument« und der britische Psychoanalytiker Christopher Bollas spricht vom »analytischen Paar« (Bollas, 2002).

Gegen das freie Assoziieren richten sich immer wieder Widerstände des Patienten, deren Bearbeitung zum Alpha und Omega des analytischen Prozesses gehört (▶ Kap. 6). Zusammen mit dem analytischen Rahmen bilden die freie Assoziation und die gleichschwebende Aufmerksamkeit bis zum heutigen Tag das methodische Grundgerüst für das Verständnis des Psychoanalysierens in der psychoanalytischen Situation (s. z. B. Tuckett, 2014):

»Ihre Erzählung soll sich doch in einem Punkte von einer gewöhnlichen Konversation unterscheiden. Während Sie sonst mit Recht versuchen, in ihrer Darstellung den Faden des Zusammenhanges festzuhalten und alle störenden Einfälle und Nebengedanken abweisen, um nicht, wie man sagt, aus dem Hundertsten ins Tausendste zu kommen, sollen Sie hier anders vorgehen. Sie werden beobachten, daß ihnen während Ihrer Erzählung verschiedene Gedanken kommen, welche Sie mit gewissen kritischen Einwendungen zurückweisen möchten. Sie werden versucht sein, sich zu sagen: Dies oder jenes gehört nicht hieher, oder es ist ganz unwichtig, oder es ist unsinnig, man braucht es darum nicht zu sagen. Geben Sie dieser Kritik niemals nach und sagen Sie es trotzdem, ja gerade darum, weil Sie eine Abneigung dagegen verspüren. Der Grund für diese Vorschrift – eigentlich die einzige, die Sie befolgen sollen, werden Sie später erfahren und einsehen lernen. Sagen Sie also alles, was Ihnen durch den Sinn geht. Benehmen Sie sich so, wie zum Beispiel ein Reisender, der am Fensterplatze des Eisenbahnwagen sitzt und dem im Inneren Untergebrachten beschreibt, wie sich vor seinen Blicken die Aussicht verändert. Endlich vergessen Sie nie daran, daß Sie volle Aufrichtigkeit versprochen haben, und gehen Sie nie über etwas hinweg, weil Ihnen dessen Mitteilung aus irgendeinem Grunde unangenehm ist« (Freud, 1913c, S. 468).

»Indes ist diese Technik eine sehr einfache. Sie lehnt alle Hilfsmittel, wie wir hören werden, selbst das Niederschreiben ab und besteht einfach darin, sich nichts besonders merken zu wollen und allem, was man zu hören bekommt die nämliche ›gleichschwebende Aufmerksamkeit‹, wie ich es schon einmal genannt habe, entgegenzubringen. Man erspart sich auf diese Weise eine Anstrengung der Aufmerksamkeit, die man doch nicht durch viele Stunden täglich festhalten könnte, und vermeidet eine Gefahr, die von dem absichtlichen Aufmerken unzertrennlich ist. Sowie man nämlich seine Aufmerksamkeit absichtlich bis zu einer gewissen Höhe anspannt, beginnt man auch unter dem dargebotenen Materiale auszuwählen; man fixiert das eine Stück besonders scharf, eliminiert dafür ein anderes, und folgt bei dieser Auswahl seinen Erwartungen oder seinen Neigungen. Gerade dies darf man aber nicht; folgt man bei der Auswahl seinen Erwartungen, so ist man in Gefahr, niemals etwas anderes zu finden, als was man bereits weiß; folgt man seinen Neigungen, so wird man sicherlich die mögliche Wahrnehmung fälschen. Man darf nicht darauf vergessen, daß man ja zumeist Dinge zu hören bekommt, deren Bedeutung erst nachträglich erkannt wird« (Freud, 1912e, S. 377).

»… so soll sich der Arzt in den Stand setzen, alles ihm Mitgeteilte für die Zwecke der Deutung, der Erkennung des verborgenen Unbewussten zu verwerten, ohne die vom Kranken aufgegebene Auswahl durch eine eigene Zensur zu ersetzen, in eine Formel gefaßt: er soll dem gebenden Unbewußten des Kranken sein eigenes Unbewußtes als empfangendes Organ zuwenden, sich auf den Analysierten einstellen wie der Receiver des Telefons zum Teller eingestellt ist« (ebd., S. 381).

Beide methodische Grundeinstellungen haben in den zurückliegenden 40 bis 50 Jahren aber nicht nur Differenzierungen und Vertiefungen, sondern auch kritische Einschätzungen seitens verschiedener für die Theorieentwicklung maßgeblicher Psychoanalytiker erfahren. Bevor diese Auffassungen, die häufig dann sogar psychoanalytische Richtungen begründet und zur Pluralität der heutigen Psychoanalyse beigetragen haben, erörtert werden, werfen wir zuvor noch einen Blick auf die Freud'schen Ausführungen.

2.2.1 Freie Assoziation: Methode der Selbstbeobachtung und Grundregel mit interaktivem Bezug

Woraus besteht genau die freie Assoziation? Zunächst ist sie eine Vorgehensweise, in der Freud – hierbei angeregt von Ideen der Schriftsteller und Dichter Ludwig Börne und Friedrich Schiller – das nach Möglichkeit ungehemmte Bewusstwerdenlassen von vorbewussten Gedächtnisinhalten sah. Es ist dem sog. divergenten Denken (Guilford) oder lateralen Denken (de Bono), das in der Kreativitätsforschung beschrieben worden ist, nicht unähnlich. Eine rationale Argumentation, die logische Erkenntnisfiguren bemüht und auf ein Ziel hin ausgerichtet ist, aber auch die angestrengte Konzentration auf ein Problem, sollen somit vermieden werden. Den körperlichen Empfindungen, Bildern und sprachlich gefassten Gedanken, die in der Selbstbeobachtung unablässig mehr oder weniger flüchtig vorbeiziehen, und die sich auch auf Unwichtiges beziehen können, wird eine Stimme verliehen, indem man sie sich selbst mitteilt und ihnen damit eine vorübergehende Aufmerksamkeit zuteil werden lässt, bevor sie sich wieder im Strom der vorbeihuschenden Eindrücke und Bilder verlieren. Sie werden damit vorübergehend zu Inhalten des Arbeitsgedächtnisses und sind somit nicht nur für Sekunden verfügbar. Aus der Sicht einer zeitgenössischen Bewusstseins- und Gedächtnistheorie (z. B. Bucci, 1997) lässt sich hinzufügen, dass die Ausrichtung auf die innere Welt der Vorstellungen, Bilder und Empfindungen und die Reduktion des Inputs aus der Außenwelt – zusätzlich gefördert durch die Liegeposition, bei der die optischen Signale seitens des Analytikers ausgeschaltet sind – eine Ähnlichkeit mit der Informationsverarbeitung im REM-Schlaf aufweisen, bei dem der afferente optische Input wegfällt und intern generierte Bilder und Körperempfindungen die Erfahrungsorganisation übernehmen. Der Bewusstseinszustand der freien Assoziation ist zwar nicht mit dem Traumdenken gleichzusetzen, aber er ermöglicht doch einen etwas leichteren Zugang zu subsymbolisch kodierten emotionalen Erfahrungen. Allerdings unterliegt dieser Zugang nicht nur Einschränkungen durch die Aufforderung zur Versprachlichung und die Gegenwart des Analytikers, sondern auch durch die Schwierigkeiten mancher Patienten, die sie mit der verbalen Symbolisierung ihrer Eindrücke haben. Entweder liegt ihnen die bildliche Symbolik näher, die sie aber nur mit Mühe versprachlichen können, oder sie tendieren zum Sprechhandeln, bei dem ein auftauchender Affekt oder Impuls danach drängt, möglichst umgehend in eine Handlung umgesetzt zu werden (s. u.).

Freud, der die zuvor ausgeübten Techniken der Hypnose und der Suggestion, bei denen die Lenkung der Einfälle eine große Rolle spielte, aufgegeben hatte, wusste natürlich, dass Patienten beim freien Assoziieren nicht wahllos irgendwelche Einfälle verfolgen, sondern dass die Inhalte ihrer Selbstbeobachtung sehr wohl mit ihren derzeitigen Lebensproblemen und Konflikten zu tun haben – aus diesem Grund haben sie ja einen Psychoanalytiker aufgesucht. Aber er wollte mit der Aufforderung, auch Unwichtiges mitzuteilen, verhindern, dass sie sich bewusst zu stark auf ein bestimmtes Thema konzentrieren.

Und Freud ging – anders als die Philosophen der Assoziationspsychologie vor ihm – davon aus, dass die Einfälle eines Patienten durch einen Zusammenhang bestimmt sind, der durch unbewusste Zielvorstellungen zustande kommt, »also durch einen Zusammenhang, ein Ganzes, das die Teile bestimmt« (Bernfeld, 1934, S. 46). Gelingt es dem Analytiker, eine Ahnung von den jeweiligen unbewussten Zielvorstellungen zu bekommen, stellen für ihn die mitgeteilten Einfälle keine unzusammenhängende Abfolge von Gedanken und Erzählungen mehr dar, sondern sie bilden ein zumeist kohärentes Ganzes, durch das sich ein – für den Patienten allerdings unbewusster – Subtext wie ein roter Faden zieht.

Die vom Patienten festgehaltenen und verbalisierten Einfälle, die sich aus der Selbstbeobachtung ergeben, sind also keineswegs unzusammenhängend und sinnlos, wie sie auf den ersten Blick erscheinen mögen, sondern sie sind nach Freud determiniert durch die Abfolge von Wünschen und ihrer Abwehr. Sie folgen aus heutiger Sicht Bedeutungszusammenhängen, die unbewussten Wahrnehmungs-, Denk- und Abwehrvorgängen geschuldet sind und als Kompromissbildungen imponieren. Die von Freud postulierte Determinierung ist allerdings keine streng naturwissenschaftliche im herkömmlichen Sinn, sondern eher die eines »schwachen Kausalitätsprinzips«, bei dem sich die Phänomene tendenziell »chaotisch« verhalten (s. Mertens, 1998, S. 52 f.). Diese Einschätzung entspricht der Erkenntnis, dass die psychische Wirklichkeit

2.2 Freie Assoziation und gleichschwebende Aufmerksamkeit

mit ihren kontinuierlich unbewusst ablaufenden Prozessen weder logisch vollständig erklär- noch prognostizierbar ist und sich somit auch nicht rational erschließbar verhält. Dennoch lassen sich Vermutungen über unbewusste Bedeutungszusammenhänge anstellen, die mehr oder weniger zutreffen können. Allerdings kann der zu verfolgende Subtext durch Symbolisierungslücken, also gleichsam durch Leerstellen (s. u.), zunächst schwierig zu entziffern sein.

Mit diesen Ausführungen soll angedeutet werden, dass die von Freud entwickelte Methode eine Anzahl von theoretischen Überlegungen und Konzepten aufweist, die so etwas wie die Grundannahmen der Psychoanalyse bilden, die sich von Grundannahmen anderer therapeutischer Verfahren unterscheiden, prinzipiell überprüfbar sind und auch interdisziplinär betrachtet werden können. Diese spezifisch psychoanalytische Methodik lässt sich deshalb auch nicht einfach auf andere therapeutische Verfahren übertragen.

Über die *Methode* hinaus ist die Aufforderung zum freien Assoziieren nach Freud auch noch zusätzlich eine *Regel*, die einen interaktiven Bezug bekommt, sobald eine Person dazu angehalten bzw. gebeten wird, die Ergebnisse ihrer Selbstbeobachtung einem anderen Menschen anzuvertrauen. Denn dann hält sie, je nachdem wer das jeweilige Gegenüber ist, bestimmte Einfälle zurück, während sie andere eher unbefangen ausspricht. Dies ist der Bestandteil der *psychoanalytischen Grundregel* der freien Assoziation. Denn die freie Assoziation ist nicht nur eine Selbstbeobachtung der eigenen Gedanken für sich selbst, sondern sie ist auch eine Mitteilung an ein Gegenüber, die Psychoanalytikerin oder den Psychoanalytiker. Manchmal scheinen Patienten mehr oder weniger zu vergessen, dass noch ein Zuhörer im Raum ist; sie erleben es als äußerst wohltuend, dass ihre Mitteilungen in vollem Umfang respektiert werden und dass da jemand ist, der sie ihre Erlebnisse schildern lässt, ohne sie nach jedem dritten Satz zu unterbrechen oder die eigene Person zur Geltung zu bringen, wie dies in alltäglichen Konversationen häufig der Fall ist. Und es ist auch zweifelsohne erleichternd, sich nicht dauernd überlegen zu müssen, ob nun Zeit für einen Sprecherwechsel ist, das Gegenüber bereits ungeduldig wird und man Rücksicht auf dessen Wünsche nehmen muss.

Andere hingegen tun sich schwer, ihre Einfälle unbefangen mitzuteilen, weil sie sich der Präsenz ihres Analytikers auf Schritt und Tritt bewusst sind. Sie können trotz der freundlichen Aufforderung, übliche Gesprächsrücksichten zu vergessen, nur schwer loslassen, verspüren immer wieder den Impuls, sich des Wohlwollens und des aufmerksamen Interesses erst einmal versichern zu müssen, fürchten beschämt, zurückgewiesen, emotional verletzt zu werden u. a. m. Sie übertragen somit bereits von der ersten Stunde an, mehr oder weniger traumatisierende Erfahrungen und konflikthafte Einstellungen. Aber nicht nur für diese Patienten gilt, dass die Auswahl ihrer Einfälle unbewusst bereits gesteuert und vorbereitet ist.

2.2.2 Was leistet die freie Assoziation?

Nach wie vor gilt die Methode der freien Assoziation als ein Verfahren, das die Psychoanalyse – neben dem Umgang mit Übertragung, Gegenübertragung und Widerstand – am eindeutigsten charakterisiert. Natürlich erzählen auch in anderen Psychotherapieverfahren Patienten über ihre Probleme und Schwierigkeiten. Diese Erzählungen und Schilderungen sind ja der Ausgangspunkt für therapeutische Interventionen. Aber die Methode der freien Assoziation zusammen mit den spezifischen Modi des Zuhörens, wie sie unter psychoanalytischen Vorzeichen eingesetzt werden, gilt doch als ein Alleinstellungsmerkmal. Warum ist das so?

Im Folgenden werden die methodischen Besonderheiten der freien Assoziation noch genauer erläutert. Denn diese scheinen keineswegs bekannt zu sein. Und erst dann lässt sich die Frage beantworten, ob diese Methode in der gegenwärtigen Psychoanalyse überhaupt noch einen derart großen Stellenwert einnimmt oder einnehmen sollte. So spricht z. B. Irwin Z. Hoffman (2006), der eine dialektisch konstruktivistische Auffassung von Psychoanalyse vertritt, von den »Mythen der freien Assoziation« oder Peter Fonagy (2003) bezeichnet die Grundregel der freien Assoziation als ein Überbleibsel einer veralteten »one-person« Psychologie, die den personellen oder dialogischen Kontext eines Gesprächs völlig unberücksichtigt lasse. Denn alles, was ein Patient sage,

2.2 Freie Assoziation und gleichschwebende Aufmerksamkeit

sei von den Gesprächsregeln alltäglicher Konversation bestimmt. Und die Aufforderung, diese außer Acht zu lassen, würde bedeuten, wie ein Autist oder ein Psychotiker sprechen zu sollen. Wenn sich also manche Patienten weigern würden, immer weiter zu erzählen, ohne eine Antwort zu erhalten, könne er dies nur allzu gut verstehen. Ebenso maß auch Stephen Mitchell (1988) der Grundregel der freien Assoziation einen nur begrenzten Wert bei, da der analytische Diskurs sich aus seiner Sicht eher durch einen Dialog charakterisieren lasse. Und auch Jacob Arlow (1994) bezeichnete die freie Assoziation als eine »unnatürliche Kommunikation«, die er durch eine mehr dialogische Form des Gesprächs ersetzt wissen wollte. Lässt sich dann aber noch die Besonderheit der psychoanalytischen Konversation gegenüber alltäglichen Formen von Konversation begründen? Oder ist sie letztlich kaum noch davon zu unterscheiden?

Eine zentrale Prämisse der analytischen Grundregel ist, dass eine partielle Aufhebung alltagssprachlicher Gesprächskontrolle und -gewohnheiten stattfinden soll. In alltäglichen Kommunikationen erwarten wir ja normalerweise von unserem Gesprächsgegenüber, dass er sich zu dem von uns Gesagten äußern soll, indem wir unsere Intonation verändern und ihn damit zu einem Sprecherwechsel ermuntern. Dies erfolgt aber nicht im analytischen Gespräch. Wäre dieses dialogähnlich, würden wir tatsächlich auf die Aufforderung zum Sprecherwechsel eingehen, würden z. B. neugierig nachfragen, unsere Verwunderung zeigen, uns beeindruckt von dem Gesagten geben, unsere Empörung äußern, unser Mitgefühl ausdrücken oder mehr oder weniger ausführlich unsere Meinung zum Besten geben und vieles andere mehr. All diese Reaktionen sind aber nicht im Sinne der klassischen Freud'schen Grundregel der freien Assoziation und ihres Pendants der Erkenntnishaltung einer gleichschwebenden Aufmerksamkeit.

Dennoch fehlen natürlich auch im psychoanalytischen Standardverfahren keineswegs Äußerungen der Zustimmung, der Verwunderung oder der Ermunterung (so z. B. die berühmt-berüchtigten »Hms« in vielen Tonlagen und Variationen) von Seiten des Analytikers, auch wenn dieses Sprechverhalten zumeist eher dezent im Hintergrund bleibt.

Wenn ein Patient aber einen Dialog im üblichen Sinn erwartet und sich Psychotherapeuten unmittelbar darauf einlassen – was oftmals dann geschieht, wenn sie sich entweder vom Sprechhandeln ihrer Patienten immer wieder unreflektiert anstecken lassen, und dann z. B. auf einen vorgetragenen Wunsch sofort mit einer Handlung reagieren, anstatt die Spannung auszuhalten, oder gemeinsam Konflikten in ihrer Beziehung ausweichen –, dann ist es sehr viel schwieriger, Abwehr- und Widerstandsphänomene nicht nur auffinden zu können, sondern sie vor allem dem Patienten zugänglich zu machen. Denn es richten sich kontinuierlich Abwehrvorgänge gegen die Abkömmlinge unbewusster Wünsche und Beziehungsphantasien in der Rede des Patienten. Ein wichtiger Grund für die Abwehr ist, dass ein Analysand die unbewusste Befürchtung hat, seine Analytikerin oder sein Analytiker könnte ihn für seine Beziehungsphantasie bestrafen, beschuldigen, beschämen oder ihm für immer die Anerkennung und Wertschätzung entziehen. Insofern ist dieser vom Überich des Patienten ausgehende Widerstand gegen das freimütige Äußern von manchen Einfällen nicht nur eine intrapsychische Abwehr, sondern auch ein Widerstand gegen das Zulassen von bestimmten Phantasien, die Übertragungsimplikationen haben. Bewusst und unbewusst wird die Missbilligung des Analytikers befürchtet (▶ Kap. 6).

Aus diesem Grund bietet das freie Assoziieren mit den entsprechenden auftretenden Unterbrechungen eine einzigartige Möglichkeit, den individuellen Übertragungswiderstand eines Patienten in der Beziehung direkt im Hier und Jetzt zu erkennen und ihm auch unmittelbar aufzeigen zu können. Denn die im Kontakt mit dem Analytiker am stärksten abgewehrten Inhalte sind in der Regel diejenigen Phantasien, Wünsche oder Befürchtungen, die sich unmittelbar aus der Beziehung mit ihm ergeben. Eine eher alltagsdialogische Gesprächshaltung würde über all diese Ängste und Abwehren leichter hinweggehen können und somit zu einem gemeinsam inszenierten Widerstand beitragen.

Sich offen, spontan, freimütig und ohne Angst vor den Konsequenzen darüber austauschen zu können, welches die intensivsten Wünsche, aber auch Ängste sind, ist das Ziel eines psychoanalytischen Diskurses, dem man sich allerdings immer nur in kleinen Schritten annähern kann und der einen unterschiedlich langen Prozess erfordert. Die Bemühung, frei zu assoziieren und vor allem das Bewusstwerden darüber, wann und aus welchen Gründen dieser Prozess ins Stocken oder in den

Strudel von Sprechhandlungen gerät, ist deshalb auch nach wie vor grundlegend für das genuin psychoanalytische Vorgehen. Somit sind nicht in erster Linie die Inhalte des Erzählens aufschlussreich, sondern die *Art*, wie ein Patient erzählt. Dies ist eine der am meisten beeindruckenden Entdeckungen, die wir Freud verdanken. Das Ziel einer Psychoanalyse ist deshalb nicht nur ein freierer Umgang mit sprachlich mitteilbaren Wünschen, Gefühlen und Absichten, sondern vor allem die Art und Weise, wie diese einem Gegenüber mitgeteilt werden können.

2.2.3 Komplikationen – häufig zu Behandlungsbeginn

Während manche Patienten nur wenig Probleme mit dem freien Erzählen zu haben scheinen, tun sich andere Patienten vor allem anfänglich sehr schwer damit. Zunächst einmal können sie sich kaum vorstellen, dass diese Freiheit des Sich-mitteilen-Könnens irgendetwas zur Lösung ihrer Probleme beitragen kann. Sie haben schließlich einen Psychotherapeuten aufgesucht, um von ihm Vorschläge oder zumindest Hinweise zu bekommen, wie sie mit ihrem Leben besser zurecht kommen können. Sie vermissen nun die Fragen, die ihnen eine Richtung vorgeben oder für sie das sichtbare Interesse ihres Therapeuten an ihren aktuellen Problemen und Schwierigkeiten erkennen lassen. Wenn dieser nun aber von ihnen weitgehend als schweigend wahrgenommen wird und seine Äußerungen zunächst keinen unmittelbaren Bezug zu den angesprochenen Problemen aufzuweisen scheinen, dann wird von ihnen dieses Gesprächsverhalten als äußerst befremdlich wahrgenommen, vor allem weil es mit dem alltäglichen Gesprächsverhalten nicht vergleichbar ist. Bei diesem sind sie es zumeist gewohnt, dass ihnen ihr Gegenüber anhand konkreten Verhaltens beweist, dass er entsprechend ihren Erwartungen funktioniert, ihnen z. B. Sicherheit und Orientierung vermittelt. Einige Patienten bekommen dementsprechend sehr schnell das Gefühl, dass ihr Therapeut viel zu wenig »macht«; zu diesem Eindruck gelangen sie vor allem deshalb, weil sie das Zuhören nicht als etwas Wohltuendes erleben können, sondern eher als eine Zumutung erfahren. Sie sollen etwas von sich preisgeben, während ihr Therapeut so gut wie keine Fragen beantwortet und auch sonst nichts von sich mitteilt. »Machen« muss sich für sie zudem in konkret sichtbaren Verhaltensweisen äußern, denn in der konkretistischen Mentalität, mit der diese Patienten Wirklichkeit oftmals erleben, zählt nur das konkret Wahrnehmbare und Fassbare.

Die Resultate dieser ungewohnten Erfahrung mit dem Zuhören sind aber nicht unmittelbar greifbar oder in Form eines Merksatzes mit nachhause zu tragen. Dies aber wäre dann der einzig sichtbare Beweis dafür, dass die Therapie »etwas bringt«. Etwas anderes ist für diese Patienten, die noch über ein geringes Symbolisierungsniveau verfügen, zunächst und manchmal auch für längere Zeit schwer vorstellbar. Wiederum andere Patienten scheinen sich mit der unvertrauten Situation ein wenig anzufreunden, so lange bis dann doch nach einiger Zeit wieder ein funktionales Denken i. S. v. »Was nützt mir das Ganze eigentlich hier? Es hilft mir nicht dabei, meine Probleme zu lösen oder sie loszuwerden«, wieder die Oberhand gewinnt.

Manchmal aber können sich auch diese Patienten an die ungewöhnliche Gesprächssituation gewöhnen und nach einigen Stunden die Vorteile dieser Methode erkennen; es scheint dann, als würde die erfahrene gefühlsmäßige Resonanz dann doch zu der Erkenntnis beitragen, dass sie etwas von ihrem Therapeuten bekommen, auch wenn sie sich etwas anderes erwartet hatten. Andere hingegen scheinen überfordert zu bleiben, so dass die Überlegung auftaucht, ob aufgrund dieses Befunds und weiterer diagnostischer Kriterien nicht ein aus der Psychoanalyse abgeleitetes Verfahren indiziert ist, wie zum Beispiel eine tiefenpsychologisch fundierte Psychotherapie, oder ein anderes Verfahren, wie eine Verhaltenstherapie, in der konkrete Problemlösungen erarbeitet werden (▶ Kap. 3 u. ▶ Kap. 4). Allerdings ist es hierbei nicht sinnvoll, zu polarisieren. Denn im Grunde weist jeder Patient ein Spektrum an unterschiedlichen Symbolisierungsfähigkeiten auf und – in Beziehungsmodalitäten gedacht – eine Neigung, seinen Therapeuten für seine Bedürfnisse zu funktionalisieren. Und man muss deshalb auch nicht sofort die Indikation verändern, wenn man einen Patienten vor sich hat, der immer wieder zu einem gering symbolisierten Denken neigt. Auch wenn man mit ihm nicht im klassischen Verständnis psychoana-

2.2 Freie Assoziation und gleichschwebende Aufmerksamkeit

lytisch arbeiten kann, bei dem ausschließlich oder überwiegend die Interpretation unbewusster (Übertragungs-) Inhalte im Mittelpunkt steht, so doch in einem zeitgenössischen Verständnis von Psychoanalyse, bei dem mittels stützender, strukturierender und anderer Interventionen das nichtsymbolische mentale Funktionieren eines Patienten zunächst in kleinen Schritten nachreifen kann. Bei der Indikation zu einer tiefenpsychologisch fundierten Psychotherapie sind aus diesem Grund auch weitere Kriterien zu berücksichtigen (▶ Kap. 4.3.4), die nicht allein mit dem Vorherrschen von wenig symbolisierten Sprechhandlungen zu tun haben.

Die Methode des freien Assoziierens kann auch besonders jenen Patienten Schwierigkeiten bereiten, deren Abwehr durch diese Regressionsförderung zu sehr geschwächt wird und die in bestimmten Konfliktbereichen zu einem Äquivalenzmodus ihres Denkens neigen. Sehr schnell fühlen sich dann nämlich die durch das Assoziieren geweckten Abkömmlinge von Triebwünschen für sie sehr real an: Nicht nur sie – so nehmen sie beispielsweise an –, sondern auch ihr Therapeut verspürt offensichtlich auf ganz ähnliche Weise Liebeswünsche; es kommt nur darauf an, wer als erster den Mut hat, dies anzusprechen oder in die Tat umzusetzen. Aber auch aggressive Impulse und heftige Affekte können bedrohlich werden, weil ihre Kontrolle aufgrund der Freiheit alles auszusprechen, ins Wanken gerät. Zwar kann es manchmal von Anfang an günstiger sein, eine für diese Patienten weniger verunsichernde Vorgehensweise zu wählen (▶ Kap. 3), aber es gibt auch bei diesen Patienten Möglichkeiten, analytisch modifiziert zu arbeiten, indem ihre Fähigkeit, Symbole zu benutzen, anstatt ihre affektiven und körperlichen Spannungen sofort ausagieren zu müssen, kontinuierlich verbessert wird (z. B. Lecours 2007).

Es ist bei diesen Patienten deshalb zunächst nicht sinnvoll, sie allzu lange ohne Rückmeldung frei erzählen zu lassen. Zumeist verlangen sie selbst nach einem Feedback oder einer sicht- und hörbaren Reaktion ihres Therapeuten; aber auch ohne diese explizite Aufforderung ist man gut beraten, wenn man sich zunächst aktiver und stützender verhält, um sie dann in weiteren Schritten auf das Dranghafte und Überfallsartige ihrer vorerst nur körperlich erlebbaren Spannungen aufmerksam zu machen und erste Symbolisierungsversuche anzuregen.

2 Freie Assoziation und gleichschwebende Aufmerksamkeit

Ob man deshalb gleich ein anderes Therapieverfahren wählen muss, wie Wöller und Kruse (2012) vorschlagen, oder lediglich flexibel eine Modifizierung der Grundregel für sich vornehmen sollte, ist deshalb sehr genau abzuwägen:

»Die Prinzipien der freien Assoziation und der ›gleichschwebenden Aufmerksamkeit‹ werden in unmodifizierter Form vor allem in der analytischen Psychotherapie praktiziert. In der tiefenpsychologisch fundierten Psychotherapie erfahren sie durch die inhaltliche Fokussierung entscheidende Modifikationen. Hier werden die Patienten durch leitende Fragen des Therapeuten stärker auf das zu fokussierende Material hingelenkt. In der Arbeit mit strukturell gestörten Patienten muss die Grundregel ausdrücklich modifiziert werden, um eine schädliche Überflutung mit negativen Assoziationen zu vermeiden« (Wöller & Kruse, 2012, S. 193).

Möglicherweise herrscht bei diesen und ähnlichen Auffassungen aber noch ein veraltetes Bild von Psychoanalyse bzw. analytischer Psychotherapie vor. So als habe diese nur in der Deutung verdrängter, aber bereits symbolisierbarer Inhalte ihr Behandlungsziel gesehen. Tatsächlich aber haben bereits Freud und die erste Generation der Psychoanalytiker Patienten mit eingeschränkten ichstrukturellen Fähigkeiten behandelt. Und spätestens ab den 1950er Jahren wurde bei Patienten mit psychosomatischen Krankheitsbildern auf deren mangelhafte Symbolisierungsfähigkeiten aufmerksam gemacht. So entwickelte z. B. der französische Psychoanalytiker Pierre Marty das Konzept des pensée opératoire, des operativen, phantasiearmen Denkens, das in der Alexithymieforschung einen herausragenden Stellenwert erhielt. Dennoch ist es zutreffend, dass die *systematische* Berücksichtigung des Symbolisierungsniveaus erst seit einigen Jahren in der Psychoanalyse erfolgt (z. B. Freedman, 1985, Mitrani, 1995).

Kurzum, bei der Selbstbeobachtung und deren Verbalisierung spielen Fähigkeiten und Begabungen eine nicht unerhebliche Rolle: so die psychological mindedness, eine Art emotionaler Intelligenz, das Ausmaß an Mentalisierungsfähigkeit und vor allem auch eine Fixierung an oder eine Regression auf ein präsymbolisches Niveau des Denkens. Dieses ist in der Kindheit der allein vorherrschende Modus des Denkens, bei dem nahezu ausschließlich anhand von Handlungen gedacht wird. Der Genfer Psychologe Jean Piaget hat diese kindliche Art des Denkens als Phasen der sensomotorischen und vorbegrifflichen (präoperationa-

2.2 Freie Assoziation und gleichschwebende Aufmerksamkeit

len) Intelligenz beschrieben und ausgeführt, dass ein Kind erst im Alter von sechs bis sieben Jahren einen Denkmodus erreicht, der nicht mehr überwiegend an körperlich wahrnehmbare motorische Akte gebunden ist. Die vorbegriffliche Art des Denkens wird im Lauf der Entwicklung allerdings niemals verschwinden, sondern bleibt als Bodensatz aller späteren Denkoperationen erhalten. Im Fall von neurotischen Konflikten taucht diese Art des Denkens regressiv gelegentlich auf; im Fall von strukturellen Störungen kann sie hingegen durchaus dominant werden. Der Betreffende kann dann in solchen Momenten nicht mehr erkennen, dass es sich bei den mentalen Akten, die in ihm ablaufen, um Repräsentationen handelt, über die man nachdenken und mit anderen Repräsentationen in Verbindung bringen kann, sondern diese ergreifen dann in Form heftiger Affekte oder Handlungsimpulse von ihm Besitz, von denen er sich nicht durch denkende Bewältigung, sondern nur durch motorische Handlungen Abhilfe verschaffen kann. Patienten, die auf der Couch liegen, bewegen dann unablässig ihre Hände, drehen unruhig ihren Kopf von einer Seite auf die andere, zappeln mit ihren Füßen, stellen einen Fuß auf den Boden, so als wollten sie aufspringen. Aber vor allem auch in der Art ihrer sprachlichen Darstellung kommt dieses verkörperte konkretistische Denken zum Ausdruck, zum Beispiel in Form eines Vorwurfs, nicht voranzukommen, einer Aufforderung, die gesamte Aufmerksamkeit ihnen zu widmen, unablässig für sie da zu sein, den verbalen Entwertungen und Aggressionen standzuhalten oder natürlich auch in Form nicht enden wollender Klagen über einen Partner oder Arbeitskollegen. Dieses mit einem starken Handlungsdruck auf den Analytiker verbundene Sprechen wird in der Regel durch kein Innehalten unterbrochen, wie zum Beispiel durch die Äußerung »Aber warum bewegt mich das jetzt schon wieder so?« oder »Ich frage mich, was ich dazu beitrage?« usw. Stattdessen ist es äußerst raumgreifend, löst starke (Gegenübertragungs-)Gefühle im Analytiker aus und verführt nicht nur Psychoanalyse-Anfänger dazu, ebenfalls mit einem starken Handlungsdruck im Sprechen, z. B. in Form von Ratschlägen reagieren zu wollen.

Die Unterbrechungen oder die Schwierigkeiten, die ein Patient mit dem unbefangenen Erzählen-Sollen erlebt, gehen somit nicht nur auf Widerstände gegen die freie Assoziation zurück, sondern können auch in seiner mentalen Organisation begründet liegen. Die kontinuierliche

Berücksichtigung der jeweiligen Verfügbarkeit über ichstrukturelle Kompetenzen ist deshalb in der zeitgenössischen Psychoanalyse ein wichtiges Gebot.

Nicht wenige Patienten, die sich aber trotzdem kein anderes Verfahren als die analytische Psychotherapie für sich vorstellen können, sind deshalb von der Grundregel immer wieder überfordert. Deswegen braucht man aber mit diesen nicht in einen an ein Alltagsgespräch erinnernden Dialog zu fallen, sondern kann ihnen durchaus das Recht zur Selbstdarstellung überlassen; dennoch benötigen diese Patienten in unterschiedlichem Ausmaß Hilfestellungen vor allem zu Beginn einer Therapie. So ist es zum Beispiel sogar möglich, wie die amerikanische Psychoanalytikerin Linda Brakel (1993) vorgeschlagen hat, einen Patienten vorübergehend malen zu lassen. Auch wird man anfänglich bei diesen Patienten ihre Fragen beantworten, bis man sie nach und nach dazu anleitet, ihre körperlichen Erregungszustände nicht unmittelbar abreagieren zu müssen. Im weiteren Verlauf kann es dann zunehmend mehr gelingen, den Anteil an symbolisierter Sprache, in der mit Repräsentanzen ohne unmittelbaren Handlungsdruck umgegangen werden kann, gegenüber den Sprechhandlungen immer größer werden zu lassen (z. B. Busch, 1989, 2014, Lecours, 2007).

2.2.4 Die Angst des Analytikers vor der psychoanalytischen Methode

Die psychoanalytische Gesprächssituation regt das Sprechen über sich selbst beim Patienten an. Dies wird häufig nicht nur vom Patienten als ängstigend erfahren, sondern auch vom Analytiker. Vom Patienten deshalb, weil das Von-sich-selber-Sprechen ihn damit konfrontiert, dass er über kurz oder lang auf Vorstellungen, Phantasien und Erwartungen stößt, die er ungern mitteilen möchte. Nicht nur weil er diese Inhalte als lächerlich oder kindisch erlebt, sondern auch weil er merkt, wie schnell sie ihn zu Wünschen führen könnten, deren Erfüllung er schmerzlich vermisst und/oder die ihn körperlich zu überwältigen drohen, weil er sie bislang zu wenig symbolisieren kann.

Und der Analytiker erlebt die Gesprächssituation als ängstigend, weil er sich nicht wie bei einem alltäglichen Dialog mithilfe von Fragen und

2.2 Freie Assoziation und gleichschwebende Aufmerksamkeit

teilweisen Wiederholungen des Gesagten oder gar mit Ratschlägen eine Distanz zu seinem Gegenüber verschaffen kann, sondern stattdessen spürt, wie sehr er nahezu unmerklich zu derjenigen Person wird, der die Wünsche seines Patienten erkennen, annehmen und erfüllen soll. Und zwar all die Wünsche, von denen sein Patient unbewusst annimmt, dass ihm deren Befriedigung zugestanden hätte, ihm aber aufgrund der Unzulänglichkeiten seiner Eltern, aber auch aufgrund seines eigenen enttäuschten Rückzugs keine Erfüllung zuteil werden konnte. Auf diese Weise entsteht nicht nur eine ungemein dichte Beziehung, sondern auch ein großer Druck, diesen Bedürfnissen Befriedigung zu verschaffen, Symptome zu erleichtern, für unmittelbare Beseitigung des berichteten Leidens zu sorgen u. a. m. Dies ist auch der Punkt, an dem viele Psychotherapeuten glauben, dass sie bestimmte Techniken anderer Therapieschulen lernen müssten, um mit diesem Druck zurechtzukommen.

Andererseits spürt der Analytiker aber auch, wie sein Patient von ihm intensiv wünscht, dass er mit seinen zunächst nur als Erregungszustände ausgedrückten Affekten von ihm verstanden werden will, dass dieser vor seinen körperlichen Erregungszuständen nicht zurückweicht, sich aber auch nicht anstecken lässt. Dies würde sich zum Beispiel darin ausdrücken, dass er ebenso hektisch wie der Patient selbst nach Lösungen sucht, wie er sich in einem bestimmten Konflikt verhalten soll. Stattdessen aber nimmt er den körperlichen Affektausdruck zunächst nur in sich auf, benennt ihn und öffnet damit auf markierte Weise einen symbolischen Raum für seinen Patienten. Denn erst der Erwerb des symbolischen Umgangs mit den körperlichen Spannungen ermöglicht es diesem schrittweise, sich von seinen Affekten nicht mehr heimgesucht, überschwemmt und sich seiner Handlungsautonomie beraubt zu fühlen, sondern einen Abstand von den zumeist negativen Affekten zu bekommen und ihnen damit nicht mehr hilflos ausgeliefert zu sein.

Die Fähigkeit, eine analytische Kompetenz bei diesen Patienten aufrechtzuerhalten, ist nicht einfach. Die Versuchung, mit ihnen auf alltägliche Weise zu kommunizieren und damit auch ihrem Druck nachzugeben, ist allgegenwärtig (vgl. Zwiebel, 2007).

2.2.5 Seine eigenen Geschichten erzählen können

Die Tatsache, dass das freie Assoziieren im Beisein eines anderen Menschen stattfindet, und dass dem Patienten dabei deutlich wird, in welchem Ausmaß er körperliche Empfindungen, Gefühle, Phantasien und Gedanken unterdrückt, die er weder vor sich selbst, geschweige denn vor seinem Analytiker auszusprechen bereit ist, zeigt, welches Potenzial an befreiendem Ausdruck bereits das freie Assoziieren-Können aufweist; dass man dem eigentlich nie wirklich entsprechen kann, obwohl die Sehnsucht danach, alles aussprechen zu können, was einem in den Sinn kommt, sehr stark sein kann. Wenn das – vielleicht wichtigste – Ziel einer Analyse darin besteht, dass die Wahrheit einen frei machen wird, so erleben Analysanden zumeist sehr bald die wohltuende Wirkung, sich selbst und ihre Beziehungen im Beisein ihres Analytikers immer differenzierter erleben und erforschen zu können.

Trotz der anfänglich und auch zwischendurch immer wieder auftreten könnenden Belastungen aufgrund dieses ungewöhnlichen »Diskurstypus« ist das spontane Erzählen per se somit schon einmal ein mächtiger therapeutischer Wirkfaktor. Zu erleben, dass man sich mitteilen kann und dabei gehört wird, ohne dass einen das Gegenüber wichtigtuerisch, Aufmerksamkeit erheischend und voller Ungeduld unterbricht, dass man dabei auch beschämende und Schuldgefühle erzeugende Themen anspricht, die man auch vor sich selbst bislang zu verbergen suchte, und der Analytiker darauf nicht mit moralischer Entrüstung, aber auch nicht mit Beschwichtigungsversuchen reagiert, ist bereits eine wichtige Konflikt entlastende Erfahrung.

Nichts ist im Grunde befreiender für Patienten, als endlich ihre eigenen Geschichten erzählen zu können. Ihr Leben lang haben sie die Geschichten von anderen erzählen müssen: Geschichten, die ihnen ihre Eltern vorgegeben haben, Geschichten, die sie bruchstückhaft erinnerten, aber nie zu einem Ganzen zusammenfügen konnten; Geschichten, die sie dranghaft agieren mussten; Geschichten, von denen sie glaubten, dass andere sie wichtig fanden, nur nicht sie selbst; Geschichten, in denen sie falschen Lebenszielen wie Macht, Ehre oder Reichtum nachjagten, die sie von sich selbst entfremdeten. Nun erleben sie zum ersten

Mal, dass sie ihre eigene Geschichte erzählen können und dass ihnen dabei zugehört wird.

Sich selbst immer mehr als Autor oder Urheber seiner Handlungen und seines Erlebens begreifen zu können, ohne erneut scheinbar patente Lösungen für seine Konflikte oder die Lebensklugheit seines Analytikers suggeriert zu bekommen, ist deshalb auch eines der herausragenden Ziele einer Psychoanalyse und einer analytischen Psychotherapie.

2.2.6 Differenzierungen

Die freie Assoziation ermöglicht nicht nur ein Kennenlernen dessen, wie die Abfolge von Einfällen anhand von Abwehr- und Widerstandsprozessen unterbrochen wird, wie die Art und Weise der Erzählungen beschaffen ist, ob in einem symbolisierenden Modus oder eher in einem sprechhandelnden Modus erzählt wird, wie bislang bekannte Denk- und Erzählmuster hinterfragt und aufgebrochen werden können, sondern vor allem auch ein Hin- und-Herwandern zwischen verschiedenen Bewusstseinszuständen, die eher interpersonell oder eher intrapsychisch organisiert sind. Rosegrant (2005) hat in Anlehnung an Sheldon Bach (1994) zwei Bewusstseinszustände, die »subjektive« und »objektive Selbstaufmerksamkeit« unterschieden. Im Zustand der subjektiven Selbstaufmerksamkeit oder des Sich-seiner-selbst-Gewahrwerdens fühlen wir uns mit uns selbst eins, befinden uns gleichsam in einem Zustand der primärnarzisstischen Einheit, in der uns nichts beschämt oder Schuldgefühle bereitet; wir sind unabhängig von der Einschätzung, wie wir glauben, von anderen wahrgenommen und beurteilt zu werden. Im Zustand der objektiven Selbstaufmerksamkeit sehen wir uns hingegen mit den Augen der anderen, erleben eine Befangenheit, die sich bis zur sozialen Phobie steigern kann, fühlen uns im Extrem ganz stark kritisiert und bloßgestellt bis hin zu einem Gefühl des völligen Verachtetwerdens. Normalerweise gibt es ein ausgewogenes Oszillieren zwischen diesen beiden Bewusstseinszuständen; kommt die eine in den Vordergrund, tritt die andere in den Hintergrund und vice versa. Auch Patienten wechseln deshalb in ihren Bewusstseinszuständen zwischen der subjektiven und der objektiven Selbstaufmerksamkeit, wobei entsprechend den Implikationen der Grundregel, alles mitzuteilen, auch wenn es für das Gegenüber unpassend oder unsinnig klingen mag, die objektive Selbstaufmerksamkeit von vornherein eine Abschwächung erfahren soll.

Patienten, die sich sehr an den Reaktionen ihres Therapeuten orientieren (»Hätte ich das jetzt nicht sagen sollen?« oder »Langweile ich Sie jetzt damit?« oder »Ich weiß nicht, worüber ich heute sprechen soll!«) befinden sich aus diversen psychodynamischen Gründen eher in einem erhöhten Zustand der objektiven Selbstaufmerksamkeit; Patienten hingegen, die ohne Punkt und Komma, ohne eine Idee darüber, warum sie bestimmte Geschichten erzählen und ohne Rücksicht auf ihr Gesprächsgegenüber ihren Assoziationen freien Lauf lassen können, sind ausschließlich in einem subjektiven Selbstaufmerksamkeitszustand. Sie kämen deshalb auch nie auf die Idee, ihren Analytiker zu fragen: »Ich weiß nicht, ob ich Sie mit diesem Thema jetzt schon wieder nerve«.

Diese Konzentration auf einen Zustand der subjektiven Selbstaufmerksamkeit ist methodisch gewollt, aber natürlich ergeben sich hierbei subtile Unterschiede. Als Analytiker merkt man recht bald, ob der Patient dennoch im Kontakt bleibt oder ob er sich mit seinem Bewusstseinszustand gegen eine mögliche Bewertung von außen völlig abgrenzt und den subjektiven Selbstaufmerksamkeitszustand dazu benützt, als eindringend befürchtete Interpretationen präventiv abzuwehren. Die im Übermaß verwendeten Bewusstseinszustände können deshalb auch eine Abwehr darstellen: Bei der subjektiven Selbstaufmerksamkeit gegen die gefürchtete Bewertung von außen, bei der objektiven Selbstaufmerksamkeit gegen eine Beschäftigung mit den häufig viel ängstigenderen Themen als den gefürchteten Überich-Verurteilungen.

Die Feinfühligkeit besteht auch hierbei wieder in der Einschätzung, inwieweit ein bestimmter Patient z. B. zu lange dem Modus der objektiven oder der subjektiven Selbstaufmerksamkeit verhaftet bleibt.

Rosegrant (2005) hat darauf aufmerksam gemacht, dass der Modus der objektiven Selbstaufmerksamkeit noch zusätzlich verstärkt werden kann, wenn der Analytiker mit einer (Übertragungs-)Beziehungsdeutung die Konzentration des Patienten, der sich zuvor im subjektiven Selbstaufmerksamkeitszustand befunden hat, auf seine Person lenkt. Und ebenso kann eine zu lange und zu ausschließliche konkordante

Identifizierung den Modus der subjektiven Selbstaufmerksamkeit einseitig fördern. Wiederum sollte ein Analytiker jeweils entscheiden, was für seinen Patienten zu einem bestimmten Zeitpunkt am förderlichsten ist: In seiner unbefangenen Selbstdarstellung verbleiben zu können oder sich mit den Augen des anderen zu sehen und inwieweit der Blick des anderen dabei eher neurotisch einengend ist oder die Einfühlung in diesen befördert.

2.3 Gleichschwebende Aufmerksamkeit und andere Modi des Zuhörens

> »… er soll dem gebenden Unbewußten des Kranken sein eigenes Unbewusstes als empfangendes Organ zuwenden« (Freud, 1912e, S. 381)

Nicht nur für den Patienten gibt es gemäß Freud eine Grundregel, sondern auch für den Psychoanalytiker. Das Gegenstück zur Grundregel der freien Assoziation besteht seitens des Analytikers in der Haltung der so genannten gleichschwebenden Aufmerksamkeit.

2.3.1 Gleichschwebende Aufmerksamkeit

> »Indes ist diese Technik eine sehr einfache. Sie lehnt alle Hilfsmittel, wie wir hören werden, selbst das Niederschreiben ab und besteht einfach darin, sich nichts besonders merken zu wollen und allem, was man zu hören bekommt die nämliche ›gleichschwebende Aufmerksamkeit‹ … entgegenzubringen« Freud, 1912e, S. 377).

Die Einfälle des Patienten sollen vom Analytiker nicht in ein diagnostisches oder theoretisches Prokrustesbett gezwängt werden, sondern allen einzelnen Themen soll die gleiche Aufmerksamkeit zuteil werden, weil so zum einen am ehesten der Gefahr widerstanden werden kann, sich mit einzelnen Einfällen zu lange aufzuhalten, und zum anderen vermieden wird, bestimmte Äußerungen vorschnell unter psychodynamische, psychogenetische, ätiologische oder nosologische Gesetzmäßigkeiten zu subsumieren. Auch hilft es, der Versuchung zu widerstehen, sich auf ein vorgetragenes Problem allzu vertieft einzulassen und möglicherweise seine eigenen Lösungswege und Inhalte seiner Lebenserfahrung innerlich durchzuspielen und dabei das Risiko einzugehen, dass man das Hören auf die weiteren Erzählungen, auf das Was und das Wie, versäumt und ein Detail zu stark aus dem Gesamtkontext isoliert. Es falle – so Freud – zudem leichter, sich mit dieser Haltung seiner eigenen unbewussten Geistestätigkeit zu überlassen und damit auch auf ein bewusstes konzentriertes Nachdenken verzichten zu können. Folge man hingegen zu sehr seinen bewussten Erwartungen, so sei man in Gefahr, niemals etwas anderes zu finden, als was man bereits weiß.

Mit der Haltung der gleichschwebenden Aufmerksamkeit vermeidet es der Analytiker somit auch, bei der Faktizität des Mitgeteilten allzu lange zu verweilen und das vom Patienten Kommunizierte konkretistisch aufzufassen. Stattdessen versucht er, sich von dem Inhalt immer wieder zu lösen und sich von dem anmuten zu lassen, was in welcher Reihenfolge gesagt wurde, was nicht gesagt wurde, was zwischen den Zeilen gesagt wurde und vor allem auch *wie*, d. h. mit welchen Gefühlen es gesagt wurde, wobei diese bei manchen Inhalten aber auch gänzlich fehlen oder nur ansatzweise symbolisiert sein können. Nur auf diese Weise lässt sich eine unbewusste Sinnebene erschließen, die aber nicht logisch herbeigezwungen werden kann, sondern sich als intuitiver Einfall ergibt.

Natürlich steht jegliches Wahrnehmen immer in der Gefahr, zu stark theoriegeleitet zu sein. Deshalb gilt es, vorübergehend, d. h. in den Sitzungen, nicht aber danach, von Theorien und Konzepten abzusehen und ein logisch-rationales, eher sekundärprozesshaft bestimmtes Einordnen des Gehörten zunächst zurückzustellen.

> »Man halte alle bewußten Einwirkungen von seiner Merkfähigkeit ferne und überlasse sich völlig seinem ›unbewussten Gedächtnisse‹, oder rein technisch ausgedrückt: man höre zu und kümmere sich nicht darum, ob man sich etwas merke« (Freud, 1912e, S. 378).

Eine Zuspitzung dieser Haltung fand sich bei Theodor Reik (1948), der diesen von Freud intendierten unbewussten Rapport als »Hören mit dem dritten Ohr« bezeichnete. Gegen die allgegenwärtige Versuchung, das Gehörte allzu schnell theoretisch einordnen zu wollen und in be-

2.3 Gleichschwebende Aufmerksamkeit und andere Modi des Zuhörens

wusstseinspsychologische Fehlschlüsse zu geraten, bemühte er noch einmal die unmittelbar stattfindende Kommunikation der beiden Unbewussten vor allem auch jenseits der Worte. Die menschlichen Spiegelneuronen, die sicherlich eine Grundlage dieses Reik vorschwebenden unmittelbaren Austausches bilden, wurden erst über ein halbes Jahrhundert später von Rizzolatti entdeckt.

Bei den verschiedenen Versionen der Erkenntnishaltung der gleichschwebenden Aufmerksamkeit geht es somit darum, sich vorübergehend in einen veränderten Bewusstseinszustand zu begeben, in dem eine größere Durchlässigkeit sowohl gegenüber dem eigenen Vor- und Unbewussten, als auch gegenüber den Botschaften und Stimuli, die vom Vor- und Unbewussten des Patienten ausgehen, gegeben ist. Diese stärkere Empfänglichkeit gegenüber intero- und extrazeptiven Reizen schafft die Grundlage für eine starke intersubjektive Verbundenheit mit dem Patienten. Allerdings gibt es auch Einschränkungen für dieses sich Verbunden-fühlen-Können. Manche Patienten können sich mit Händen und Füßen dagegen wehren, verstanden und emotional berührt zu werden (▶ Kap. 6), sie kämpfen sogar aktiv gegen die Versuchung an, dass die emotionalen Innenwelten miteinander in Kontakt kommen. Aber auch Therapeuten können Angst und Unbehagen dabei verspüren, vis-à-vis einem bestimmten Patienten ihre kognitive Wachheit zu verringern und auf regressive Weise »empfangend« zu werden. Unbewusst können hierbei z. B. Ängste eine Rolle spielen, die Autonomie und Kontrolle zu verlieren, nicht mehr Herr seiner Sinne und Empfindungen zu sein. Manche Psychoanalytiker haben darauf aufmerksam gemacht, dass man für diese Erkenntnishaltung Frieden mit seinen mütterlichen Introjekten geschlossen haben muss, was für männliche und weibliche Psychotherapeuten gleichermaßen gilt. Diese Ängste können durch die Intensivierung der rezeptiven Haltung, wie sie Bion ausgearbeitet hat, sogar noch verstärkt werden, denn das Aushaltenkönnen von Unbekanntem und von Nichtwiss- und Nichtkontrollierbarem im Umgang mit unbewussten Prozessen schafft ein noch viel größeres Gefühl der Unsicherheit. Ein starkes Identitätserleben ist deshalb die Voraussetzung dafür, diese Ungewissheit aushalten zu können, ohne sogleich nach rettenden Strohhalmen etwa in Gestalt von Diagnostiksystemen und Ähnlichem greifen zu müssen. Nach Grabskas (2000) Einschätzung stellt die gleichschwebende Aufmerksamkeit sensu Bion, die Rêverie, eine besondere Offenheit dafür dar, mit bislang überhaupt noch nicht symbolisierten und deshalb unbekannten Erfahrungen in Kontakt zu kommen.

Grotstein (2009) hat gegenüber der Bion'schen Empfehlung, ohne Erinnerung, ohne Wunsch und ohne unmittelbar gleich alles verstehen zu wollen, zuzuhören, angemerkt, dass es durchaus ratsam sei, die Theorien vergessen zu sollen – aber bitte erst dann, wenn man sie sich gründlich angeeignet habe.

2.3.2 Statt des Hörens mit dem dritten Ohr die konzentrierte Beobachtung des Assoziationsflusses – Zur Prozessanalyse von Paul Gray

Nach wie vor ist die Haltung der gleichschwebenden Aufmerksamkeit ein Charakteristikum des psychoanalytischen Vorgehens. Aber es wurden von den Schülern und Nachfolgern Freuds weitere Vorstellungen über die angemessene Form des Zuhörens entwickelt. So wurde z. B. kritisiert, dass die Hinwendung zu den sich aus dem »unbewussten Gedächtnis« einstellenden Gefühlen und Phantasien eine zu ausschließliche Beschäftigung mit den gefühlshaften Reaktionen des Therapeuten bedeute. Denn obwohl diese – häufig als Gegenübertragung bezeichnet – nach wie vor von zentraler Bedeutung sind, scheinen sie bei nicht wenigen gegenwärtigen Analytikern zum alleinigen Fokus geworden zu sein. Damit aber werden die auch bei Freud schon anklingenden Überlegungen zu den Manifestationen von Abwehrvorgängen nicht genügend beachtet.

Aus diesem Grund reicht allein das introspektive Wahrnehmen der eigenen Gefühle, körperlichen Empfindungen sowie Bilder und traumähnlichen Einfälle für Paul Gray (1994) nicht aus. Das Erspüren der Gefühle bleibt natürlich im Hintergrund weiterhin wichtig, aber es muss noch eine andere Vorgehensweise hinzukommen.

Für die konzentrierte Beobachtung der Veränderungen in der Art und Weise, zu erzählen, bleibt das freie Assoziieren des Patienten auch

2.3 Gleichschwebende Aufmerksamkeit und andere Modi des Zuhörens

für ihn gleichsam als Datenlieferant eine unabdingbare Voraussetzung. Denn anhand des Erzählflusses, seiner Veränderungen und Unterbrechungen lässt sich beobachten, an welchen Stellen Widerstände gegen das Bewusstwerden auftreten. Die subtile Beachtung und Zurkenntnisnahme von Widerständen beim freien Assoziieren sind das zentrale Anliegen der Post-Ichpsychologie, wie sie vor allem von Paul Gray, Fred Busch, Cecilio Panaguia, Léon Wurmser u. a. pointiert vertreten worden ist (s. ausführlicher Mertens, 2010).

Gray und Busch legen vor allem den größten Wert darauf, den Patienten selbst intensiv für die Beobachtung und Reflexion seines Erzählflusses und dessen Unterbrechungen zu gewinnen, anstatt ihm unbewusste Phantasien mittels des »Hörens mit dem dritten Ohr« zu übersetzen, wobei er weitgehend passiv bleiben kann. Patienten sollen selbst ein immer besseres Gespür dafür bekommen, wie ihre eigene unbewusste Abwehrtätigkeit sie am Bewusstwerden von bestimmten Gefühlen und Gedanken hindert. Nur auf diese Weise können sie später mit sich selbst, ihren Impulsen und Affekten reflektiert umgehen, statt diesen immer wieder blindlings ausgeliefert zu sein. Somit wird die Fähigkeit zur Selbstanalyse, die Erlangung eines höheren Reflexionsgrades des Bewusstseins das wichtigste Ziel einer gelungenen analytischen Behandlung, die auch nach deren Beendigung ohne die Hilfestellung des Analytikers fortgesetzt werden kann.

Für das Erkennen der Abwehrmaßnahmen gegen das Auftauchen von Triebabkömmlingen in den Assoziationen von höher strukturierten Patienten mit neurotischen Problemen sind nun aber andere analytische Kompetenzen erforderlich als für das Erkennen von unbewussten Phantasien mit ihren entsprechenden Wünschen. Während für letztere die Receiver-Metapher Freuds oder das Reik'sche Hören mit dem dritten Ohr eher geeignet zu sein scheinen und damit die Fähigkeit, sich den aus dem Vorbewussten aufsteigenden Gefühlen und Gedanken ohne das Suchen nach einer bewussten Zielvorstellung regressiv zu überlassen, benötigt man für das Wahrnehmen von Abwehrvorgängen in der dichten Prozessanalyse von Gray eher eine wache Aufmerksamkeitseinstellung. Denn es gilt nun, Unterbrechungen des freien Assoziierens, die verschiedenen Niveaus der Selbstbeobachtung, thematische Lücken, spezifische Themenabfolgen sehr konzentriert zu beobachten und ebenso ein Gespür für nonverbale Phänomene wie Veränderungen der Körperhaltung, Mimik und Prosodie, Stimmungsumschwünge und Wechsel von affektiven Zuständen zu entwickeln.

Die Abwehrmaßnahmen des Ichs sollten in einem ersten Schritt identifiziert, daraufhin ihre Manifestationsformen dem Patienten aufgezeigt und schließlich die Angst bewusst gemacht werden, die zu dieser Abwehr geführt hat. Dies gelingt nach Gray am besten mit Hilfe einer dichten Prozessanalyse. Der Aufmerksamkeitsfokus wird auf die Oberfläche des Mitgeteilten gerichtet. An welchen Stellen verspürt der Patient zu viel Angst vor seinen Wünschen und Affekten und wechselt das Thema, wird plötzlich im Übermaß selbstkritisch usw. An welchen Stellen hat der Patient sich z. B. für einen Augenblick mit seinen aggressiven Impulsen »zu weit aus dem Fenster gelehnt«, so dass er sich im nächsten Moment ängstlich zurücknehmen muss. Dabei braucht der Analytiker weder besonders auf sein eigenes Unbewusstes zu achten, um das Material zu verstehen, noch »unterhalb« der – in jedem Augenblick ohnehin von Autoritätsübertragungen auf seine Person durchzogenen – Oberfläche nach einem verborgenen Subtext zu suchen: Die Trieb- bzw. Konfliktabkömmlinge und deren Abwehr liegen sozusagen vor ihm ausgebreitet zum Greifen nahe, wenn er es nur versteht, sein analytisches Augenmerk darauf zu richten. Aber wie bestimmt man die Oberfläche? Und wie aktiviert man die beobachtenden und reflexiven Ichfunktionen des Patienten? Dies soll im Kapitel 5 noch genauer zur Sprache kommen.

2.3.3 Empathie in Form stellvertretender Introspektion

Ein weiterer Modus des Zuhörens begegnet uns in seiner konsistentesten, aber auch einseitigsten Form bei dem Selbstpsychologen Heinz Kohut (1971). Für ihn war die Beobachtung des Verhaltens (im weitesten Sinn) sogar unpsychoanalytisch; vielmehr plädierte er für eine stellvertretende Introspektion bzw. Einfühlung in die ausgesprochene, aber auch unausgesprochene innere Welt des Patienten.

Die innere Welt eines Menschen lässt sich nicht beobachten, riechen oder berühren, aber sie kann durch Introspektion in uns selbst und

2.3 Gleichschwebende Aufmerksamkeit und andere Modi des Zuhörens

durch Empathie, d. h. durch Sich-Einfühlen in die Introspektion eines anderen Menschen zugänglich gemacht werden. Bereits Fliess (1942) hatte von einer Probeidentifizierung gesprochen, bei der sich der Analytiker versuchsweise mit dem Erleben seines Patienten identifiziert, diese Erfahrungen verwörtert, sie von den Einwänden des Patienten korrigieren lässt und daraufhin zu einer erneuten nunmehr korrigierten Identifizierung gelangt.

Anders als die Erkenntniseinstellung der Rêverie verbleibt die Probeidentifizierung viel enger am Erleben des Patienten und durchläuft auch mehrere Schleifen der Korrektur.

Für Kohut wurde das empathische Eintauchen in die Erlebniswelt des Patienten zum methodischen Erkennungsmerkmal der Selbstpsychologie. »Einfühlung (Empathie) ist eine besonders auf komplexe psychische Konfigurationen eingestellte Wahrnehmungsweise« (Kohut, 1973, S. 338). Sie dauert nicht nur einige Sekunden lang, wie im alltäglichen Beziehungen zumeist üblich, sondern sie geschieht über einen längeren Zeitraum hinweg. Dabei kann es nicht ausbleiben, dass dieses intensive Eintauchen in die innere Welt eines anderen Menschen immer wieder einmal nicht optimal ist. Diese Brüche in der empathischen Zuwendung bilden für Kohut den Ausgangspunkt für das Durcharbeiten von narzisstischen Übertragungsformen, in denen der Analytiker von seinem Patienten als ein validierendes Entwicklungsobjekt lebensnotwendig benötigt wird. Störungen in der Empathie können dann auf die Bruchstellen und defizitären Situationen verweisen, denen der Patient als Kind seitens seiner Eltern ausgesetzt war.

Evelyne Schwaber (1992, 1998) hat noch nachdrücklicher darauf aufmerksam gemacht, dass es allein die Perspektive des Patienten sei, auf die es für das analytische Verständnis ankomme; alle Mutmaßungen und Rêverien über unbewusste Vorgänge seien zu suspendieren, alle Gegenübertragungen ebenso wie theoretische Konzepte sollten restlos bewusst gemacht und in ihrem störenden Einfluss auf die Einfühlung in die innere Welt des Patienten erkannt werden. Kann dies aber tatsächlich geschehen? Lässt sich die Gegenübertragung vor allem in ihren unbewussten Anteilen wirklich restlos bewusst machen? Sind Enactments (▶ Kap. 2.3.4 u. ▶ Kap. 7) tatsächlich vermeidbar?

2 Freie Assoziation und gleichschwebende Aufmerksamkeit

Über die epistemischen Möglichkeiten und Grenzen der Empathie ist nicht nur in der Psychoanalyse sehr viel nachgedacht worden. Angefangen von Theodor Lipps' (1907) Bemühungen, über Schelers, Husserls und Heideggers Stellungnahmen zur Einfühlung bis hin zu den Überlegungen von Strawson (2008), zwei grundlegende Konzepte der Empathie zu unterscheiden, der sog. objektiven und der teilnehmenden Haltung, haben sich viele Philosophen mit den Möglichkeiten des Fremdverstehens befasst.

Psychoanalytiker haben die Mystifizierung von Empathie kritisiert, weil mit ihr eine Anzahl von zu wenig explizierten und reflektierten Vorgängen, wie Projektionen, unbewusste Phantasien, Gegenübertragungsagieren, Pseudoverstehen geschehen können. Spence (1984) sprach von einem »pathetischen Trugschluss«, bei dem der Versuch einer Perspektivenübernahme mittels einer mitfühlenden Projektion kurzgeschlossen wird. Meissner (2010) wies erneut darauf hin, dass es unmöglich ist, die Erlebniswelt eines anderen Menschen mittels Empathie zuverlässig und valide nachzubilden, da sie doch immer auf der Wahrnehmung eigener analoger Erfahrungen beruht. Relationale und konstruktivistisch argumentierende Psychoanalytiker sehen in diesem Anspruch allerdings die Überbleibsel des klassischen positivistischen Objektivitätsparadigmas. Denn selbstverständlich kann Empathie niemals ohne die Subjektivität des Analytikers gedacht werden (vgl. Fosshage, 2011).

Und eine dynamisch systemtheoretische Konzeptualisierung bewahrt uns vor der Illusion, dass wir mit unserer Einfühlung, die in der Selbstpsychologie bislang überwiegend bewusstseinspsychologisch gefasst wurde, in Bezug auf unbewusste und nichtbewusste Prozesse unserer Patienten allwissend sein können. Denn wir sind mit den impliziten interaktiven Beziehungsschemata und -regulierungen von der ersten Sekunde an viel mehr verwoben, als uns bislang deutlich wurde (vgl. Fishman, 1999 u. ▶ Kap. 7). Thomas Fuchs (2013) spricht in Anlehnung an Merleau-Ponty von der Zwischenleiblichkeit, die der primären Empathie zugrunde liegt, die uns einerseits ähnlich empfinden lässt, andererseits auch einen großen Teil des Sich-verbunden-Fühlens un- bzw. nichtbewusst bleiben lässt. Dies wird vor allem bei dem folgenden Modus des Zuhörens deutlich.

2.3.4 Intersubjektives Zuhören

Der nonverbale emotionale Austausch ist von mindestens ebenso großer Bedeutung in analytischen Behandlungen wie der verbale Austausch. Analytiker und Patienten beeinflussen ihre gegenseitigen Körperempfindungen, ihre Vorstellungswelt, ihre Gedanken und ihre Verhaltensweisen nicht nur mittels sprachlicher Inhalte, sondern auch mittels unbewusst ausgedrückter nichtverbaler Signale von Emotionen, die sich zum Beispiel im Gesichtsausdruck, in der körperlichen Haltung, Gestik und in der Prosodie des Sprechens kundtun. Und deshalb gilt: Wie der Patient und der Analytiker nonverbal kommunizieren, ist nicht weniger bedeutsam, als das, was sie sagen (Pally, 1998).

Die Beachtung und Beobachtung des körperlichen Ausdrucksverhaltens gehört zum Repertoire der Psychoanalyse seit Freud. Denn obgleich dieser die »talking cure« über alles schätzte, vernachlässigte er als subtiler Beobachter keineswegs die Ausdrucksphänomene seiner Patienten. Allerdings thematisierte er so gut wie überhaupt nicht, inwieweit seine eigenen unbewussten oder vorbewussten Phantasien und die mit ihnen korrelierten nichtbewussten körperlichen Ausdruckserscheinungen auf seine Patienten wirkten. Dies geschah erst später bei nordamerikanischen Psychoanalytikern, die der interpersonellen Richtung nahe standen, wie zum Beispiel Harold Searles.

Seit den Konzepten und Befunden der Säuglings-, Emotions- und Gedächtnisforscher hat das Wissen um körperliche Phänomene, die als emotionale Kommunikationen aufgefasst werden, enorm zugenommen. Verschiedene Psychoanalytiker haben deshalb auch dafür plädiert, den mittlerweile immensen Erfahrungsschatz über Interaktions- und Kommunikationsphänomene aus der Mutter-Kind-Beziehung für das Begreifen des Beziehungsgeschehens in Therapien heranzuziehen (z. B. Beebe & Lachmann, 2004, Pally, 2005). Weil die nichtverbale Kommunikation unbewusster Botschaften per prosodischer und rhythmischer Modi der Vokalisierung, der Körperbewegungen und -haltungen sowie des Affektausdrucks in der Mimik größtenteils im impliziten Gedächtnis kodiert ist, gelingt es jedoch immer nur partiell, sich dieser Vorgänge anhand ihrer Auswirkungen bewusst zu werden.

Wie subtil diese Austauschvorgänge sein können, zeigt z. B. eine Untersuchung von Freedman und Lavender (1997), in welcher der Zusammenhang von Gegenübertragung und nonverbalen Verhaltensweisen mittels Videoaufnahmen untersucht wurde. So passten sich die nonverbalen Verhaltensweisen eines Analytikers synchron dem Rhythmus seines Patienten an, wenn er empathisch zuhörte. Wenn hingegen die nonverbalen Verhaltensweisen, wie zum Beispiel die in Mimik, Gestik, Körperhaltung und stimmlicher Intonation zum Ausdruck kommende Bereitschaft zum Zuhörer-/Sprecherwechsel nicht mit den Sprechrhythmen seines Patienten synchronisiert waren, schützte sich der Analytiker vor dessen Übertragung und war mehr mit seiner eigenen Selbstregulation beschäftigt, d. h. mit der durch die Übertragung des Patienten ausgelösten Eigenübertragung und den darin enthaltenen Gefühlen.

Pally (2001, S. 91) hat wegen der Wichtigkeit der nonverbalen Kommunikation vorgeschlagen, Psychoanalyse zukünftig auch als »nontalking cure« zu thematisieren und noch intensiver als bislang zu beforschen. Die vor allem im impliziten Gedächtnis gespeicherten nichtsymbolisierten Erfahrungen werden zunächst überwiegend sprechhandelnd und körperlich handelnd mitgeteilt und selbstverständlich reagiert darauf der Analytiker mit eigenen impliziten Erfahrungen. Dieses Enactment, das den körperlichen Bodensatz des Übertragungs-Gegenübertragungsgeschehens bildet, findet seit einigen Jahren zunehmend Beachtung (z. B. Ginot, 2007, Bohleber et al., 2013, Storck, 2013). Ein genialer Vorgriff darauf war sicherlich Freuds (1912e) Telefonreceiver-Metapher, in der er eine unmittelbare Beziehung von unbewusst zu unbewusst postulierte. Insofern ist die intersubjektive Verbundenheit bereits in der oben ausgeführten Haltung der gleichschwebenden Aufmerksamkeit im Kern enthalten.

Intersubjektives Zuhören beinhaltet somit ein Achten auf die subtilen, sich oftmals nur als körperliche Empfindungen bemerkbar machenden Vorgänge, die herkömmlich als Gegenübertragungsgefühle bezeichnet worden sind. Da sich diese psychodynamisch unbewussten und nichtbewussten Vorgängen verdanken, sind allenfalls die vorbewussten Manifestationen dieser komplexen Vorgänge anhand ihrer Auswirkungen erfahrbar, die auf permanent ablaufende intersubjektive Austauschprozesse verweisen.

2.3.5 Vor- und Nachteile der jeweiligen Modi des Zuhörens

In der Gegenüberstellung dieser vier Modi des Zuhörens, die sich in der Praxis als wichtig herausgestellt haben, zeigen sich viele Überschneidungen (▶ Tab. 2.1). So finden sich einige Merkmale der intersubjektiven Einstellung bereits in Freuds Postulat der gleichschwebenden Aufmerksamkeit mit der Betonung, wie wichtig das Hinhören auf die eigenen verkörperten Empfindungen, Bilder und Phantasien in einem regressiven Modus ist.

Tab. 2.1: Vier Modi des Zuhörens

Gleichschwebende Aufmerksamkeit	Dichte Prozessanalyse
• Keine Konzentration auf den Inhalt des Mitgeteilten, keine Fokussierung auf Details, so gut wie kein Nachfragen • Sich in einen entspannten Bewusstseinszustand versetzen • Hören auf die eigenen Gefühle, Bilder und Phantasien • Regressive Erlebnismodi zulassen • Verkörperte Erfahrungen spüren können • Hören auf feine Zwischentöne, auch auf das Nichtgesagte • Sich in jeder Stunde ohne Erinnerung an die vorangegangenen Stunden unvoreingenommen auf seine Gefühlswahrnehmungen einstellen	• Der Aufmerksamkeitsfokus wird auf die Oberfläche des Mitgeteilten gelegt • Es erfolgt eine wache Aufmerksamkeitseinstellung auf die Unterbrechungen des freien Assoziierens, der verschiedenen Niveaus der Selbstbeobachtung, auf thematische Lücken, spezifische Themenabfolgen, aber auch für non- und paraverbale Phänomene wie Veränderungen der Körperhaltung, Mimik und Prosodie, Stimmungsumschwünge und Wechsel von affektiven Zuständen • Identifizieren der Abwehrmaßnahmen des Patienten • Aufzeigen und Bewusstmachen der Manifestationsformen der Abwehr sowie der zugrunde liegenden Angst

Tab. 2.1: Vier Modi des Zuhörens – Fortsetzung

Stellvertretende Introspektion/ Empathie	Intersubjektives Zuhören
• Sich in die Erzählungen des Patienten in einer Haltung der stellvertretenden Introspektion einfühlen und seine innere psychische Realität so genau wie nur möglich erfassen • Auf alle Annahmen über ein »Dahinter«, über unbewusste Absichten oder triebhafte Wünsche verzichten • Alle Überlegungen darüber unterlassen, was ein Patient »eigentlich sagen will«, welche unbewussten Rollenerwartungen er an seinen Analytiker stellt • Die eigenen gefühlshaften Erinnerungen, die einen von der stellvertretenden Introspektion in seinen Patienten wegführen könnten, immer wieder zurückdrängen • Im Unterschied zur Erkenntnishaltung der gleichschwebenden Aufmerksamkeit sich sehr genau in die Erzählungen des Patienten einfühlen. Dabei alle gelernten Konzepte, die sich einem immer wieder aufdrängen, zurückstellen	• Die Erzählinhalte des Patienten und das »Wie« seines Erzählens können nicht unabhängig vom Analytiker betrachtet werden • Das Zuhören ist deshalb immer kontextuell • Das »Was« und das »Wie« entstehen intersubjektiv • Die Erzählung in Inhalt und Form wird von beiden Beteiligten generiert • Das Hören richtet sich deshalb auf dieses »gemeinsame Dritte« • Es ist wichtig, den eigenen Beitrag zu der gemeinsam gestalteten Erzählung zu reflektieren • Intersubjektes Zuhören ist immer ›embodied‹, geschieht in einer Ebene der Zwischenleiblichkeit und ist – neurobiologisch betrachtet – rechtshemisphärisch angesiedelt, gegenüber dem mehr linkshemisphärischen Modus der Methode der dichten Prozessanalyse

Die empathische Haltung des Zuhörens, wie sie Schwaber noch pointierter als Kohut ausgeführt hat, verzichtet wie die dichte Prozessanalyse von Gray auf alle subjektiven Beimengungen des Gehörten und versucht so nah wie möglich an der Erlebniswelt des Patienten zu bleiben. Andererseits gibt es aber deutliche Unterschiede und es werden bei den einzelnen Modi auch unterschiedliche Gehirnregionen aktiviert. Aber selbst bei den doch deutlich unterschiedlichen Modi der gleichschwebenden Aufmerksamkeit und der dichten Prozessanalyse finden sich linguistisch orientierte Gemeinsamkeiten, wie zum Beispiel das Achten auf Unterbrechungen des Gesprächsflusses oder auf non- und paraverbale Merkmale (s. Makari & Shapiro, 1993).

Selbstverständlich sind dies nicht die einzigen Modi des Zuhörens, sondern es ließen sich noch weitere unterscheiden, wenn man die unterschiedlichen konzeptuellen Schwerpunktsetzungen verschiedener psychoanalytischer Theoretiker berücksichtigt (s. Mertens in Zwiebel, 2013). Im vorliegenden Kapitel fand aber ebenso wie bei Akhtar (2013) eine Eingrenzung auf methodische Schwerpunkte statt. Diese eignen sich auch dazu, die in Kapitel 2.3.5 skizzierten unterschiedlichen Bewusstseinszustände der subjektiven und objektiven Selbstbewusstheit noch einmal zu betrachten. So verfolgt z. B. die dichte Prozessanalyse von Gray minutiös, an welchen Stellen die freie Assoziation unterbrochen und die Selbstbeobachtungsfähigkeit aufgrund des unbewussten Einflusses einer Überich-Übertragung durch Abwehrvorgänge verringert wird.

2.4 Freie Assoziation und Zuhören: Künstliche Gesprächsform oder unschätzbares Erkenntnisinstrument?

Welches sind die Unterschiede zwischen der Kommunikation im Alltag und der spezifischen Kommunikation in der psychoanalytischen Situation? Ist der Unterschied darin zu sehen, dass der eine überwiegend erzählt und der andere überwiegend zuhört? Die Antwort lautet nein, denn selbstverständlich finden wir solche Gesprächsformen auch im Alltag. Liegt der Unterschied darin, dass der eine überwiegend erzählt, und der Analytiker, anders als eine Person, die diese Kompetenz nicht besitzt, bei seinem Gegenüber Äußerungen unbewusster Prozesse wahrzunehmen und zu deuten in der Lage ist? Wiederum muss die Antwort nein lauten, denn jedermann verfügt über die Gabe, Unbewusstes beim anderen wahrzunehmen, worauf übrigens bereits Freud (z. B. 1913i, S. 445) hingewiesen hat. Scheint es also keine Unterschiede zu geben? Liegt der Unterschied vielleicht lediglich darin, dass der Analytiker aufgrund seiner größeren Kompetenz geduldiger zuhören, besser zwischen den Zeilen lesen kann, Widersprüche zwischen dem verbalen und nonverbalen Ausdruck schneller und präziser wahrnimmt, sich stärker auf seine eigenen Gefühle beim Zuhören konzentriert und sorgfältig überlegt, wie und was er auf das Gesagte antwortet? Ja, könnte man antworten, obwohl auch feinfühlige und kluge Gesprächspartner über diese Fähigkeiten verfügen.

Der Unterschied liegt wohl eher darin begründet, dass der Analytiker im Grunde bei jeder Gesprächspassage entscheidet, ob und wie er die analytische Gesprächssituation aufrechterhält, ob er alltagsdialogische, strukturierende und fokussierende Elemente einfließen lässt, wie er mit Schweigepausen umgeht, auf einer intersubjektiven Beziehungsebene sehr genau wahrnimmt, an welchen Stellen die Rede seines Patienten plötzlich ins Stocken gerät, sich hinsichtlich des emotionalen Gehalts ändert und er vor unüberwindbar erscheinenden Schwierigkeiten zu stehen scheint, sich darüber Gedanken macht, warum es für seinen Patienten schwierig ist, unbefangen assoziieren zu können, und was er selbst möglicherweise dazu beiträgt. Und seine analytische Kompetenz besteht sicherlich auch darin, dass er sehr genau darauf achtet, wie sein Patient auf seine Interventionen direkt und indirekt reagiert; mehr noch, wie er mit seinen verbalen und nonverbalen Äußerungen von seinem Patienten wahrgenommen wird und wie diese Wahrnehmungen in dessen Einfälle einfließen. Mit anderen Worten entwickelt er eine spezifisch geschulte Fähigkeit, auf subtile emotionale Vorgänge in der Rede seines Patienten zu achten und dessen Äußerungen daraufhin zu studieren, inwieweit diese auf die gemeinsame bewusste und unbewusste Beziehung Bezug nehmen vor dem Hintergrund der individuellen Erfahrungswelt dieses einen Patienten. Dazu muss er über die Gabe verfügen, sowohl auf den emotionalen Gehalt von Inhalt und Form der Einfälle zu achten, vor allem wenn diese vom Patienten nicht bewusst erlebt werden können, als auch parallel dazu auf seine eigenen Gefühle zu hören und zu reflektieren, inwieweit in seinen Interventionen, seinem Schweigen und seinen körperlichen Reaktionen gemeinsam agierte Beziehungserfahrungen zum Ausdruck kommen.

Die ungewöhnliche analytische Gesprächssituation befreit den Analytiker von dem Druck, sprechhandelnd auf das vom Patienten Gesagte unmittelbar reagieren zu müssen. Insofern ermöglicht das hoch frequente psychoanalytische Standardverfahren in einem stärkeren Maße als die zwei- oder dreistündig pro Woche stattfindende analytische Psychotherapie und vor allem die einstündige tiefenpsychologisch fundierte Psychotherapie, einen inneren Fühl- und Denkraum entstehen zu lassen, in dem eine Symbolisierung von ansonsten sehr schnell ablaufenden Sprechakten vorgenommen werden kann. Mit Küchenhoff (2011) lässt sich noch hinzufügen, dass es auch eine Lust am gemeinsamen Denken und Erkennen gibt, die in dieser Form des suchenden Gesprächs, das nicht abschließen, sondern immer neue Horizonte eröffnen will, auf einzigartige Weise zum Tragen kommt.

Ist die freie Assoziation zusammen mit dem analytischen Zuhören somit eine »unnatürliche Kommunikation«, wie Arlow (1995) dies ausgeführt hat? Ja, sie ist es, wenn ein Analytiker sich allzu lange in seine Rêverien versenkt und jegliche Form des anteilnehmenden Feedbacks unterlässt. Sie ist es aber nicht, wenn trotz Aufrechterhaltung der spezifisch psychoanalytischen Diskursform, abgestimmt auf den jeweiligen Patienten, auch mehr dialogische und strukturierende Formen des Gesprächs stattfinden können.

2.5 Unterschiede zwischen Psychoanalyse, analytischer Psychotherapie und tiefenpsychologisch fundierter Therapie

Die Stundenfrequenz hat eine weitere bedeutende Auswirkung auf den Umgang mit der freien Assoziation. So macht es in der Regel einen Unterschied, ob sich ein Analysand vier Stunden pro Woche der Erforschung seiner inneren Welt widmen kann oder ob er sich lediglich eine

Stunde pro Woche Zeit dafür nimmt. Je niedriger die Frequenz, desto stärker ist häufig das Bedürfnis eines Patienten, von seinen ihn derzeit am meisten bedrängenden Problemen zu erzählen und desto größer ist dann auch der Wunsch, mit einer Klärung am Stundenende seinen Therapeuten verlassen zu können, um in einer Woche daran oder an einem neuen Problem weiterzuarbeiten. Dementsprechend bleibt bei nieder frequenten Therapien die Bearbeitung näher am bewussten Erleben und ist eher lösungsorientiert, ohne jedoch die unbewusst bedingenden Konstellationen ansprechen, geschweige denn durcharbeiten zu können. Deutlich anders fällt dies bei der höher frequenten Psychoanalyse und auch bei einer zwei- bis dreistündigen analytischen Psychotherapie aus. Hier besteht durchaus die Möglichkeit, tiefere, d. h. vor allem stärker abgewehrte psychische Inhalte nach und nach bewusst werden zu lassen. Die Arbeit an vordergründigen Problemen steht deshalb nicht im Mittelpunkt, sondern die Beschäftigung mit unbewussten Vorgängen, die sich mittels konsequenter Analyse von Widerständen prozessorientiert immer deutlicher manifestieren können. Ohne Zweifel werden natürlich auch in nieder frequenten Therapien Widerstände benannt und anzugehen versucht; aber eine konsequente Durcharbeitung erfordert sehr viel mehr Zeit und zumeist eine höhere Frequenz. Auch das Mitfühlen mittels der Gegenübertragung und das Verstehen des unbewussten Rollenhandelns können umso ergiebiger sein, je intensiver der psychoanalytische Prozess wird (z. B. Busch, 2010). Dennoch kann die Ergiebigkeit eines analytischen Prozesses nicht allein an der Frequenz oder am Setting – Liegen oder Sitzen – festgemacht werden. Denn immer wieder gibt es erstaunliche Ausnahmen. Eine intensive Übertragung kann sich binnen weniger Stunden ergeben und in Fokaltherapien kann es bei einer entsprechenden analytischen Kompetenz durchaus sehr zügig zu intensiven Bearbeitungen unbewusster Konflikte kommen.

Wenn aber die überwiegende Mehrzahl der derzeit stattfindenden therapeutischen Behandlungen gemäß einer im Jahr 2014 publizierten Versorgungsstudie der Kassenärztlichen Bundesvereinigung an rund 400 000 Patienten nur relativ kurz dauert und zumeist auch niederfrequent ist (ein Großteil der stattgefundenen Therapien bestand in dieser Kohorte aus Kognitiver Verhaltenstherapie und tiefenpsychologischer Psychotherapie), so muss dennoch die Frage erlaubt sein, welche unbewussten Ängste vor einer länger dauernden Behandlung hierbei eine Rolle spielen können. Natürlich gibt es Patienten, deren Symptome sich tatsächlich innerhalb weniger Stunden deutlich verbessern, ohne dass es sich hierbei um eine so genannte Übertragungsheilung oder lediglich um eine Symptomverschiebung zu handeln braucht. Für diese Patienten können durchaus kürzere und nieder frequente Therapien angezeigt sein (▶ Kap. 3). Aber nicht wenige der heutigen Patienten benötigen doch eine längere und gründlichere analytische Psychotherapie. Wenn Therapeuten sich oftmals auf die Frequenzvorstellungen ihrer Patienten allzu bereitwillig einlassen, muss problematisiert werden, ob es hier nicht auch bei den Therapeuten eine Angst vor einem höherfrequenten Vorgehen gibt. Denn die Einstündigkeit erlaubt es nicht nur dem Patienten, vor der emotionalen Dichte einer Beziehung auszuweichen, in den Tagen zwischen den Sitzungen immer wieder in die alte Abwehr zurückzufallen, wichtige bereits bearbeitete Themen zu vergessen, sich an entsprechende Träume nicht mehr erinnern zu können, sondern auch dem Therapeuten, der Bearbeitung der unbewussten (Beziehungs-) Konflikte auszuweichen.

Oftmals ergibt sich dann auch ein Dilemma: Bestimmte Patienten bestehen darauf, nicht öfter als eine Stunde pro Woche ihre Therapie wahrnehmen zu wollen; aus der Angst heraus, dass sich der Patient dann an jemand anderen wendet, der diesem Wunsch nachgibt, zeigt der Therapeut sich dann ebenfalls bereit, nur einstündig zu arbeiten. Wenn sich die vereinbarten Therapiestunden dem Ende nähern, lassen aber nicht wenige dieser Patienten ihren Unmut darüber erkennen, dass ihnen die Therapie zu wenig geholfen habe.

Nicht selten scheinen Patienten durchaus zu spüren, wie intensiv die Selbsterfahrung sein sollte, um sich ihrer persönlichen Wahrheit annähern zu können; manchmal aber ist dieses Streben verschüttgegangen oder die Angst davor ist einfach zu groß. Dann kann man solche Patienten nicht dazu zwingen, sich mit sich selbst auf einer tieferen Ebene auseinanderzusetzen. Und es kommt gelegentlich auch vor, dass manche ihrer eigenen Wahrheit zunächst einmal ausweichen wollen, bis sie sich dann aber doch noch auf das Abenteuer einer Erkundung ihrer inneren Welt einlassen können.

Diese Erfahrungen lassen sich nicht normieren und deshalb auch nicht dem Patienten vorschreiben. Aber es ist wichtig, dass man als Psychoanalytiker selbst davon überzeugt ist, dass eine höher frequente Behandlung in der Regel doch um Einiges ergiebiger ist, um der Erkundung seines eigenen komplexen Wesens näher zu kommen. Aber letzten Endes geben doch die Bereitschaft des Patienten und seine psychische Konstitution den Ausschlag dafür, welches Verfahren durchgeführt wird.

Zusammenfassung

In diesem Kapitel kamen vor allem die Besonderheiten des psychoanalytischen Zuhörens anhand des freien Assoziierens und Erzählenlassens zur Sprache. Es wurde auf die Frage eingegangen, ob die ursprünglichen Formulierungen Freuds über die freie Assoziation sich noch mit modernen Auffassungen über die Besonderheiten der psychoanalytischen Konversation vertragen.

Im Anschluss an die Erörterung der verschiedenen Modalitäten des Zuhörens in der Psychoanalyse wurden Vorschläge für eine synergistische Nutzung dieser skizzierten Vorgehensweisen gemacht und abschließend einige Gedanken zum Unterschied zwischen Psychoanalyse, analytischer Psychotherapie und tiefenpsychologisch fundierter Psychotherapie diskutiert.

Literatur zur vertiefenden Lektüre

Bollas , C. (2011). *Die unendliche Frage. Zur Bedeutung des freien Assoziierens.* Frankfurt/M.: Brandes & Apsel.
Bozetti, I., Focke, I. & Hahn, I. (Hrsg.) (2014). *Unerhört – Vom Hören und Verstehen. Die Wiederentdeckung der grundlegenden Methode der Psychoanalyse.* Stuttgart: Klett-Cotta.
Green, A. (2002). Die zentrale phobische Position. *Psyche – Z Psychoanal, 56,* 409–441.
Küchenhoff, J. (2013). *Der Sinn im Nein und die Gabe des Gesprächs. Psychoanalytisches Verstehen zwischen Philosophie und Klinik.* Weilerswist: Velbrück Wissenschaft.
Lear, J. (2009). Technik und eigentliches Ziel der Analyse. Vier Möglichkeiten, einen bestimmten Moment zu betrachten. *Psychoanalyse in Europa, Bulletin, 63,* 152–159.

Moser, U. (2004). Borderline: Mentale Prozesse in der therapeutischen ›Mikrowelt‹. *Psyche – Z Psychoanal, 58,* 634–648.
Schneider, G. (2012). Tertium datur. Über die Zugehörigkeit des Nicht-Analytischen zum analytischen Prozess. In T. Storck (Hrsg.), *Zur Negation der psychoanalytischen Hermeneutik* (S. 73–102). Gießen: Psychosozial-Verlag.
Tuckett, D. (2014). Die Sitzung träumen: Einige Grundelemente der psychoanalytischen Technik. *Psyche – Z Psychoanal, 68,* 289–305.
Zwiebel R. (2007). *Von der Angst, Psychoanalytiker zu sein. Das Durcharbeiten der phobischen Position.* Stuttgart: Klett Cotta.

Fragen zum weiteren Nachdenken

- Aus welchen Gründen bleibt die freie Assoziation auch in einem zeitgenössischen psychoanalytischen Verständnis die grundlegende Methode für die Bewusstmachung unbewusster/vorbewusster dynamischer Prozesse, die Transformation bislang unsymbolisierter Vorgänge und vor allem für die Art und Weise, wie sich die Abfolge der Einfälle und der entsprechenden Widerstände prozesshaft gestaltet?
- Warum können Fragen den Prozess der freien Assoziation oftmals stören?
- Bei welchen skizzierten Modi des Zuhörens wird vor allem Wert darauf gelegt, dass der Patient über die Art und Weise seiner geäußerten Einfälle nachzudenken beginnt?
- Warum wird ein Patient durch ein Nachdenken über die Art und Weise seiner Erzählungen und seines Denkens dazu angeregt, eine Haltung der Selbstanalyse zu erlernen, die er auch nach Beendigung seiner Analyse fortsetzen kann?
- Mit welchen methodischen Eigentümlichkeiten versuchen die verschiedenen Modi des Zuhörens so nahe wie nur möglich am unmittelbaren Erleben im Hier und Jetzt zu bleiben?
- Inwiefern verdeckt die Formel »Von der Oberfläche in die Tiefe«, dass es sich hierbei um eine Vielzahl von unbewussten, intuitiven, aber auch bewussten Entscheidungsprozessen des Analytikers handelt, deren Qualität die analytische Kompetenz ausmacht?
- Worin unterscheiden sich bei der Auswahl der Oberfläche alltagspsychologische Erklärungen von psychoanalytischen Interpretationen?

- Lassen sich auch Erfahrungen vorstellen, die sich dem Verstehen-Wollen entziehen, weil sie »sinnlos« sind und für immer unverständlich bleiben?
- Könnte es dennoch »jenseits des Hörens« mentale Vorgänge im Analytiker geben, die diese »protomentalen« Bereiche im Patienten zu intuieren in der Lage sind?

3 Psychoanalytisch begründete Therapieverfahren – ein Überblick

> **Einführung**
>
> In diesem Kapitel werden nach einem Überblick, welche Patienten von Psychoanalytikern behandelt werden, psychoanalytisch begründete Therapieverfahren vorgestellt. Gängige Formulierungen, wie »ich mache eine Analyse«, »du gehörst auf die Couch«, »Psychoanalyse ist doch völlig unwirksam«, differenzieren in der Regel nicht zwischen den verschiedenen psychoanalytischen Verfahren, die es seit vielen Jahren gibt. Das psychoanalytische Standardverfahren, das von Freud begründet worden ist, gilt zwar immer noch explizit oder implizit als Quelle und Ursprung nicht nur aller psychoanalytisch begründeten Therapieverfahren (▶ Kap. 2), sondern auch vieler Verfahren anderer Therapieschulen, aber es wurde bereits zu Freuds Lebzeiten differenziert. Denn er selbst hatte bereits über krankheitsspezifische Modifikationen sowie über eine Anwendung des Standardverfahrens in Gruppen nachgedacht und von »Legierungen des Goldes« der Psychoanalyse mit dem »Kupfer der Suggestion« gesprochen. Im Rahmen der kassenärztlichen Versorgung wurden in Deutschland zwei aus der Psychoanalyse abgeleitete Verfahren in den 1960er- und 1970er-Jahren geschaffen: die analytische Psychotherapie (AP) und die tiefenpsychologisch fundierte Psychotherapie (tfP oder TP).
>
> Die grundlegende Erweiterung des klassischen Verdrängungsmodells um ein Transformationsmodell entspricht den heutigen Erkenntnissen, mit welcher Klientel es gegenwärtig – vermutlich aber schon immer – Psychoanalytiker und Psychotherapeuten zu tun ha-

ben. Sowohl die AP als auch die TP stellen sich auf diesen häufig antreffbaren Patiententypus ein – allerdings mit unterschiedlichen Behandlungskontingenten, unterschiedlicher Stundenfrequenz und hieraus resultierenden Bearbeitungsmöglichkeiten der unbewussten Folgen von Traumatisierungen, Konflikten und ichstrukturellen Beeinträchtigungen.

Im Anschluss an einen Überblick über diese aus der Psychoanalyse abgeleiteten Anwendungsformen, werden weitere Verfahren wie Gruppen- und Kurzanalyse sowie z. T. auch auf einzelne Störungen zugeschnittene Verfahren kurz aufgeführt. Schließlich werden noch einige in der Literatur antreffbare Indikationskriterien für einzelne Vorgehensweisen kritisch beleuchtet.

Lernziele

- Sich einen Überblick darüber verschaffen, welche Patienten heutzutage – vermutlich aber auch schon zu Freuds Zeiten – einen Psychoanalytiker oder Psychotherapeuten aufsuchen
- Neben dem Verdrängungsmodell auch das Transformationsmodell kennenlernen
- Sich Gedanken darüber machen, warum die analytische Psychotherapie nicht nur für besonders geeignete Patienten indiziert ist, sondern auch wegen seiner zeitintensiven Gründlichkeit für viele Patienten angezeigt wäre, die mit kürzeren Therapien oft nur »antherapiert« werden können
- Damit vertraut werden, warum die Diversifikation der psychoanalytischen und tiefenpsychologischen Verfahren dennoch sinnvoll und notwendig sein kann
- Einen Überblick über die heutige Vielfalt der psychoanalytischen Therapieverfahren bekommen
- Sich mit einigen aus Unkenntnis entstandenen oder polemischen Abgrenzungen vertraut machen

3.1 Welche Patienten behandeln Psychoanalytiker gegenwärtig?

Die Vorstellung, dass psychische Schwierigkeiten nur deshalb entstünden, weil die betreffende Person Wünsche und dazugehörende Phantasien verdrängt hat, die es gilt, bewusst zu machen, gehört zum Modell der Psychoneurose, bei der in den Anfängen der Psychoanalyse von bereits symbolisierten Wünschen und anderen mentalen Inhalten ausgegangen wurde (▶ Kap. 2). In Zwangssymptomen oder in hysterischen Konversionsphänomenen – so lautet die Annahme – komme es zu einer Wiederkehr des Verdrängten. Schon bald wurde aber von Zeitgenossen und Schülern von Freud erkannt, dass dieses Modell der Neurose eine zu starke Vereinfachung darstellt. Denn auch der so genannte ichstarke, hoch strukturierte oder gut integrierte neurotische Patient weist unterschiedliche Schwierigkeiten in seiner Fähigkeit zum Verwörtern seiner Affekte und im Mentalisieren psychischer Befindlichkeiten in sich selbst und in anderen Menschen auf. Und auch Freud selbst und seine damaligen Kollegen behandelten Patienten, die nach heutiger Einschätzung keineswegs über ein hohes Strukturniveau verfügten, sondern sehr oft eine Persönlichkeitsstörung aufwiesen.

Dem Verdrängungs- oder neurotisch-symbolischen Paradigma wurde deshalb ein Transformationsparadigma an die Seite gestellt (z. B. Freedman, 1985, Mitrani, 1995, Lecours, 2007, Sugarman, 2007, Ferro, 2009, Freedman et al., 2009, Reed, 2009).

Im ersten Modell geht es darum, Widerstände gegen das Erinnernkönnen mittels der Bearbeitung von Übertragungen bewusst zu machen, um die verdrängten, jedoch bereits symbolisierten Inhalte, das sind meistens Phantasien, in denen Wünsche an ein Gegenüber sowie dessen Reaktionen zum Ausdruck kommen, dem reflexiven Bewusstsein zugänglich zu machen. Erklärte Absicht ist somit eine Zunahme der Autonomie des sich Entscheiden- und Handelnkönnens, die immer dann erreicht wird, wenn der Betreffende nicht mehr von zu starken Überich-Verboten und perfektionistischen Ich-Ideal-Ansprüchen in seinem Erleben und Handeln eingeengt wird.

Im Transformationsmodell geht es um die Erfahrungen, die Psychoanalytiker mit Patienten mit psychosomatischen Krankheitsbildern, Persönlichkeitsstörungen, wie zum Beispiel Borderlinestörungen oder anderen Erkrankungen wie Essstörungen machen. Diese Patienten leiden häufig unter einem Mangel an Symbolisierung psychischer Inhalte; am auffälligsten wird dieser angesichts psychosomatischer und somatoformer Störungen sowie alexithymer Züge, wie Fixierung auf die äußere Realität, Schwierigkeit bis Unmöglichkeit, Affekte anders als nur in Form innerer Unruhe und Spannung oder heftiger Wut zu erleben, eines auffallenden Mangels, sich frei assoziierend mit seiner Innenwelt und inneren Verbindungen beschäftigen zu können. Ferner findet man eine andauernde Aktivität und ein Beschäftigtsein-Müssen bis hin zum Erschöpftsein, körperliche Verspannungen und Steifheit, überstürzte Verhaltensweisen und Entscheidungen sowie diverse Formen des Ausagierens der körperlichen Unruhe, wie unsinniges Konsumieren, One-Night-Stands, Beziehungsabbrüche, übertriebene sportliche Betätigungen u.a.m. Subtiler äußert sich dieser Mangel, wenn diese Patienten davon berichten, dass sie unter Vorstellungen leiden, die von zwanghaft sich aufdrängenden bis hin zu halluzinatorischen Phänomenen reichen können, oder dass sie besessen sind von unwiderstehlich und als absolut evident erscheinenden Überzeugungen, die in der klinischen Literatur als »symbolische Gleichung« (Segal, 1957) oder als »Äquivalenzmodus des Denkens« (Fonagy & Target, 1996) charakterisiert worden sind. Nichtsymbolische Aktivität ist auch als konkretistisches Denken und Sprechhandeln beschrieben worden, das mittels Gestik, Mimik und Sprechverhalten einen zwingenden Charakter auf das jeweilige Gegenüber ausübt (z.B. Busch, 1996). Ebenso kann sich dieser Symbolisierungsmangel in quälender innerer Leere manifestieren.

Diese Patienten sind z.B. häufig davon überzeugt, dass ihr Therapeut ihnen äußerst missbilligend und verachtend gegenübersteht; dies korreliert mit einem Mangel an guten inneren Objekten und einer geringen Fähigkeit zur Selbstheilung. Auch die Unerbittlichkeit und sadistische Strenge des Überichs ergeben sich somit aus einem Mangel an Symbolisierung und Mentalisierung (Bouchard & Lecours, 2004). Natürlich bleibt es nicht aus, dass der Therapeut als jemand erfahren wird, der die Schwächen und verachtenswerten Seiten des Patienten schonungslos aufdeckt und ihn ohnehin als eine uninteressante, langweilige und überhaupt nicht liebenswerte Person einschätzt, so dass die Therapie, die doch so dringend benötigt wird, wie eine Bestrafungsaktion wahrgenommen wird.

Was folgt aus dieser Einschätzung einer Klientel, die sich gegenwärtig immer häufiger in den Praxen von Psychoanalytikern und Psychotherapeuten antreffen lässt? Die erweiterte Auffassung von unbewussten psycho- und strukturdynamischen Prozessen hat in jedem Fall unterschiedliche behandlungstechnische Interventionen zur Folge, so dass von einer Diversifizierung der für einen bestimmten Patienten in einer bestimmten Behandlungsphase angemessenen Interventionen auszugehen ist. Denn nicht nur verdrängte konflikthafte Impulse, Abwehrvorgänge und Überich-Prozesse weisen eine Psychodynamik auf, sondern auch diejenigen somatopsychischen Vorgänge, die bislang nicht ausreichend symbolisiert und mentalisiert werden konnten oder wegen der pathogenen Folgen traumatisierender Erfahrungen, wie z. B. sexuellen und/oder narzisstischen Missbrauchs dissoziiert werden mussten. Hierbei wird nicht mehr allein eine aufdeckende Rekonstruktion verdrängter Konfliktanteile vorgenommen, sondern eine Herstellung von bildlich und sprachlich symbolisch erfahrbaren Bedeutungen, die mit Gefühlen verknüpft werden bzw. aus ihnen bestehen. Es geht bei diesen Transformationen häufig auch um den Umgang mit projizierten und externalisierten, zum Teil unmentalisierten Affekten, die einen Analytiker in unterschiedlichem Umfang in eine ebenfalls verkörperlichte Beziehung zu seinem Patienten verstricken können, bis es ihm gelingt, zu den auf ihn projizierten Anteilen innerlich Abstand zu bekommen, die heftigen, körperliche Spannung erzeugenden Affekte in sich zu regulieren und auf sie in »verdauter« Form deeskalierend zu reagieren.

Anfang der 1990er Jahre erzählte der Chicagoer Psychoanalytiker Michael Basch, dass er vor einiger Zeit einmal Therese Benedek, eine berühmte Psychoanalytikerin, gefragt habe, wie viele psychoneurotische Patienten sie in ihrem doch ziemlich langen Leben analysiert habe. Er bekam die Antwort, dass es lediglich drei oder vier gewesen seien. Basch fühlte sich dadurch in seiner Auffassung bestätigt, dass Psychoanalytiker eigentlich immer schon mehrheitlich Persönlichkeitsstörungen behandelt haben. Es fällt einem hierbei auch Heinz Kohut ein, der die klassische Theorie Freuds modifiziert hatte, weil die Behandlungstechnik für neurotische Personen nicht zu den Leidenszuständen zu passen schien, mit denen ihn seine amerikanische Klientel in den 1950er und 1960er-Jahren konfrontierte: Diese narzisstisch gestörten Patienten konnten nämlich ihre Symptomatik häufig nur ungenau beschreiben. Zumeist waren ihnen nur die sekundären Beschwerden zugänglich, wie scheiternde oder äußerst schwierige Beziehungen, Arbeitsstörungen, Neigungen zu perversen Handlungen, übersteigerter Alkoholkonsum, Medikamentenabhängigkeit und anderes mehr. Erst mit dem Fortschritt der Analyse wurde auch für die Patienten immer spürbarer, dass sie unter schweren Selbstwertproblemen, intensiven Gefühlen der Leere, Sinnlosigkeit, depressiven Verstimmungen sowie einer starken Kränkbarkeit litten. Kohut führte diese Störungen auf massive und wiederholte Enttäuschungen der altersangemessenen Bedürfnisse eines Kindes nach spiegelnder Aufmerksamkeit und/oder Idealisierungs- und Verschmelzungsmöglichkeiten mit den Eltern zurück.

Die Befundlage scheint also ziemlich eindeutig zu sein: Psychoanalytiker haben vermutlich schon seit vielen Jahren Menschen analytisch behandelt, die eine Persönlichkeitsstörung aufweisen. Aus der Sorge heraus, sie könnten mit dieser Diagnose ihren Patienten schaden – so ist zum Beispiel die Befürchtung nicht ganz unberechtigt, dass die Indikation zu einer Langzeittherapie mit einer entsprechenden Diagnosestellung eine Verbeamtung als Lehrerin/Lehrer ausschließt (was in den meisten Fällen allerdings völlig absurd ist, da Menschen nach einer erfolgreichen Therapie in der Regel selbstreflektierter, kompetenter und menschlich bezogener sind, während nichttherapierte Menschen mit entsprechenden Störungen in verantwortungsvollen beruflichen Positionen eher eine Gefahr für ihre Mitmenschen darstellen) – haben Psychoanalytiker in ihren Anträgen häufig »lediglich« eine leichtere Neurose diagnostiziert, ein so genanntes »mittleres« bis »höheres« Strukturniveau angegeben, um die möglicherweise problematische Einschätzung für ihre Patienten zu vermeiden.

Damit haben sie aber im Zeitalter der epidemiologischen Buchhaltung ein Eigentor geschossen; denn dieser rücksichtsvolle Umgang mit diagnostischen Zuschreibungen hat zu der falschen Auffassung geführt, dass Psychoanalytiker ausschließlich leichtere Störungen behandeln würden.

3.2 Psychoanalyse als hochfrequentes Standardverfahren

Diese Form der vierstündigen analytischen Psychotherapie, für die im Rahmen der kassenärztlichen Versorgung in Deutschland aber nur phasenweise 80 Sitzungen beantragbar und genehmigungsfähig sind, kommt für Patienten infrage, die neben einem erheblichen Leidensdruck die Bereitschaft mitbringen, die Wahrheit über sich selbst zu erfahren und sich dafür intensiv engagieren wollen; die dafür eingesetzte Zeit von zumeist vier Stunden pro Woche spielt für sie keine Rolle, und auch wenn ihre Analyse nur teilweise von der Krankenkasse übernommen wird, sind sie bereit, die Kosten selbst zu übernehmen. Es entsteht eine hohe emotionale Dichte, welche die Chance bietet, Einsichten mit starkem gefühlsmäßigen Engagement und entsprechenden Veränderungen struktureller Art zu erzielen. Damit wird die Grundlage für wirksame und nachhaltige Makro-Veränderungen geschaffen (s. Danckwardt, 2011). Therapieverfahren mit geringerer Frequenz dagegen müssen zwangsläufig häufig mehr im Kognitiven verbleiben, selbst wenn die Interventionen – zumindest ansatzweise – als Übertragungsdeutungen vorgenommen werden.

Selbstverständlich bedarf es bei der Indikation für dieses hochfrequente Verfahren einer sorgfältigen Abwägung wichtiger Fragen, wozu auch die Bereitschaft des Psychoanalytikers zu zählen ist, ob er sich selbst die zu erwartende emotionale Dichte und die Auseinandersetzung mit schwierigen Beziehungsthemen bei einem bestimmten Patienten zutraut (Ehrlich, 2013); nicht so sehr die Schwere des Krankheitsbildes spielt dabei eine Rolle, sondern die subjektive Indikation, wie Dantlgraber (1982) dies genannt hat. Danckwardt (2011) wirft die Frage auf, ob es nicht eine Gegenübertragungsangst vor der psychoanalytischen Methode gebe, weil nicht sehr viele Psychoanalytiker nach ihrer Ausbildung vierstündig arbeiten (2011, S. 217), so als würden sie selbst vor dem, was an heftigen Konflikten in der Übertragung auf sie zukommen könne, Angst haben.

Ein weiterer Grund für dieses Zögern ist sicherlich, dass es in den zurückliegenden Jahren auch an einem unterstützenden Umfeld für das psychoanalytische Standardverfahren gefehlt hat; in der Öffentlichkeit wurde oftmals diese intensive Form der Therapie mit starker Kritik und Entwertung bedacht; Langzeittherapien wurden sogar verdächtigt, dass hierbei therapeutenseits eine weitgehende Abhängigkeit erzeugt werden solle, ja dass sich Therapeuten hiermit sogar einen angenehmen Berufsalltag mit nur einigen wenigen Patienten schaffen würden, während ein Blick auf die Versorgungsrealität jeden verantwortungsbewussten Therapeuten davon überzeugen müsste, dass viele Patienten mangels Therapieplätzen noch nicht einmal in den Genuss einer Kurzzeit-Therapie kommen könnten. Faktisch verhält es sich allerdings so, dass Psychoanalytiker im Durchschnitt einen Patienten hochfrequent behandeln, die übrigen mit entsprechend geringerer Frequenz.

Sicherlich ist das psychoanalytische Standardverfahren nicht für jeden Patienten, der um Therapie nachsucht, geeignet. Und aus diesem Grund existieren ja auch zahlreiche andere Angebote sowohl innerhalb der psychoanalytisch begründeten Verfahren, als auch in der kognitiven Verhaltenstherapie. Aber es ist auch zu überlegen, ob nicht mit dem derzeitigen Trend zu immer kürzeren Therapieverfahren dem Zeitgeist des immer Kürzer und Schneller unreflektiert entsprochen wird. Wenn alles unter Beschleunigungsdruck steht, dürfen auch Therapien nur einige wenige Stunden dauern. Nur: Was geht dabei möglicherweise alles verloren?

3.3 Überblick über psychoanalytisch begründete Therapieverfahren

Im Rahmen der kassenärztlichen Versorgung wurde im Jahr 1967 in Deutschland ein aus der Psychoanalyse abgeleitetes Therapieverfahren entwickelt, die analytische Psychotherapie (AP). Kurze Zeit später kam dann die tiefenpsychologisch fundierte Psychotherapie (TP) hinzu. Beide Therapieformen ermöglichen und erfordern im Rahmen der Richtlinienpsychotherapie eine differenzierte Indikationsstellung. Da die »große« Psychoanalyse sich vor allem wegen ihrer hohen Frequenz und des damit verbundenen Kraft- und Zeitaufwands ohnehin nicht für jedermann als geeignet erweist, ermöglichen die AP und die TP sowie weitere Verfahren, wie z. B. auf bestimmte Krankheitsbilder zugeschnittene Therapien (»störungsspezifische Therapieverfahren«), den um Rat und Therapie Nachsuchenden gemäß seinen motivationalen Voraussetzungen und mentalen Fähigkeiten zu behandeln. Somit ergibt sich heute ein großes Spektrum an psychoanalytisch begründeten Therapieformen, die aber alle mehr oder weniger dem psychoanalytischen Denken verpflichtet bleiben, d. h. unbewusste Prozesse, das unbewusste Beziehungsgeschehen, Phänomene wie Übertragung und Widerstand berücksichtigen.

Im Folgenden kann lediglich ein Überblick über die psychoanalytisch begründeten Verfahren gegeben werden. Ein Vergleich der Indikationskriterien für AP und TP findet sich in Kapitel 4.

Tab. 3.1: Psychoanalytisch begründete Therapieverfahren

Überblick über psychoanalytisch begründete Therapieverfahren	
Ambulante analytische Psychotherapie	• Psychoanalyse (Standardverfahren) • Analytische Psychotherapie • Tiefenpsychologisch fundierte Psychotherapie • Analytische Gruppenpsychotherapie • Tiefenpsychologisch fundierte Gruppentherapie • Analytische Kinder- und Jugendlichentherapie • Tiefenpsychologisch fundierte Kinder- und Jugendlichentherapie • Analytische Paar- und Familientherapie
Stationäre psychodynamische Therapie	• Tiefenpsychologisch fundierte Einzel- und Gruppentherapie • Psychodynamische Gestaltungstherapie • Körpertherapeutische Verfahren, Entspannung, Konzentrative Bewegungstherapie • Autogenes Training • Musik- und Tanztherapie
Weitere aus der Psychoanalyse abgeleitete Anwendungsformen	• Psychoanalytische Kurztherapie • Psychoanalytische Fokaltherapie • Psychoanalytisch orientierte 10-Stunden-Beratung

3 Psychoanalytisch begründete Therapieverfahren – ein Überblick

Tab. 3.1: Psychoanalytisch begründete Therapieverfahren – Fortsetzung

Überblick über psychoanalytisch begründete Therapieverfahren	
	• Psychodynamische Beratung • Analytische Krisenintervention • Niederfrequente psychoanalytische Psychotherapie • Katathymes Bilderleben
Auf spezielle Krankheits- und Altersgruppen zugeschnittene (z. T. manualisierte) Verfahren	• Strukturbezogene Psychotherapie (Rudolf) • Übertragungsfokussierte Psychotherapie (Kernberg et al.) • Mentalisierungsbasierte Psychotherapie (Bateman und Fonagy) • Psychoanalytisch-interaktionelle Methode (Streeck) • Psychodynamisch-interpersonelle Therapie (Arbeitskreis PISO) • Kurzzeittherapie von Persönlichkeitsstörungen, Depression, u. a. (Tress et al.) • Kurzzeittherapie von Angststörungen (Hoffmann und Bassler) • Kurzzeittherapie von Panikstörungen (Milrod et al.) • Modifizierte Anal. Psychotherapie bei Pat. mit einer Psychose (Mentzos) • Psychoanalytische Therapie mit älteren Menschen (Radebold)
Traumatherapeutische Behandlungsansätze bei posttraumatischen Belastungsstörungen)	• Mehrdimensionale Psychodynamische Traumatherapie – MPPT (Fischer) • Traumatherapie (Reddemann und Sachse)

3.4 Abgrenzungen und Missverständnisse: Überflüssige oder notwendige Stadien eines Professionalisierungsprozesses?

In den USA hatten im Jahr 2009 23 Millionen US-Bürger direkt oder indirekt mit Psychotherapie zu tun und dies trotz einer gewaltigen pharmazeutischen Industrie. Ein nicht geringer Teil dieser Leistungen ist psychoanalytisch orientiert oder basiert zumindest auf psychoanalytischem Gedankengut. Filme, wie zum Beispiel *Die Sopranos* oder *In Treatment*, die deutlich Elemente einer psychoanalytisch begründeten Psychotherapie erkennen lassen, hatten über Monate hinweg hohe Zuschauerzahlen (s.Procci, 2013). Diese weite Verbreitung und die breite Palette des derzeitigen Angebots an psychoanalytisch und psychodynamisch begründeten Psychotherapieverfahren führen hierzulande jenseits der offiziell in Richtlinien auftauchenden Definitionen gelegentlich aber auch zu überflüssigen Abgrenzungen und Kontrastprofilierungen, die für Außenstehende verwirrend sein können.

So wird zum Beispiel dem psychoanalytischen Standardverfahren und auch der analytischen Psychotherapie oftmals in Unkenntnis darüber, wie diese Therapieverfahren heute tatsächlich praktiziert werden, der Vorwurf gemacht, dass sie viel zu einseitig nur einem Konflikt- und Verdrängungsparadigma folgen würden und damit nur für eine sehr ausgesuchte Klientel in Frage kämen. Psychoanalyse verfolge zudem eine veraltete Triebtheorie und nur die psychodynamischen Therapien von sehr viel kürzerer Dauer wiesen demgegenüber eine am gegenwärtigen interdisziplinären Wissensstand orientierte Metatheorie, wie z.B. die Bindungstheorie, auf. Zweifelsohne stellt dies eine erhebliche Fehleinschätzung dar, denn die zeitgenössische Psychoanalyse ist selbstverständlich an diesem Wissensstand orientiert und weist eine enorm weite interdisziplinäre Fundierung auf (▶ Kap. 1, ▶ Kap. 2 u. ▶ Kap. 7).

Ebenso gängig ist aber auch die Fehleinschätzung, dass die Psychoanalyse und die analytische Psychotherapie ausschließlich psychoanalytisch seien, während die tiefenpsychologisch fundierte Psychotherapie »lediglich« psychotherapeutisch sei. Diese allzu einfach erscheinende

3 Psychoanalytisch begründete Therapieverfahren – ein Überblick

Zweiteilung »psychoanalytisch« versus »psychotherapeutisch«, wobei Letzteres in der Vergangenheit häufig mit dem Stigma des Zweit- oder gar Drittklassigen behaftet war, wird der Wirklichkeit ebenfalls nicht gerecht. Auch die tiefenpsychologisch fundierte Psychotherapie ist psychoanalytisch und erfordert wie alle kürzeren Therapien eine erhebliche, wenn nicht sogar größere Kompetenz, die maßgeblichen Konflikte und Traumatisierungen unter Beachtung von Übertragung und Gegenübertragung, aber unter Eingrenzung eines zu starken Regredierens, gut bearbeiten zu können.

Gabbard und Westen (2003) haben für eine multimodale Auffassung von psychoanalytischen Wirkfaktoren plädiert und damit einen weiteren Baustein zu der Erkenntnis geliefert, dass eine psychoanalytische Kur für jeden einzelnen Patienten maßgeschneidert sein sollte. Dies bedeutet, dass z. B. auch supportive Interventionen, die lange Zeit als antianalytisch galten, für eine analytische Psychotherapie bedeutsam werden können, weil sie den Bedürfnissen eines Patienten nach Orientierung hinsichtlich seiner äußerst prekären nichtbewussten Interaktionserwartungen zunächst einmal entgegenkommen, statt ihn durch ein zu starkes Raumgeben – das für einen anderen Patienten oder in einer späteren Phase der Behandlung durchaus angezeigt sein kann – zusätzlich zu verunsichern. Dieser Wirkfaktor eignet sich somit nicht dazu, die tiefenpsychologisch fundierte Psychotherapie, sofern sie supportive Elemente aufweist, als »nur therapeutisch« einzustufen, während die hochfrequente Psychoanalyse davon angeblich keinen Gebrauch mache. Die Psychotherapie-Richtlinien haben seit einigen Jahren mit der Einführung einer »modifizierten analytischen Psychotherapie« diesen aus der Praxis entsprungenen Notwendigkeiten Rechnung zu tragen versucht (s. Rüger et al., 2012, S. 46).

Mit dem Vorurteil, dass nur bestimmte Vorgehensweisen, wie zum Beispiel eine konfliktaufdeckende Deutung, als genuin psychoanalytisch gelten, wird wiederum der analytischen Psychotherapie nur ein sehr enger Indikationsbereich zugestanden. Patienten mit eingeschränkten ichstrukturellen Fähigkeiten wie Symbolisierungsstörungen werden dann generell für psychoanalyseuntauglich erklärt; ihnen kann dann nur mit einer strukturbezogenen oder neuerdings mit einer mentalisierungsbasierten Psychotherapie geholfen werden; für Patienten mit narzisstischen Persönlichkeitszügen scheint lediglich eine spiegelnde Psychotherapie indiziert; für Patienten mit Kindheitstraumatisierungen seien nur Traumatherapeuten mit spezifischen Techniken zuständig u. a. m. Und unter Berufung auf Freud, der für Zwangsstörungen auch den gelegentlichen Einsatz von Maßnahmen empfahl, die an die Verhaltenstherapie erinnern, gelten dann ausschließlich störungsspezifische Therapieverfahren als indiziert.

Eine reflexive Kompetenz ist tatsächlich aber bei nicht wenigen Patienten durch frühe Traumatisierungen und Erfahrungs- sowie Lerndefizite in verschiedenen präverbalen und verbalen Erlebnisbereichen eingeschränkt. Selbstwertstörungen liegen bei fast jedem Patienten vor; Somatisierungsstörungen sind ebenfalls weit verbreitet. Für all diese Patienten kann aber durchaus eine analytische Psychotherapie angezeigt sein und ebenso eine tiefenpsychologisch fundierte Psychotherapie. Zwar scheinen auf den ersten Blick für diese ichstrukturell beeinträchtigten Menschen andere Vorgehensweisen für eine angemessene Behandlung notwendig zu sein, aber sehr viele dieser Patienten werden seit vielen Jahren mit analytischer Psychotherapie erfolgreich behandelt (z. B. Bergmann-Mausfeld, 2006, Kernberg et al., 1993, Riesenberg-Malcolm, 2003, Rosenfeld, 1981, Rohde-Dachser & Wellendorf, 2004, Steiner, 1998, Weiß, 2009).

Die geäußerten Bedenken schließen natürlich nicht aus, dass von Patient zu Patient sehr sorgfältige Indikationsentscheidungen vorzunehmen sind und dass die in Kapitel 3.3 im Überblick genannten störungsspezifischen und zum Teil auch manualisierten Verfahren durchaus ihre Berechtigung haben können. Aber tendenziell verweist die Erfindung immer neuer Verfahren auch darauf, dass die Hoffnung besteht, dem mühsamen Geschäft einer therapeutischen Veränderung mithilfe von »maßgeschneiderten Techniken« zu Leibe zu rücken, die einem Patienten schneller und effizienter helfen sollen, sein psychisches Leiden zu überwinden. Diese Hoffnung stellt sich aber des Öfteren als Illusion heraus. Die nicht geringe Anzahl an Patienten, die bereits einige therapeutische Verfahren unterschiedlichster Provenienz absolviert haben, wobei der Eindruck entsteht, dass sie sich auf keines so richtig eingelassen haben, zeigt erneut auf, wie wichtig eine gründliche psychoanalytische Behandlung ist.

> **Zusammenfassung**
>
> Nach einem Überblick über die heutige Klientel und eine Erinnerung an die Leistungen des psychoanalytischen Verfahrens wurden anhand einer Tabelle die wichtigsten aus der Psychoanalyse abgeleiteten Anwendungsformen aufgelistet und anschließend einige Abgrenzungen infrage gestellt.

Literatur zur vertiefenden Lektüre

Boll-Klatt, A. & Kohrs, M. (2014). *Praxis der psychodynamischen Psychotherapie. Grundlagen – Modelle – Konzepte*. Stuttgart: Schattauer.
Busch, F. (2010). Distinguishing psychoanalysis from psychotherapy. *International Journal of Psychoanalysis, 91*, 23–34.
Danckwardt, J. F. (2011). Die vierstündige analytische Psychotherapie in Ausbildung und Behandlung – ein Auslaufmodell? *Zeitschrift für psychoanalytische Theorie und Praxis, 26*, 208–220.
Dreyer, K.-A. & Schmidt, M. G. (Hrsg.). *Niederfrequente psychoanalytische Psychotherapie*. Stuttgart: Klett-Cotta.
Hohage, R. (1996). *Analytisch orientierte Psychotherapie in der Praxis. Behandlungsplanung – Kassenanträge – Supervision*. Stuttgart: Schattauer, 5., vollständig überarbeitete und erweiterte Aufl. 2011.
Klöpper, M. (2014). *Die Dynamik des Psychischen. Praxishandbuch für das Verständnis der Beziehungsdynamik*. Stuttgart: Klett-Cotta.
Krause, R. (2005). Das Gegenwartsunbewusste als kleinster gemeinsamer Nenner aller Techniken – Integration und Differenzierung als Zukunft der Psychotherapie. In G. Poscheschnik (Hrsg.), *Empirische Forschung in der Psychoanalyse. Grundlagen – Anwendungen – Ergebnisse* (S. 239–256). Gießen: Psychosozial-Verlag.
Schneider, G. (2008). Psychoanalyse und niederfrequente psychoanalytische Psychotherapie – einige Bemerkungen zu den möglichen Schwierigkeiten in ihrem Verhältnis zueinander. In K.-A. Dreyer & M. G. Schmidt (Hrsg.), *Niederfrequente psychoanalytische Psychotherapie* (S. 54–69). Stuttgart: Klett-Cotta.
Wöller, W. & Kruse, J. (2001). *Tiefenpsychologisch fundierte Psychotherapie. Basisbuch und Praxisleitfaden*. Stuttgart: Schattauer, 3. Aufl. 2010.

Fragen zum weiteren Nachdenken

- Im Transformationsmodell wird davon ausgegangen, dass wichtige Ich-Funktionen, v. a. die Symbolisierung von Affekten in der Kindheit nicht ausreichend gelernt werden konnten. Ist dieses Manko spezifischen Sozialisationsbedingungen in bestimmten Kulturen geschuldet?
- Warum hat man die Affektsymbolisierung als das »Immunsystem der Psyche« bezeichnet?
- Die Handhabung »störungsspezifischer Therapien« macht eine Spezialisierung in bestimmten Verfahren erforderlich. Könnte darin die Zukunft der Psychotherapie zum Ausdruck kommen analog zur Spezialisierung in anderen Berufen?

4 Diagnostik und Indikation

> **Einführung**
>
> Nach einem kurzen Überblick über die Grundlagen psychoanalytischer Diagnostik werden anhand eines ausführlichen Beispiels Kriterien für die Indikation zu verschiedenen psychoanalytisch begründeten Verfahren erörtert. Anhand verschiedener Einschätzungen kann exemplarisch nachvollzogen werden, wie Indikationsentscheidungen ablaufen, aber auch vor welche Schwierigkeiten sie nicht selten den diagnostizierenden Psychotherapeuten stellen.

Lernziele

- Einen Überblick darüber gewinnen, welches die wesentlichen diagnostischen Einschätzungsmöglichkeiten und -instrumente der heutigen Psychoanalyse sind
- Diagnostik und Indikation anhand eines Beispiels kennen lernen
- Einen Entscheidungsbaum für die Indikation zu verschiedenen Therapieverfahren kennen lernen
- Anhand der Vielfalt diagnostischer Einschätzungen den Perspektivenreichtum psychogenetischer Hypothesen, aber auch Probleme der Gültigkeit zur Kenntnis nehmen
- Einige Argumente kennen lernen, aus welchen Gründen psychoanalytisch begründete Verfahren für bestimmte Patienten eher infrage kommen als kognitiv behaviorale Therapien
- Die Indikationskriterien für eine analytische Psychotherapie von denjenigen einer tiefenpsychologisch fundierten Psychotherapie unterscheiden können

4.1 Diagnostik

Angesichts der großen Anzahl von therapiebedürftigen Menschen, ist eine genaue Diagnostik von entscheidender Wichtigkeit. Und da nicht für jeden Menschen psychoanalytisch begründete Therapieverfahren angezeigt sind, müssen eine sorgfältige Diagnostik und Auswahl getroffen werden. In der Psychoanalyse kommen vor allem das psychoanalytische Erstinterview, die tiefenpsychologische Anamnese, die Operationalisierte Psychodynamische Diagnostik (OPD II) und neuerdings auch vereinzelt das Strukturierte Interview zur Persönlichkeitsorganisation (STIPO) in diesem Prozess zur Anwendung. Daneben gibt es für Forschungszwecke eine Vielzahl von Diagnostiksystemen, Befundbögen, Selbst- und Fremdeinschätzungsverfahren (z. B. Doehring & Hörz, 2012)

Obwohl es einen Trend zu immer präziserer Objektivierung diagnostischer Kategorien auch in der Psychoanalyse gibt, zeigt die Praxis, dass Indikationen in der Regel nach ganzheitlicheren Überlegungen gestellt werden. So ist die Passung zwischen dem Patienten und seinem Analytiker oftmals von ausschlaggebenderer Bedeutung als eine noch so genaue diagnostische Erfassung und Zuordnung. Mittlerweile ist auch von den Vertretern psychiatrisch diagnostischer Klassifikationssysteme, wie der Internationalen Klassifikation psychischer Störungen (ICD-10) oder des Diagnostischen und Statistischen Manuals (DSM-IV) erkannt worden, dass eine Diagnostik, die eine immer höhere objektive Erfassbarkeit und Reliabilität anstrebt, an ihre Grenzen stößt, weil sie an den wirklichen Problemen der diagnostizierten Person vorbeizielt. In therapeutischen Prozessen geht es aus psychoanalytischer Sicht in erster Linie darum, eine subjektive Indikationsstellung vorzunehmen. Dabei steht nicht so sehr im Vordergrund, ob ein Patient z. B. eine nicht näher bezeichnete Angststörung (ICD-10: F41.9), eine Panikstörung (ICD-10: F41.0) oder Angst und depressive Störung gemischt (ICD-10: F41.2) aufweist, sondern ob der Psychoanalytiker sich vorstellen kann, mit diesem Patienten in einen therapeutisch fruchtbaren Prozess zu gelangen.»An die Stelle eines distanziert psychiatrisch und psychologisch diagnostischen Erfassens aus der Position eines außenstehenden, krampfhaft um (vermeintliche) Objektivität bemühten Interviewers tritt der Psychoanalytiker mit seinem szenischen Verstehen, das von den ersten Augenblicken der Begegnung zwischen ihm und dem Analysanden seine Wirksamkeit entfaltet ... Häufig, wenngleich auch nicht immer, entscheidet schon die Art und Weise des auf den Patienten Eingestellt-Seins, wozu das szenische Verstehen erheblich beiträgt, ob Analytiker wie Analysand Interesse, Motivation und Neugierde für eine gemeinsame analytische Arbeit verspüren« (Mertens, 1990, S. 262).

Grundlagen psychoanalytischer Diagnostik

Konzentration auf unbewusste intrapsychische Vorgänge

- Annahme von intrapsychischen Konflikten, Traumatisierungen und Entwicklungsdefiziten
- Symptom als Manifestation einer inneren Konstellation von Konfliktverarbeitungsmodi, Abwehr- und Anpassungsvorgängen in Form von Kompromissbildungen sowie von ichstrukturellen Beeinträchtigungen
- Verstehen der derzeitigen Konflikt- und Symptomkonstellation eines Menschen im Kontext seiner lebensgeschichtlichen Erfahrungen; Abgrenzung einer aktualneurotischen Symptomatik
- Beachtung des Gegenwarts- und Vergangenheitsunbewussten

Konzentration auf bewusste und vorbewusste psychische Vorgänge

- Konzentration auf das Interaktionsverhalten, in dem sich intrapsychische Prozesse manifestieren
- Beachtung der Mimik, Gestik, Körperhaltung, Prosodie des Sprechens
- Beachtung von Diskrepanzen zwischen verbalen und nonverbalen Ausdrucksmomenten
- Wahrnehmung der eigenen Gefühle, die durch den Patienten ausgelöst werden

4.1 Diagnostik

Vorgehen im ersten Teil (analytisches Erstinterview)

- Prinzip der Minimalstrukturierung: Ermöglichung einer möglichst unbeeinflussten narrativen Darstellung und interaktiven Inszenierung der konflikthaften Beziehungsgestaltung, Verhaltens- und Erlebnisweisen
- Bedeutung der szenischen Interaktion, insbesondere der Eröffnungsszene. In Deutschland wurde vor allem die Methode des *psychoanalytischen Erstinterviews* von Argelander bekannt. Kernpunkt seines Vorgehens ist das Verstehen der Übertragung und Gegenübertragung in der aktuellen Szene. Für dieses Verstehen werden verschiedene Fähigkeiten benötigt: Die Einfühlung in das vom Patienten Mitgeteilte, die Introspektion in das dabei Erlebte, die Beobachtung der nonverbalen Mitteilungen des Analysanden und erneut die Introspektion in dessen unbewusste Rollenangebote.

Grundsätzlich gilt für die psychoanalytische Diagnostik, dass in der psychoanalytischen Situation eine Beziehungssituation geschaffen werden soll, die es dem Patienten ermöglicht, frühere unbewusste traumatische und konflikthafte Beziehungsmuster wieder lebendig werden zu lassen, indem er sie auf die jetzige Situation überträgt, bzw. die Beziehung mit seinem Analytiker im Licht älterer Beziehungserfahrungen wahrnimmt. Herkömmliches psychiatrisches Explorieren führt demgegenüber zu einer drastischen Einengung der Vielfalt möglicher Übertragungskonstellationen zumeist in Richtung auf autoritätsorientierte Unterordnung und gefügige Anpassung. Von einer freien Entfaltung für den Patienten wichtiger Übertragungskonstellationen kann dann keine Rede mehr sein. Da in der ersten Begegnung zwischen Therapeut und Patient bereits die Anfänge einer Übertragungsentwicklung generiert werden, gilt es, diesen Prozess so störungsfrei wie nur möglich zu halten.

Vorgehen im zweiten Teil:

- Stärkere Gesprächsstrukturierung: Erhebung einer biographischen Anamnese

4 Diagnostik und Indikation

- Erweiterung des diagnostischen Feldes des Erstinterviews anhand hypothesengeleiterter spezifischer Fragen zu bestimmten Lebensbereichen
- Optional: Operationalisierte Psychodynamische Diagnostik, Fragebögen und Tests

Anschließend: Formulierung eines neurosenpsychologischen Befunds und differentielle Zuweisung anhand der diagnostischen Informationen und bereits praktizierter Interventionen (Probedeutungen) im Hinblick auf Symptomatik, Neurose, Persönlichkeitsstörung, Ausprägung des Strukturniveaus, Abwehr- und Bewältigungsmechanismen, vorhandene Ressourcen, Bindungsstatus, Übertragungsbereitschaft, evtl. Herausarbeitung eines Fokus

NB: Psychoanalytische/psychodynamische Diagnostik variiert in Inhalt, Form und Umfang je nachdem, ob die Diagnostik mit einem Patienten in einer Beratungsstelle der Universität, einer außeruniversitären Institution, einer psychosomatisch-psychotherapeutischen Abteilung eines Krankenhauses, einer psychosomatisch-psychotherapeutischen Rehaklinik oder in der Praxis eines niedergelassenen Psychotherapeuten stattfindet.

4.2 Indikationsentscheidungen

Fallbeispiel:

In der Beratungsstelle eines psychoanalytischen Ausbildungsinstituts stellt sich ein junger Mann vor, der nach einigem Zögern erzählt, dass er »etwas ungewöhnliche Vorstellungen über Sexualität« habe, über die er gerne mit einem Fachmann sprechen würde. Das, was er darüber im Internet gefunden habe, sei für ihn eher verwirrend gewesen. Er fühle sich nämlich nicht als pervers und glaube auch nicht, dass die Kriterien einer Borderline-Persönlichkeitsstörung auf ihn zuträfen. Er erläutert dann etwas ausführlich, warum er glaube, dass er keine narzisstische Borderline-Störung habe. So habe er z. B. nicht den Eindruck, dass er die Interessen anderer Menschen nicht achten würde oder sich nicht in sie einfühlen könne.

Nach einigen Minuten kommt er dann auf sein »eigentliches Problem« zu sprechen: Er fühle sich, solange er zurückdenken könne, von Frauen erregt, denen ein Körperteil fehle. Auf Nachfrage gibt er an, dass ihn vor allem eine Frau mit einem fehlenden Bein, die er sich in seiner Phantasie vorstelle, sexuell errege. Ab seinem 20. Lebensjahr habe er Frauen für sexuelle Beziehungen gesucht, die eine solche Behinderung aufwiesen. Er habe sich zwar nicht immer verlieben können, aber doch eine starke sexuelle Anziehung gespürt. Mittlerweile habe er eine Freundin, mit der nun schon zwei Jahre zusammen sei, die zwar kein fehlendes Bein habe, aber mit der er ein Arrangement gefunden habe, wie er »seine Perversion«, die aber eigentlich gar keine sei, ausleben könne. Er könne durchaus auch Sex haben, wenn eine Frau nicht behindert sei. Aber seine Erregung und sexuelle Lust seien doch um Einiges stärker, wenn er die Frau als behindert wahrnehme. Deshalb bittet er seine Freundin gelegentlich darum, mit Kleidungsstücken eine Amputation zu simulieren. Diese mache in der Regel auch bereitwillig mit, nur gelegentlich sei sie etwas ungehalten und habe auch schon ein paar Mal den Gedanken geäußert, ob er seine merkwürdige Leidenschaft nicht doch einmal mit einem Therapeuten besprechen wolle. Daran habe er natürlich auch schon gedacht und deshalb sitze er nun hier.

Und natürlich irritiere es ihn, dass er nicht wisse, woher seine merkwürdige Vorliebe komme. Er könne sich aber ziemlich genau daran erinnern, dass diese sexuell erregende Vorstellung etwa im Alter von fünf Jahren zum ersten Mal aufgetreten sei, einige Zeit vor seiner Einschulung. Später habe er einem Freund davon erzählt, der darüber reichlich verwundert gewesen sei.

Im Alter von 18 oder 19 Jahren wurde er ziemlich ängstlich über die Bedeutung und die Intensität seiner Phantasien und suchte auf Anraten eines Lehrers, dem er sehr vertraute, einen Therapeuten auf. Nach einer Kurzzeittherapie fühlte er sich durch seine sexuelle Angewohnheit weniger getrieben und verunsichert und akzeptierte sie als harmlose Merkwürdigkeit. Er spekulierte, dass diese Phantasie vielleicht daher rühre, dass er in einer Familie aufgewachsen sei, die sich sehr tolerant gegenüber verschiedenen Menschen gezeigt habe und diese tolerante Einstellung gebe deshalb möglicherweise auch seinen Respekt für Frauen wieder, die eben gehandikapt seien. Eine andere Vorstellung sei schon immer gewesen, dass seine Vorliebe möglicherweise genetisch vorbestimmt sei. Dennoch lasse ihn die Verunsicherung über seine sexuelle Vorliebe nicht mehr los. In letzter Zeit habe ihn auch der Umgang der Öffentlichkeit mit pädophilen Männern ziemlich erschrocken.

Exkurs zum Fetisch:

In der Psychoanalyse wurde der Fetisch als ein Objekt beschrieben, das der Fetischist mit sexueller Bedeutung ausstattet und das wichtig für die sexuelle Erregung ist. Ein sexueller Fetisch ist entweder ein unbelebtes Objekt, so wie Kleider, Strümpfe, Schuhe, oder ein nicht sexueller Teil einer Person, so wie Füße oder Haare.

Nach Freud (1856–1939) dient der Fetisch zur Abwehr von Kastrationsangst. Irgendwann realisiert ein Junge, dass die Mutter keinen Penis hat, was eine schreckliche Angst entstehen lässt, dass auch ihm sein Penis genommen werden kann. Im unbewussten Erleben sind die Mutterbrust, die ihm eines Tages weggenommen wird, und sein Kot, den ein kleines Kind zunächst als natürlichen körperlichen Besitz betrachtet und den es ebenfalls hergeben muss, Vorläufer für die Kastrationsangst. Für Freud stellt der Fetisch ein substitutives Symbol für den fehlenden weiblichen Penis dar, der ebenso wie einst die Mutterbrust zunächst verehrt und später auf erschreckende Weise vermisst wird. Fetischistische Objekte tauchen zum ersten Mal während der phallisch genitalen Entwicklungsphase auf und weisen in der Regel charakteristische Merkmale des Geruchs und des Aussehens eines menschlichen Körperteils auf, während sie andererseits oftmals die Aufmerksamkeit von Aspekten der tatsächlichen Anatomie abziehen.

Nach Janine Chasseguet-Smirgel (1928–2006) entsteht ein Kastrationskomplex vor allem dann, wenn der Junge zum ersten Mal erkennen muss, dass er seine Mutter unmöglich sexuell befriedigen und Babys mit ihr zeugen kann. Diese Erkenntnis zerstört die unbewusste Phantasie der Vereinigung und das Gefühl der Sicherheit mit ihr und setzt Kastrationsängste in Gang.

Phyllis Greenacre (1894–1988) kam aufgrund ihrer Arbeit mit fetischistischen Patienten zu dem Schluss, dass der Fetischismus seine Wurzeln in traumatischen Erfahrungen in der frühen Kindheit hat. Krankheiten und kongenitale Defekte in der Kindheit können zu einer frühreifen genitalen Erregung und zu einer prägenitalen Kastrationsphase führen, wenn die körperliche Spannung und das Unbehagen zu intensiv sind, um sie abzuführen, und vor allem, wenn sie durch die Mutter nicht genügend gut reguliert werden. Die Folge kann dann sein, dass ein falsches Körperbild entsteht, das nachfolgend die Kastrationsangst während der phallischen Phase beim Jungen intensiviert.

4.2.1 Diskussion

In der wöchentlich stattfindenden Team-Sitzung der Beratungsstelle wird die Stunde mit diesem jungen Mann von einem Team-Kollegen als »interessanter Fall« vorgestellt. Zugleich soll im Kreis der Kollegen das Anliegen geklärt werden, ob bei ihm die Indikation zu einem psychoanalytisch begründeten Therapieverfahren gegeben und wenn ja, welches Verfahren für ihn am besten geeignet ist.

Der folgende Entscheidungsbaum dient hierbei zur Orientierung:

4 Diagnostik und Indikation

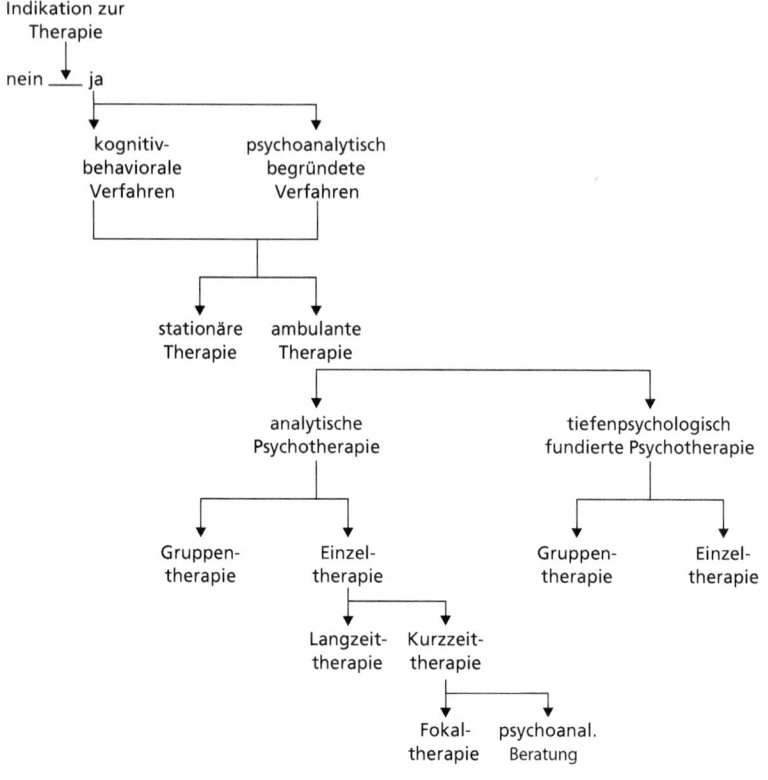

Abb. 4.1: Entscheidungsbaum für die Indikation zur Therapie

Von welchen Kriterien hängt nun die jeweilige Entscheidung ab?

4.2.2 Die Vielfalt diagnostischer Einschätzungen

Nachdem der Kollege Z Herrn M vorgestellt hat, setzt eine rege Diskussion im Team ein.
Kollegin B zeigt sich ziemlich besorgt. Ob hier nicht doch eine schwerwiegende Perversion bei einer narzisstischen Persönlichkeitsstörung vorliegen würde, da Herr M Frauen in durchaus sadistischer Manier zum Sexualobjekt degradiere? Früher hätte man ja wohl eher

eine ödipale Neurose diagnostiziert, Herr M dürfe wegen masochistischer Selbstbestrafungstendenzen keine gesunde, vollwertige, sondern nur eine an ihren Gliedmaßen beschädigte Frau begehren, aber man habe ja von Psychoanalytikern in der zweiten Hälfte des 20. Jahrhunderts gelernt, dass Traumatisierungen und Konflikte, die in der frühen Mutter-Kind-Beziehung entstehen, viel mehr Bedeutung hätten. Für sie verberge sich deshalb hinter der Störung von Herrn M »etwas sehr Frühes«, also kein ödipaler Konflikt, sondern möglicherweise bereits eine traumatische Störung im Kleinkindalter, die dann zur Ausbildung einer sadistisch-perversen Position geführt habe, wie Stoller aufgezeigt habe.

Kollege W widerspricht nun heftig: Er sehe überhaupt keinen Hinweis auf eine strukturelle Beeinträchtigung bei diesem jungen Mann, die auf eine frühe Störung hinweisen würde. Im Gegenteil: Ihm käme dieser Patient durchaus selbstreflektiert, differenziert im Erkennen und Benennen sowohl seiner eigenen Gefühle als auch der seiner jetzigen Partnerin vor. Abgesehen von einem leichten Selbstwertkonflikt und von intellektualisierenden Tendenzen wirke er auf ihn durchaus bezogen und er löse bei ihm beim Zuhören auch keine entsprechenden Gefühle von Abgestoßensein und instrumentellem Benütztwerden aus, wie dies bei einem perversen Charakter auf Borderline-Niveau der Fall sein würde. Wenn er nach der Strukturdiagnostik der OPD vorgehen würde, dann würde er Herrn M ein gut integriertes Strukturniveau attestieren. Und gemäß den Kriterien der Mentalisierungstheorie von Fonagy hätte er bei diesem Patienten keinerlei Anzeichen für die Verwendung prämentalisierender Funktionsmodi bei der vorgetragenen Schilderung seiner Lebensgeschichte wahrgenommen.

Herr Z, der sich bislang zurückgehalten hatte, bestätigt diesen Eindruck: Der Patient habe im Gespräch einige Metaphern verwendet, die ihm sogar imponiert hätten und er habe sehr gut und kohärent über seine Kindheit gesprochen, was nach seinem Dafürhalten auch für einen sicheren Bindungsstatus bei diesem Patienten spreche. Würde man mit ihm eine analytische Psychotherapie durchführen, könnte man mit ihm sicherlich sehr gut in der Übertragung arbeiten.

4 Diagnostik und Indikation

»Mich würde interessieren«, wirft Frau H ein, »welche szenischen Eindrücke sich im Erstgespräch ergeben haben. Das ist bislang noch überhaupt nicht von Ihnen, Herr Z, erwähnt worden«.

Herr Z überlegt einen Augenblick und sagt dann, dass es für ihn bei diesem Patienten nicht einfach gewesen sei, einen szenischen Eindruck im Erstgespräch wahrzunehmen. Allenfalls habe er bei ihm einen warmherzigen, auf Beidseitigkeit beruhenden Vater-Sohn-Kontakt gespürt; vielleicht sei ihm gegen Ende des Gesprächs ein gewisses Zögern des Patienten, sich zu verabschieden, aufgefallen, so als hätte er sich damit schwer getan, ihn zu verlassen.

»Also vielleicht doch eine frühe Angst, verlassen zu werden?«, wirft Frau B triumphierend ein, »dann hätte ich ja mit meiner Vermutung, dass es sich um eine frühe Störung im Mutter-Kind-Kontakt handelt, doch recht gehabt? Und ich hab auch etwas ziemlich Tiefes bei diesem Patienten wahrgenommen; in meiner Gegenübertragung spüre ich jetzt sogar eine richtige Verzweiflung.«

»Warum müssen wir eigentlich immer so stark polarisieren?«, wendet Frau H ein, »schließlich gehen wir doch seit geraumer Zeit schon davon aus, dass es zwischen den Traumata und Konflikten, die in den ersten Lebensjahren eines Kindes mit beiden Eltern erfahren werden, und dem späteren Erleben des ödipalen Konflikts einen ganz starken Zusammenhang gibt. Das schon im ersten Lebensjahr entstehende Triangulierungserleben, das sehr stark mit der triadischen Kompetenz beider Eltern zusammen hängt, entscheidet doch maßgeblich darüber, wie sich die ödipale Dramatik aller Beteiligten in den späteren Lebensjahren entwickelt. Ich erinnere Sie hierbei zum Beispiel nur einmal an die Arbeiten von Christa Rohde-Dachser, Ute Rupprecht-Schampera oder an die empirischen Arbeiten von Kai von Klitzing.«

»Ich finde, dass wir jetzt ganz schön theoretisch rumspekulieren, halten wir uns doch lieber wieder an die gefühlsmäßigen Eindrücke unseres Kollegen Herrn Z, der schließlich das Erstinterview geführt hat!«, erwidert Herr W, »schließlich ist er auch der einzige von uns, der eine Schulung in der OPD-Diagnostik absolviert hat«.

»Als ob man das unbedingt müsste«, unterbricht nun Frau B, schließlich käme es doch in erster Linie auf die Beziehungsgefühle an und nicht so sehr auf eine an der Oberfläche verbleibende Diagnostik, wie es ihrer Meinung nach die OPD darstelle.

»Das finde ich nun wiederum nicht, dass die OPD-Diagnostik oberflächlich ist, auch wenn sie hier und da einigen Verbesserungsbedarf hat, wie zum Beispiel bei der Konzeptualisierung des ödipalen Konflikts, dessen Eingebettetsein in die frühen Entwicklungsprozesse und -konflikte tatsächlich nicht sehr überzeugend ausgeführt ist«, wirft Frau H ein.

Kollege O, der sich bislang noch nicht zu Wort gemeldet hat, äußert nun die Idee, dass die Gruppendynamik, die in den letzten Minuten entstanden sei, doch eindeutig darauf hindeute, dass es sich bei diesem jungen Mann keineswegs um einen harmlosen Fall handele. Schließlich gelänge es ihm, ziemlich kontroverse, ja sogar polarisierende Ansichten im Team hervorzurufen, was ja vielleicht doch für gewisse Spaltungstendenzen in seinen Objektbeziehungen spräche.

»Aber wir setzen uns doch des Öfteren temperamentvoll in unserer Gruppe auseinander, ohne dass deswegen immer gleich eine Spaltungsabwehr anzunehmen ist, ich würde deshalb unsere heutigen unterschiedlichen Einschätzungen nicht unbedingt der unbewussten Psychodynamik bzw. dem Strukturniveau unseres Patienten zuschreiben«, entgegnet Frau H.

»Ja, pflichtet Kollege Z ihr bei, lassen Sie uns jetzt überlegen, was ich meinem Patienten am Ende des zweiten Gesprächs an Therapiemöglichkeiten vorschlagen kann. Wie lässt sich sein Fetischismus psychodynamisch und psychogenetisch verstehen und welches Therapieverfahren ist bei ihm indiziert?«

4.2.3 Zum Problem der Geltungsbegründung diagnostischer Eindrücke

Es ist nicht allzu schwierig, auffallende Verhaltensweisen, Symptome wie Angstzustände, depressive Verstimmungen oder Süchte zu diagnostizieren. Auch im vorliegenden Beispiel fällt es natürlich leicht, die sexuelle Neigung des Patienten als Amputiertenfetischismus einzuschätzen.

Wenn man nun aber nicht auf der Verhaltens- und Symptomebene stehen bleiben will, sondern sich auch über die psychodynamischen Hintergründe und die psychogenetischen Entstehungszusammenhänge Gedanken machen möchte, wird die Begründung der Eindrücke um einiges schwieriger.

Psychiatrische Klassifikationssysteme wie die ICD oder das DSM, die auch in der Klinischen Psychologie zum Einsatz kommen, verzichten bei den Symptombeschreibungen weitgehend auf theoretische Hintergründe, wie auf psychodynamische Konzepte, die für die Psychoanalyse so zentral sind. Damit bleiben sie einer verhaltenstheoretischen Ebene verhaftet und enthalten somit auch keine Hinweise auf individuelle Unterschiede in der Ätiologie und Psychogenese psychischer Erkrankungen. Sie können deshalb immer nur erste, globale Anhaltspunkte liefern.

Die Psychoanalyse, für die das psychodynamische Denken konstitutiv ist (Mertens, 2014), muss dafür mit einem Konsensusproblem leben, das anhand der fiktiven Diskussion eines Beratungsstellen-Teams in Kapitel 4.2.2 verdeutlicht wurde.

Und man sollte als Psychoanalytiker auch die Unsicherheit aushalten können, zunächst oder sogar längere Zeit nicht zu wissen, worauf die Symptome oder Leidenszustände zurückzuführen sind. Der britische Psychoanalytiker Wilfred Bion hat den Begriff der »negative capability« von dem romantischen Dichter William Keats übernommen, der darunter verstand, dass ein Mensch »fähig ist, sich in einem Zustand voller Unsicherheiten, Geheimnisse und Zweifel zu befinden, ohne sich ärgerlich nach Tatsachen & Vernunft umzusehen« (1817, zit. nach Bate, 2012). Nach Bion ist die Haltung der negative capability nicht nur für den psychoanalytischen Erkenntnisprozess, in dem unbewusste Vorgänge mit ihrer prinzipiellen Unabgeschlossenheit eine solch zentrale Rolle spielen, wichtig, sondern auch für den Umgang mit sich selbst. Denn die negative capability bewirkt ein Sich-Offenhalten gegenüber dem Unvorhersehbaren, dem Überraschenden, der Ambivalenz, dem Nichtwissen und verhindert somit eine allzu schnelle omnipotente Gewissheit, die einen kreativen Erkenntnisprozess vorzeitig zum Versiegen bringt, indem sie das zu Ergründende unter bestimmte bekannte Schablonen und Konzepte subsumiert oder das eigene Leben zwanghaft verplanen zu müssen glaubt.

Die Vielzahl psychoanalytischer Richtungen, die Wirkungsweise unbewusster Prozesse, aber sicherlich auch gruppendynamische Vorgänge lassen bei den Teilnehmern von Fallbesprechungen verschiedene Vermutungen darüber entstehen, welche psychogenetischen und psychodynamischen Konstellationen zur Entstehung der Symptome und Leidenszustände geführt haben. Trotz der anregenden Vielfalt der verschiedenen Sichtweisen muss nun aber bei Indikationsüberlegungen – anders als zum Beispiel in Intervisionsgruppen – auch eine Entscheidung darüber getroffen werden, welches Therapieverfahren für den betreffenden Patienten am ehesten in Frage kommt.

Der Einsatz psychodynamisch diagnostischer Verfahren, wie z. B. der Operationalisierten Psychodynamischen Diagnostik, weiterer Selbst- und Fremdeinschätzungsverfahren sowie projektiver Tests, kann zwar zu einer stärkeren Vereinheitlichung diagnostischer Kategorien führen, löst aber nicht das Problem, sich über Psychogenese und Psychodynamik auch weiterhin interpretativ verständigen zu müssen. Die Gewissheit, die noch in den ersten zwei Dritteln des 20. Jahrhunderts innerhalb der Psychoanalyse bezüglich der genauen Erkennbarkeit unbewusster Konflikte, Traumatisierungen und defensiven sowie adaptiven Verarbeitungen bestand, ist seit einigen Jahren eher einer Bescheidenheit gewichen, immer nur erste Anhaltspunkte im diagnostischen Prozess gewinnen zu können und selbst bei lange dauernden Therapien niemals eine perfekte Kenntnis aller psychogenetischen Ausgangsbedingungen zu erlangen.

4.3 Zur Indikationsstellung – was ist zu beachten?

4.3.1 Indikation für eine Therapie nach den Psychotherapie-Richtlinien?

Bei der Entscheidung, ob für einen bestimmten Patienten eine Psychotherapie angezeigt ist, die von den Krankenkassen übernommen werden

4 Diagnostik und Indikation

kann, spielt zunächst die Überlegung eine Rolle, ob bei den geschilderten Problemen und Nöten, unter denen ein Patient leidet, überhaupt eine seelische Krankheit vorliegt. Des Weiteren muss eingeschätzt werden, ob ein Behandlungserfolg innerhalb des mit einem bestimmten Therapieverfahren einhergehenden Behandlungskontingents erwartet werden kann. Auch muss ausgeschlossen werden, dass die therapeutischen Angebote lediglich der Erziehungs-, Ehe-, Lebens- und Sexualberatung oder beruflichen Fördermaßnahmen dienen (Rüger et al., 2003, S. 101). Diese Vorgaben entspringen den Psychotherapie-Richtlinien, die seit der Aufnahme der analytischen Psychotherapie im Jahr 1967 als Leistung der Gesetzlichen Krankenkassen als Text vorliegen und aufgrund neuer Erfahrungen und Erkenntnisse immer wieder in Kommentaren – zunächst von Faber und Haarstrick verfasst, später von Ulrich Rüger und Kollegen (s. 9. Auflage 2009) – erläutert worden sind.

Für das vorliegende Beispiel taucht also die Frage auf, ob das vorgetragene Problem dieses um Rat suchenden Mannes überhaupt eine Krankheit im Sinne der Psychotherapie-Richtlinien darstellt. Sollte dies der Fall sein, müsste des Weiteren überlegt werden, ob die Psychotherapie »ausreichend, zweckmäßig und wirtschaftlich« ist. Denn dieses Gebot ist ebenfalls eine Bestimmung der Psychotherapie-Richtlinien.

Box. 4.1: Auszug aus der Richtlinie des gemeinsamen Bundesausschusses über die Durchführung der Psychotherapie (Psychotherapie-Richtlinie) in der Fassung vom 19. Juni 2013, S. 4

§2 Seelische Krankheit

(1) In dieser Richtlinie wird seelische Krankheit verstanden als krankhafte Störung der Wahrnehmung, des Verhaltens, der Erlebnisverarbeitung, der sozialen Beziehungen und der Körperfunktionen. Es gehört zum Wesen der Störungen, dass sie der willentlichen Steuerung durch die Patientin oder den Patienten nicht mehr oder nur zum Teil zugänglich sind.

(2) Krankhafte Störungen können durch seelische oder körperliche Faktoren verursacht werden; sie werden in seelischen und körperlichen Symptomen und in krankhaften Verhaltensweisen erkennbar,

denen aktuelle Krisen seelischen Geschehens, aber auch pathologische Veränderungen seelischer Strukturen zugrunde liegen können.

(3) Seelische Strukturen werden in dieser Richtlinie verstanden als die anlagemäßig disponierenden und lebensgeschichtlich erworbenen Grundlagen seelischen Geschehens, das direkt beobachtbar oder indirekt erschließbar ist.

(4) Auch Beziehungsstörungen können Ausdruck von Krankheit sein; sie sind für sich allein nicht schon Krankheit im Sinne dieser Richtlinie, sondern können nur dann als seelische Krankheit gelten, wenn ihre ursächliche Verknüpfung mit einer krankhaften Veränderung des seelischen oder körperlichen Zustandes eines Menschen nachgewiesen wurde.

4.3.2 Therapie: Ja oder nein?

Käme das Team nun mehrheitlich zu dem Schluss, dass wegen eines nicht erkennbaren Leidensdrucks keine Therapie erforderlich sei, könnte man dem jungen Mann zum Beispiel empfehlen, sich über das Internet einen Chat-Room einzurichten, in dem nach Art einer Selbsthilfegruppe über Amputierten-Fetischismus gesprochen werden kann. Aber im Erstgespräch kam auch einmal kurz das Gespräch auf diese Möglichkeit und Herr M meinte, dass dies für ihn nicht in Frage käme, denn nach seiner Erfahrung seien diese Chats, die unter den Bezeichnungen Amelotatismus oder Amputismus geführt werden, doch überwiegend von Personen mit einer Borderline-Persönlichkeitsstörung gegründet und diese Menschen stießen ihn eher ab.

4.3.3 Kognitiv behaviorale Verfahren oder psychoanalytisch begründete Verfahren?

Im vorliegenden Fall kommt das Team nun mehrheitlich zu der Auffassung, dass bei Herrn M – wenn überhaupt – ein psychoanalytisch begründetes Verfahren angezeigt sei, weil er einen für psychodynamische Vorgehensweisen nicht nur aufgeschlossenen, sondern auch sehr geeigneten Eindruck mache. Denn er will nicht nur ein Verhalten kontrollieren können, in diesem Fall also seine sexuelle Leidenschaft für beinamputierte Frauen zu unterdrücken lernen – dann wäre u. U. ein kognitiv behaviorales Verfahren eher angezeigt –, sondern er möchte die Herkunft seiner ungewöhnlichen sexuellen Vorliebe kennen lernen und erfahren, ob sein Symptom lediglich wie ein Fremdkörper in ihm zu betrachten sei, mit dem er sich anfreunden müsse, oder ob seine Vorliebe mit seinem Gewordensein, mit seiner Lebensgeschichte und auch mit dem Gesamt seiner Persönlichkeit zu tun habe. Er fühle sich ja nicht unbedingt krank, aber er sei doch irritiert über diesen Teil seiner sexuellen Identität. Mit anderen Worten interessiert er sich für die unbewusste Bedeutung seiner sexuellen Leidenschaft. Im Vergleich zu anderen Männern seines Alters erlebt er sich doch als eher ungewöhnlich und sein Coming-out teilte er deswegen auch nur guten Freunden mit. Diese zeigten dafür durchaus Verständnis und dennoch erlebe er gegenwärtig seine sexuelle Neigung als befremdlich, die sein Selbstwertgefühl doch irgendwie reduziere.

Natürlich ist nicht nur das Interesse eines Patienten, die seelischen Hintergründe seiner Symptome oder ihn störenden Verhaltensweisen zu verstehen, ausschlaggebend für die Indikationsstellung zu einer analytischen oder tiefenpsychologisch fundierten Psychotherapie. Sondern es ist auch einzuschätzen, inwieweit und in welchem Ausmaß der betreffende Patient dazu fähig ist, Gefühle und andere psychische Zustände wie Wünsche, Absichten und Sehnsüchte in Worte zu fassen, die sich in ihm selbst, aber auch in anderen Menschen abspielen (► Kap. 2 u. ► Kap. 3).

In der Operationalisierten Psychodynamischen Diagnostik (OPD II) wird auf der Strukturachse, die eine differenzierte Operationalisierung des klassischen psychoanalytischen Konstrukts der »Ich-Stärke« darstellt, eine Einschätzung darüber vorgenommen, inwieweit sich ein Patient in sich selbst und in andere einfühlen kann.

Dabei ist es aber auch wichtig, vor diagnostischen Verdinglichungen zu warnen: Die Fähigkeit zum Mentalisieren ist stark von dem jeweiligen interpersonellen Kontext abhängig, in dem jeweils ganz bestimmte Konflikte mittels Übertragung unbewusst aktualisiert werden. Dadurch können die dabei angesprochenen und ausgelösten Emotionen das Einfühlen-Können in sich selbst, aber auch in andere unterschiedlich erschweren. Deshalb wurde auch schon vor vielen Jahren davor gewarnt, das Konstrukt der Alexithymie als einen zu statischen »Persönlichkeitszug« zu betrachten; ja die Kritik ging sogar so weit, dieses Konstrukt als Artefakt aufzufassen. Dies trifft aber in dieser Rigorosität nicht zu; dennoch ist zu berücksichtigen, dass die angesprochene Fähigkeit zum psychologischen Arbeiten und damit auch zu einer Konflikt aufdeckenden Psychotherapieform, wie sie die Psychoanalyse darstellt, vom interaktiven und intersubjektiven Kontext, von Übertragung und Gegenübertragung abhängig ist.

Dieser Kontext besteht selbstverständlich auch schon zum Zeitpunkt eines Erstinterviews und entscheidet darüber, inwieweit sich Patient und Therapeut gegenseitig »sympathisch« finden oder die gemeinsame Arbeit als erstrebenswert betrachten.

Nun verhält es sich aber so, dass sich bei den meisten heutigen Patienten natürlich in unterschiedlichem Ausmaß Symbolisierungsdefizite und Mentalisierungsschwächen zeigen. So fällt es Patienten beispielsweise schwer, einfühlsam mit sich selbst umzugehen oder sich in Partner und Freunde einzufühlen; Sie können oftmals nur mühsam ihre oft heftig anbrandenden Affekte wie z. B. Wut kontrollieren und fühlen sich diesen stattdessen ausgeliefert. Sie tendieren dann dazu, ihren intensiven körperlichen Erregungszustand in impulsiven Verhaltensweisen abzureagieren, greifen zu Alkohol, Zigaretten oder anderen Suchtmitteln oder müssen dranghaft Essen in sich hineinstopfen. Noch stärker gestörte Patienten schlagen mit ihren Fäusten gegen eine Wand, bis sie bluten, schneiden sich mit einer Rasierklinge, setzen sich in ihr Fahrzeug mit dem Impuls, gegen einen Brückenpfeiler zu rasen, malträtieren ihren Körper, indem sie die Nahrungsmittelaufnahme auf ein Minimum beschränken und andere selbst verletzende Impulse mehr. Bei anderen Patienten stehen mehr die beeinträchtigten kognitiven Funktionen im Vordergrund: Sie missinterpretieren die mimischen Ausdrücke ihrer Mitmenschen, setzen ihre eigenen Gefühle und Wahrnehmungen mit der Wirklichkeit gleich, fürchten ganz stark, mit ihren heftigen Affekten andere Menschen zu beschädigen, fühlen sich von ihnen verfolgt und missachtet und haben deswegen große Schwierigkeiten im Kontakt mit anderen Menschen. In harmloseren Fällen misslingt die Verbindung der körperlichen Komponente des Affekts mit dem verbalisierten Gefühl; die ausgesprochenen Gefühle bleiben dann flach und ohne körperliche Resonanz, so als ob der Betreffende gleichsam nur aus seinem Kopf bestünde. Die fehlende Verbindung zu der körperlichen Seite des Gefühls wird dann oftmals mit einem anderen Affekt überbrückt, zum Beispiel mit einem auf das Gegenüber unangebracht wirkenden Lachen u. a. m. Gehen diese Einschränkungen zusätzlich noch mit einer starken unbewussten Angst einher, sich mit den Hintergründen der vorgetragenen Beschwerden und Symptome eingehender zu befassen, sind oftmals kognitiv behaviorale Therapieverfahren eher angezeigt.

4.3.4 Analytische Psychotherapie oder tiefenpsychologisch fundierte Psychotherapie?

Es gibt gemäß den Psychotherapie-Richtlinien eine klare Regelung darüber, welche Unterschiede in der Vorgehensweise bei der Anwendung von analytischer Psychotherapie (AP) und tiefenpsychologisch fundierter Psychotherapie (TP) zu beachten sind.

So wird in der TP in der Regel im Gegenübersitzen und mit einer Frequenz von einer Wochenstunde gearbeitet. Das Behandlungskontingent ist zunächst auf 50 Stunden begrenzt, kann jedoch auf 80 und 100 Stunden erweitert werden. Die Aktivität des Psychotherapeuten ist deutlich größer, vor allem um die Regression zu begrenzen. Angestrebt wird auch keine umfassende Veränderung der Persönlichkeitsstruktur, sondern der zugrunde liegenden unbewussten Konflikte, soweit sie für die vorherrschende Symptomatik relevant sind.

Der Leistungsumfang der AP, die in der Regel im Liegen mit einer Frequenz von zwei bis drei Wochenstunden stattfindet, beträgt 160 Stunden und kann in besonderen Fällen auf 240 und eher als Ausnahme bis zu 300 Stunden erweitert werden. Der Schwerpunkt dieses Verfahrens liegt auf der zu Grunde liegenden neurotischen Struktur bzw. der Persönlichkeitsstörung inklusive der ichstrukturellen Besonderheiten, die mit dieser Störung einhergehen. Dabei sollen regressive Prozesse genutzt werden. Die Arbeit mit Übertragung, Gegenübertragung und Widerstand ist in beiden Verfahren wichtig, erfährt aber durch die zeitliche Dauer entsprechende Einschränkungen bei der TP.

Der so genannte Faber-Haarstrick-Kommentar, der seit dem Inkrafttreten der Psychotherapie-Richtlinien die Indikationsbereiche der einzelnen Psychotherapieverfahren kommentiert, sieht nun in seiner neunten Auflage eine Erweiterung für die Indikation tiefenpsychologisch fundierter Therapie vor. Es heißt dort, dass auch so genannte strukturelle Störungen mit ihr behandelt werden können. Strukturelle Störungen, zu denen vor allem Persönlichkeitsstörungen gehören, fallen somit nicht mehr ausschließlich in den Indikationsbereich der analytischen Psychotherapie.

Faktisch war es allerdings immer schon so, dass tiefenpsychologisch fundiert vorgehende Psychotherapeuten auch strukturelle Störungen behandelt haben. Dies aus mehreren Gründen:

So ist die Abgrenzung zwischen neurotischen Konflikten und strukturellen Störungen schwierig, ja sogar nicht unumstritten (▶ Kap. 2 u. ▶ Kap. 3). Des Weiteren halten sich Praktiker keineswegs immer strikt an die vorgegebenen Richtlinien. Und viele Psychotherapeuten weisen zudem Patienten nicht ab, wenn sie nicht genau den Indikationsbereich für ihr Verfahren erfüllen.

Tab. 4.1: Indikationskriterien für eine analytische Psychotherapie oder eine tiefenpsychologisch fundierte Psychotherapie

	Analytische und tiefenpsychologisch fundierte Psychotherapie
Gemeinsamkeiten	• Psychodynamik unbewusster Prozesse • Bedeutung von Trauma und Konflikt • Psychodynamik der Persönlichkeitsentwicklung • Psychodynamik der Konfliktaktualisierung • Psychodynamische Reflexion der Therapieziele • Bedeutung von Übertragung und Gegenübertragung bzw. des Arbeitens mit der unbewussten Beziehung • Bearbeitung von Abwehr und Widerstand • Reflektierte Rollenabstinenz

4 Diagnostik und Indikation

Tab. 4.1: Indikationskriterien für eine analytische Psychotherapie oder eine tiefenpsychologisch fundierte Psychotherapie – Fortsetzung

Unterschiede	Analytische und tiefenpsychologisch fundierte Psychotherapie	
	Analytische Psychotherapie	Tiefenpsychologisch fundierte Psychotherapie
Umstände, die den therapeutischen Prozess betreffen		
Krankheitsgeschehen?	Bereits seit längerer Zeit bestehend	Eher aktuell aufgetreten; deutliche Erkennbarkeit eines Aktual-Konflikts
Eingrenzbarkeit des Krankheitsgeschehens?	Schwierig, weil überwiegend in der Persönlichkeitsstruktur verankert; eine Eingrenzung auf nur einen Konflikt-Fokus erscheint nicht sinnvoll	Gut erkennbar, weil ein abgrenzbarer Struktur- und/oder Konflikt-Fokus benennbar ist
Gibt es einen Krankheitsauslöser?	Nicht immer ganz eindeutig auffindbar, weil stärker in der Persönlichkeitsstruktur verankert	Relativ eindeutig auffindbar
Liegt eine überschaubare Psychodynamik vor?	Die Symptomatik scheint eine komplexe Psychodynamik und Psychogenese aufzuweisen	Das Symptom und der Aktualkonflikt sind psychodynamisch relativ gut und stringent ableitbar
Ist die Einbeziehung lebensgeschichtlich relevanter, psychodynamischer Konflikt-, Kompromiss- sowie Bewältigungsmodi notwendig?	Ja, weil ansonsten die »tiefere«, bereits seit Jahren bestehende Konflikt- und Strukturpathologie nicht angemessen verstanden und durchgearbeitet werden kann	Nein, dies ist in der Regel nicht erforderlich, weil die Beschäftigung damit von der Bearbeitung der aktuellen Konflikt- und Struktur-Dynamik zu stark wegführen würde

4.3 Zur Indikationsstellung – was ist zu beachten?

Tab. 4.1: Indikationskriterien für eine analytische Psychotherapie oder eine tiefenpsychologisch fundierte Psychotherapie – Fortsetzung

	Analytische und tiefenpsychologisch fundierte Psychotherapie	
Geht der Leidensdruck eher mit einer überdauernden intrapsychischen Problematik oder eher mit gegenwärtigen interpersonellen Problemen einher?	Eher mit einer überdauernden intrapsychischen Problematik	Eher mit gegenwärtigen interpersonellen Problemen
Notwendigkeit für eine zeitnahe Störungsbearbeitung?	Liegt nicht unbedingt vor, weil die Problematik bereits seit längerer Zeit besteht	Ist gegeben, weil berufliche wie private Konflikte eine baldige Lösung erfordern
Kann der Patient mit einer psychisch Raum gebenden Vorgehensweise gut umgehen oder bereitet ihm dies eher Angst und Unverständnis?	Der Patient kann das intensive Zuhören wertschätzen und die Möglichkeit, sich Vorstellungen in seiner inneren Welt zuzuwenden, gutheißen	Der Patient hat mit dem freien Erzählen und dem Eintauchen in eine innere Welt eher Schwierigkeiten
Kann der Patient die Spannung aushalten, wenn nicht recht bald eine unmittelbare Lösung für seine drängenden interpersonellen Probleme gefunden wird?	Ja, dies ist in der Regel kein Problem, weil der Patient doch schnell begreift, wie seine Symptome und Konflikte mit einem lebensgeschichtlichen Geflecht verschiedener psychodynamischer Konstellationen zusammenhängen und dass man aufgrund des freien Erzählens immer wieder auf erstaunliche Weise auf bislang unbewusste Zusammenhänge stößt	Aufgrund der Eingrenzung auf einen Aktual-Konflikt sowie der von Beginn an stärker strukturierten, dialoghaften und aktiven Interventionsweise des tiefenpsychologisch vorgehenden Psychotherapeuten wird das unstrukturierte Erzählen als frustrierend erfahren und auf Unverständnis stoßen

Tab. 4.1: Indikationskriterien für eine analytische Psychotherapie oder eine tiefenpsychologisch fundierte Psychotherapie – Fortsetzung

	Analytische und tiefenpsychologisch fundierte Psychotherapie	
Welche Rolle spielt das Mentalisierungsniveau des Patienten?	Der Patient sollte über einigermaßen gute Mentalisierungsfähigkeiten verfügen, weil das Erkennen von Übertragungen die Überwindung eines Äquivalenz-Modus und ein symbolisierendes Denken erfordert	Einigermaßen gute Mentalisierungsfähigkeiten sind zwar ebenfalls erforderlich, aber nicht entscheidend wichtig, weil häufig ohnehin die Bearbeitung von strukturellen Foki, wie Affektmentalisierung und Überwindung des Erlebens im Äquivalenz-Modus, zentral ist
Welche Rolle spielt das Bindungsmuster des Patienten?	Eine sichere Bindung (»sicher-autonom«) ist für das Sich-Einlassen auf eine Langzeittherapie eine gute Voraussetzung. Die Dauer der Therapie ist in der Regel deshalb nicht entscheidend wichtig	Auch für Patienten geeignet, die ein eher unsicher vermeidendes Bindungsmuster aufweisen und die deshalb eine länger dauernde Therapie oftmals als unangenehme Abhängigkeit erleben, die deswegen entwertet werden muss
Besteht eine gute Steuerungsmöglichkeit für Emotionen und Wünsche?	Der Patient weist in der Regel eine gute und flexible Steuerungsfähigkeit für Emotionen und Wünsche auf, die er im Erleben deshalb nicht zwanghaft kontrollieren und zurückhalten muss, sondern die er dosiert zulassen kann, so dass sich von einer guten Fähigkeit zur Regression sprechen lässt	Die Fähigkeit zur Regression braucht nicht optimal entwickelt zu sein; denn die in der Regel einstündige Frequenz pro Woche, das Verbleiben am gegenwärtigen Aktual-Konflikt, die geringer entwickelte Bindung an den Therapeuten verhindern tendenziell, dass Emotionen und Wünsche an die Person

4.3 Zur Indikationsstellung – was ist zu beachten?

Tab. 4.1: Indikationskriterien für eine analytische Psychotherapie oder eine tiefenpsychologisch fundierte Psychotherapie – Fortsetzung

	Analytische und tiefenpsychologisch fundierte Psychotherapie	
		des Therapeuten allzu stark werden und dann – vor allem zwischen den Sitzungen – nicht mehr gut kontrolliert werden können
Welche Rolle spielt das Sicherheitsbedürfnis des Patienten?	Für die zumeist im Liegen durchgeführte analytische Psychotherapie braucht ein Patient ein ausreichend gutes Sicherheitsgefühl und Urvertrauen, weil er ansonsten durch den Ausfall des den Gesprächsablauf Kontrollierenkönnens zu stark verunsichert würde	Wegen der geringeren Regression, des Gegenübersitzens, der geringeren Stundenfrequenz und Dichte des Kontakts können Nähe- und Abhängigkeitswünsche sowie die bei Enttäuschung ausgelösten Aggressionen gut kontrolliert werden. Diese Kontrolle ist aber v. a. bei bindungsunsicheren Personen eine Voraussetzung für die neugierige Selbsterforschung
Äußere Umstände	Die Lebensumstände erlauben eine höhere Sitzungsfrequenz	Die Lebensumstände erlauben lediglich eine einstündige Sitzungsfrequenz
Umstände, die beim Therapeuten liegen	Manche Therapeuten arbeiten lieber drei- oder zweistündig, weil sie eine intensivere Arbeit bevorzugen, davon überzeugt sind, dass sich Probleme dann besser bearbeiten lassen und/ oder weil die aktivere	Viele Therapeuten können nur einstündig arbeiten, weil sie nur eine Approbation für die tiefenpsychologisch fundierte Psychotherapie haben. Oder weil sie die größere Nähe und Abhängigkeit, die sich bei

4 Diagnostik und Indikation

Tab. 4.1: Indikationskriterien für eine analytische Psychotherapie oder eine tiefenpsychologisch fundierte Psychotherapie – Fortsetzung

Analytische und tiefenpsychologisch fundierte Psychotherapie	
und strukturierter vorgehende Arbeitsweise ihnen nicht so sehr liegt, weil sie vom Verständnis unbewusster Prozesse eher wegführt	höher frequenten Therapien ergeben, nicht schätzen und/oder in ihnen keinen therapeutischen Zugewinn sehen können oder wegen anderweitiger Verpflichtungen keine höhere Frequenz anbieten können

Welche Therapie wäre nun für den obigen Patienten indiziert? Vieles spricht dafür, dass eine analytische Psychotherapie besser geeignet wäre: So ist der Patient sehr motiviert, etwas über seine sexuelle Vorliebe herauszufinden; diese besteht bereits seit längerer Zeit und ist offensichtlich in seiner Persönlichkeitsstruktur verankert, ohne dass ein einzelner Konfliktfokus oder eine eingrenzbare Strukturpathologie erkennbar wäre.

Es scheint eine komplexe Psychodynamik und Psychogenese vorzuliegen; sein Leidensdruck geht eher mit einer überdauernden intrapsychischen Problematik einher. Er scheint sehr an seiner inneren Welt interessiert und motiviert zu sein, diese genauer zu erforschen. Er kann Spannungen aushalten, selbst wenn sich nicht eine unmittelbare Lösung für seine psychischen Probleme einstellt, ist überwiegend sicher gebunden, kann einzelne Affekte gut verwörtern und assoziative Netzwerke bilden. Ebenso weist er eine gute und flexible Steuerungsfähigkeit auf und ist entsprechend regressionsfähig, ohne dabei Angst zu haben, von Affekten und Triebwünschen überschwemmt zu werden und sich von der partiellen Regression seines kognitiven Niveaus nicht mehr erholen zu können. Er kann sich auch durchaus vorstellen, eine Therapie zwei- bis dreistündig in der Woche durchzuführen.

4.3.5 Weitere Indikationen

Gruppe oder Einzel? Kurzzeit- oder Langzeittherapie? Ambulant oder stationär? Für den Patienten käme auf den ersten Blick am ehesten eine ambulante Einzeltherapie in Frage. Er selbst könnte sich eine zweistündige analytische Psychotherapie von 160 Stunden Dauer durchaus vorstellen. Was sagen dazu die Experten?

4.4 Schwierige Entscheidungen

Fallbeispiel 2. Teil
Zum zweiten Gespräch in der Beratungsstelle

Der Patient berichtet nun, dass er aufgrund der Erzählungen seiner Eltern erfahren habe, dass er als Säugling unter einer Kolik gelitten habe. Seine Eltern seien darüber ziemlich beunruhigt gewesen, weil es ihnen offensichtlich nicht geglückt sei, ihn zu beruhigen. Diese Koliken hätten über Stunden angehalten, seien dann aber Gott sei Dank nach sechs Monaten abgeklungen.

Seine Mutter habe ihm erzählt, dass sie in den ersten Monaten ziemlich unglücklich gewesen sei, weil sie ihn nicht beruhigen konnte. Sein Schreien habe aber nur während der Mahlzeiten angehalten und in der übrigen Zeit habe er einen zufriedenen Eindruck gemacht und sei ein glückliches Kind gewesen, was sicherlich auf die äußerst liebevolle Anteilnahme seiner Mutter zurückgegangen sei. Dies sei für sie auch sehr wichtig gewesen, denn ihr selbst habe eine stabile Zuwendung in ihrer eigenen Kindheit gefehlt, die durch große berufliche Unsicherheiten und Schwierigkeiten ihres Vaters charakterisiert war. Vielleicht habe sie ja auch in seiner Erziehung diesen Mangel kompensieren müssen.

Aber auch an seinen Vater habe er viele liebevolle Erinnerungen. Dieser habe sich – was für die damalige Zeit eher noch ungewöhnlich war – auch sehr viel mit ihm beschäftigt. So habe er ihm zum Beispiel regelmäßig abends an seinem Bett sitzend zum Einschlafen Märchen erzählt. Auch er habe wohl etwas aus seiner eigenen Kindheit ausgleichen müssen, denn seine Mutter, die sich ein Mädchen gewünscht hatte, habe ihn als Kind ziemlich vernachlässigt.

Nun erinnerte er sich auch an eine Reihe von frühen Trennungen, die nach seiner Einschätzung zwischen seinem zweiten und fünften Lebensjahr stattgefunden hatten. Etwa um sein fünftes Lebensjahr herum hätten seine Eltern ihn und seinen Bruder für zwei Wochen verlassen, um allein in den Urlaub zu fahren. Er berichtete, dass er sich aber nicht erinnern könne, Angst verspürt zu haben, weil er gewusst hätte, dass sie zurückkehren würden. Aber trotzdem fühlte er sich irgendwie fehl am Platz. Er fügte hinzu, dass das Einzige, an was er sich sonst noch von dieser ganzen Trennung erinnere, eine Frau sei, die einen Gips über ihrem Bein hatte und vermutlich seine damalige Babysitterin gewesen sei. Er erinnere sich jetzt auch noch an den Geruch des Gipsverbandes ebenso wie an eine dunkle enge Treppe im Haus, die er nach oben zu gehen hatte.

War die erregende Vorstellung, Sexualität mit einer Frau zu haben, der ein Bein fehlte, verbunden mit der Babysitterin, die einen Gipsverband über ihrem Bein während der Abwesenheit seiner Eltern hatte? Der Patient erinnerte sich nun, wie der Freund der Babysitterin über den Gips seiner Freundin sprach und glaubte sich nun ganz deutlich zu erinnern, dass die Worte gefallen sein: »Wann kommt er runter?« Habe er als Kind vielleicht angenommen, dass die Erwachsenen über das Bein der Babysitterin gesprochen hatten, wann dieses herunterkomme? War dies der Ursprung des Fetischs? Würde er nun seine Fetisch induzierte Erregung verlieren, an die er so sehr gewohnt sei und die er sehr lustvoll fände?

Aber es falle ihm jetzt noch eine weitere Trennung ein, als er etwa zweieinhalb Jahre alt gewesen sein muss, und sein Vater aus geschäftlichen Gründen für zehn Wochen nicht zu Hause war. Seine Mutter habe ihm später erzählt, dass er unter der Trennung von seinem Vater sehr gelitten und anfänglich viel geweint habe. Dies verwundere ihn nicht, denn er sei in seiner gesamten Kindheit mit seinem Vater ein Herz und eine Seele gewesen.

4.4 Schwierige Entscheidungen

Es waren verschiedene Gedanken, die dem Kollegen Z gegen Ende des zweiten diagnostischen Gesprächs nun durch den Kopf gingen: Kann diese frühe Trennung vom Vater den Grundstein dafür gelegt haben, dass er später auf Trennungen relativ stark reagierte? Hatte die Kolik als Säugling bereits eine Neigung für eine starke psychophysiologische Erregung entstehen lassen, für eine starke somatopsychische Angst mit einer entsprechenden Neigung zur Abhängigkeit von primären Bindungsfiguren? Brauchte er diese besonders stark zum Trösten und ging damit eine Schwierigkeit, sich selbst trösten zu können, einher? Wie hatten sich angesichts der starken somatischen Erregung sein körperliches Erleben und die Konstruktion des Körperbildes im ersten Lebensjahr entwickelt? Entstand daraus möglicherweise eine erhöhte Neigung zur Kastrationsangst? Welche Auswirkungen hatten die ihm sehr zugewandten und die Beziehung zu ihm fast schon erotisierenden Eltern auf die Entwicklung seines Fetischs? Hatte er die erotisierte Beziehung zu seiner Mutter und fast noch stärker zu seinem Vater auf die Babysitterin mit ihrem Bein im Gips übertragen? War er wegen seiner nicht symbolisierten körperlichen Erregung, ausgelöst durch die Angst über die Abwesenheit seiner Eltern auf den Gips seiner Babysitterin und auf dessen Geruch fixiert worden, wenn er die ängstliche Phantasie entwickelte, dass das Bein abgenommen werden würde? Und wurde der Zusammenfluss von erotischer Erregung, Trennungsangst, Ambivalenz und Ängsten wegen des Verlustes des Beines von ihm im Amputierten-Fetisch primärprozesshaft verdichtet, der ihn sowohl erregte als auch vor weiterer Angst schützte? Hatte er die Phantasie, als er das Bein seiner Babysitterin im Gips sah und sie und ihren Partner sprechen hörte, dass er »runterkommen soll«, dass der Penis der Mutter fehlen würde, wie Freud dies behauptet hat? Hatte er sich vorgestellt, dass auch er seinen Penis verlieren könnte? Fungierte das verletzte Bein der Babysitterin als ein ideales sicheres Substitut für den fehlenden Phallus? Fand es der kleine Junge aufregend, sich eine amputierte Frau vorzustellen, die vielleicht weniger einschüchternd und mehr unter seiner Kontrolle wäre und ihn nicht verlassen würde?[1]

123

Die Mitglieder der Beratungsstelle kamen nach gründlicher Überlegung überein, dass bei diesem jungen Mann weder eine analytische noch eine tiefenpsychologisch fundierte Psychotherapie im Rahmen der Richtlinien-Psychotherapie vertretbar sei. Zwar würde es sicherlich erfreulich sein, mit ihm analytisch zu arbeiten, aber aufgrund der fehlenden Krankheitswertigkeit seines Problems könne keine kassenfinanzierte Psychotherapie legitimiert werden. Selbstverständlich stünde es ihm aber frei, sich als Selbstzahler einer Fokal- oder Kurztherapie zu unterziehen.

Literatur zur vertiefenden Lektüre

Zur Diagnostik, Indikation, Antragsbericht:
AK OPD/Stasch, M. u. a. (Hrsg.) (2014). *OPD-2 im Psychotherapie-Antrag. Psychodynamische Diagnostik und Fallformulierung. Anwendungen der Operationalisierten Psychodynamischen Diagnostik 2*. Bern: Hans Huber.
McWilliams, N. (1994). *Psychoanalytic diagnosis: Understanding personality structure in the clinical process*. New York: Guilford Press.
McWilliams, N. (1999). *Psychoanalytic case formulations*. New York: Guilford Press.

---

1 Es handelt sich bei diesem Patienten um einen Teilnehmer eines Forschungsprojekts, das im Jahr 1963 von den amerikanischen Psychoanalytikern Silvia Brody und Sidney Axelrad begonnen wurde und aus einer Langzeitforschungsstudie mit einer Gruppe von 131 Säuglingen und ihren Eltern bestand, bei der nach 32 Jahren noch 76 Forschungsteilnehmer übrig geblieben waren. Über die Jahre hinweg wurden immer wieder Untersuchungen an den Eltern-Kind-Paaren durchgeführt. Ausgehend von einer Einzelfallstudie habe ich einen Teilnehmer aus dieser Studie als fiktiven Ratsuchenden einer Beratungsstelle vorgestellt. Alle sonstigen Angaben zu seiner Person im Beispiel sind wirklichkeitsgetreu. Tatsächlich hatte er als junger Mann eine Kurzzeittherapie gemacht. In dem Projekt wurden die Fütterungssituation zwischen der Mutter und ihren Kindern mit sechs Wochen, sechs Monaten und mit einem Jahr gefilmt und in einer Spielsituation mit drei, vier, fünf und sechs Jahren. Eingeschätzt wurden u. a. die Empathie der Mütter und ihre Zugewandtheit, während sie ihre Babys fütterten. Zusätzlich wurden Entwicklungstests mit den Kindern zu den jeweiligen Alterspunkten vorgenommen und ausführliche Interviews mit den Müttern im Forschungslabor und zuHause durchgeführt. Ebenso wurden die Väter jährlich interviewt bis die Kinder das Alter von vier Jahren erreichten. Beobachtung in der Schule und Standardbatterien von psychodiagnostischen Testverfahren wurden für die Kinder vom Kindergarten bis zum siebten Lebensjahr durchgeführt.

Zur männlichen Geschlechtsidentität und Perversion:
Deserno, H. (1999). Männlichkeit und Ödipuskomplex. In E. Brecht, K. Bell & C. Marahrens-Schürg rg (Hrsg.), *Weiblicher und männlicher Ödipuskomplex* (S. 81–110). Göttingen: Vandenhoeck & Ruprecht.
Weber-Meewes, A. (2014). Die perverse Position in der männlichen Entwicklung. *Zeitschrift für psychoanalytische Theorie und Praxis, 29,* 207–231.

Fragen zum weiteren Nachdenken

- Worauf könnte es zurückzuführen sein, dass eine Indikationsentscheidung für kognitiv behaviorale Verfahren versus psychoanalytisch begründete Verfahren relativ leicht fällt, es aber nicht immer einfach ist, zwischen analytischer Psychotherapie und tiefenpsychologisch fundierter Psychotherapie eine Entscheidung zu treffen?
- Können störungsorientierte und manualisierte Psychotherapieverfahren Prozesse der Diagnostik und Indikation erleichtern oder muss in jedem einzelnen Fall von einer ziemlich großen Anzahl von Unwägbarkeiten ausgegangen werden?
- Wäre bei dem Ratsuchenden im Fallbeispiel eine Psychotherapie gerechtfertigt, wenn seine Partnerin drohen würde, ihn zu verlassen, falls er sich keiner Psychotherapie unterziehe?

5 Von der Oberfläche in die Tiefe

Einführung

In diesem Kapitel wird der Frage nachgegangen, wie ein Analytiker ausgehend von den Erzählungen seines Patienten zu einem tieferen Verständnis gelangen kann, bei dem die bewussten Sinnentwürfe und Handlungserklärungen transzendiert werden. Für den Ausgangspunkt des tiefenhermeneutischen Verstehens wird die Metapher der Oberfläche auf ihrem Weg zu einem konzeptuellen Verständnis nachgezeichnet. Die Unterscheidung von »Oberfläche des Patienten«, »Oberfläche des Analytikers« und »bearbeitbare, analytische Oberfläche« als Schnittstelle der beiden ermöglicht es, die Entscheidungsprozesse, die bei Deutungsformulierungen ablaufen, besser nachvollziehen zu können.

Die Skizzierung von vier verschiedenen Konzeptualisierungsmöglichkeiten der komplexen Datenfülle macht des Weiteren eine Einschätzung darüber erforderlich, welchen Einfluss Theorien auf diesen Entscheidungsprozess haben können, selbst wenn dieser beobachtungsnah formuliert wird. Anhand des Konzepts des »selected fact« von Bion wird verdeutlicht, wie intuitiv und gestaltbildend derartige Entscheidungen in der Regel vonstatten gehen.

Lernziele

- Kennen lernen, was mit den Metaphern der Oberfläche und der Tiefe gemeint ist
- Mit den verschiedenen Auffassungen von Oberfläche vertraut werden

- Unterschiedliche Perspektiven von Oberfläche kennen lernen
- Einen Überblick darüber bekommen, was bei einer »bearbeitbaren Oberfläche« zu berücksichtigen ist
- Eine differenzierte Betrachtung über unbewusste Prozesse anhand eines Beispiels kennen lernen
- Sich bewusst machen, dass Theorien und Konzepte Einfluss auf die Bestimmung der »bearbeitbaren Oberfläche« nehmen
- Eine pragmatische Auffassung über die Genesis von »ausgewählten Tatsachen« (Bion) kennenlernen

5.1 Die Oberfläche als Ausgangspunkt

> »Es (ist) für die Behandlung von größter Bedeutung ...,
> die jeweilige psychische Oberfläche
> des Kranken zu kennen« (Freud, 1911e, S. 351)

»Im Vermitteln von therapeutisch wirksamer Einsicht durch Deutung des ›Sinns‹ von Äußerungen seines Seelenlebens, die der Analysand zunächst gar nicht als sein Erleben und Verhalten anerkennen, in dieser Sinn verstehenden Dimension der ›psychoanalytischen Methode‹ sehen Psychoanalytiker das Spezifikum ihrer Praxis, das diese von anderen psychotherapeutischen Verfahren charakteristisch unterscheidet. Psychoanalytiker hören Analysanden zu und verstehen nicht nur, was jeder ›normale‹ Gesprächspartner verstanden hätte; ihr Verstehen geht vielmehr über das alltagspraktisch Selbstverständliche hinaus, in überraschende Richtungen, es entfernt sich von den bewußtseinsnahen Sinnintentionen, es geht in die ›Tiefe‹ des persönlich Unbewußten. Man hat deshalb die sinnverstehende Dimension der psychoanalytischen Methode eine ›Tiefenhermeneutik‹ genannt. Deutungsarbeit (nach psychoanalytischer Methode) ist Tiefenhermeneutik. Dieses suggestive Wort ist freilich nur das Problem noch einmal, nicht seine Lösung. *Was* Tiefenhermeneutik ist, begreifen wir erst dann, wenn Psychoanalytiker selbst *sagen* können, *wie* sie verstehen – und zwar so, dass sie sich interprofessionell darüber ebenso verständigen können wie mit interessierten Externen« (Kettner, 1995, S. 265).

In diesem Kapitel wird der Frage nachgegangen, wie ein Analytiker von der Oberfläche ausgehend zu einem tieferen Verständnis seines Patienten gelangen kann. Denn dessen erklärende und verstehende Bemühungen haben in aller Regel nicht dazu geführt, dass dieser im Verständnis und in der Bewältigung seiner Schwierigkeiten weitergekommen ist. Seine unerklärlichen psychischen und psychosomatischen Symptome blieben, seine zwischenmenschlichen Beziehungskonflikte wurden nicht weniger und er fühlte sich nach wie vor in seiner Entscheidungsfreiheit eingeengt und von unerklärlichen Mächten in ihm zu Handlungen getrieben, über die er sich im Nachhinein schuldig gefühlt und geschämt hat.

Das psychoanalytische Verfahren gilt seit Freud als eine Vorgehensweise, die unbewusste Prozesse bewusst zu machen versucht und sich dabei von den »bewusstseinsnahen Sinnintentionen«, wie Kettner es ausdrückt, entfernt. Sie sucht nach den unbewussten Handlungsgründen, die einem Patienten nicht zugänglich sind. Der Laie, aber auch mancher therapeutische Anfänger stellt sich vor, dass ein Psychoanalytiker seinem Patienten die unbewussten Gründe und Ursachen seiner Symptome und Schwierigkeiten lediglich benennen muss, damit diese ihre Wirkung verlieren. Kraft seines Berufes habe er gelernt, dass bestimmte Symptome auf eine überschaubare Anzahl von Ursachen zurückgehen, für die es bestimmte therapeutische Maßnahmen gibt. »Und wenn ich jetzt weiß, dass mein Patient eine Angst vor Nähe hat, was soll ich ihm dann raten oder deuten?« – so oder ähnlich lauten besorgte Fragen. Diese einfache Vorstellung in Analogie zu einer medizinischen Behandlung übersieht, dass jeder Patient wie jeder Mensch ein Individuum ist, dessen Symptome eine idiosynkratische Ausgestaltung seiner im Lauf des Lebens erfahrenen Traumatisierungen und Konflikte sind. Des Weiteren wird dabei von der irrigen Annahme ausgegangen, dass ein Psychoanalytiker nach wenigen Minuten bereits alles über die unbewussten Vorgänge in seinem Patienten weiß. Tatsächlich galten Psychoanalytiker viele Jahre lang als die »Zauberer, die das Kaninchen aus dem Zylinder holen«, bis dieser Nimbus im Zuge der Professionalisierung des Therapeutenberufs eine kräftige Entidealisierung erfuhr. Diese war aber auch notwendig, denn sie führte zu irreführenden Rollenerwartungen. Denn auch für einen Psychoanalytiker sind die unbewussten Vorgänge in einem anderen Menschen zunächst und manchmal für längere Zeit wie ein Buch mit sieben Siegeln. Und auch er muss sich selbst zunächst einmal gründlich kennen lernen, wozu im Rahmen seiner Ausbildung zum Psychoanalytiker eine Lehranalyse notwendig ist. Im Grunde genommen dauert dieser Prozess des Sich-selbst-Kennenlernens aber ein ganzes Leben lang. Wenn er mit den Schwierigkeiten eines anderen Menschen konfrontiert wird, steht er zunächst einmal vor einem Rätsel. Sicherlich drängen sich ihm dann bekannte Deutungsschablonen auf, die er im Rahmen seiner theoretischen Beschäftigung mit den wichtigsten Autoren und Werken der Psychoanalyse gelernt hat, wie zum Beispiel ein ödipaler Konflikt oder ein Individuations-/Abhängigkeits-Konflikt, eine Selbstwertstörung und ein narzisstisches Defizit, ein Triangulierungsdefizit, eine paranoid-schizoide oder depressive Position, Verdrängungs- und Spaltungsvorgänge und vieles andere mehr. Aber all diese diagnostischen, psychogenetischen und psychodynamischen Konstrukte gilt es zunächst einmal zurückzustellen, um sich ganz der individuellen Eigenart dieses bestimmten Menschen, mit dem man es zu tun hat, zu widmen.

»Die Szene zwischen sich und dem Patienten verstehen«, die »Gegenübertragung spüren«, »eine verkörperte Wahrnehmung entfalten«, »die Körpersprache beobachten und in Bezug zu den gesprochenen Inhalten setzen« »empathisch sein«, »sich konkordant und komplementär identifizieren«, »die Gefühle des Patienten spiegeln«, »eine Affektmarkierung vornehmen«, »körperlich agierte Affektspannungen, die im Sprechhandeln zum Ausdruck kommen, in symbolisierbare Repräsentanzen transformieren«, »zum Mentalisieren anregen«: Mit all diesen methodischen Vorgehensweisen ausgerüstet, versucht der psychoanalytische Psychotherapeut, sich den unbewussten Vorgängen in seinem Patienten zu nähern. Diese spielen sich aber nicht nur in verborgenen intrapsychischen Tiefen ab, sondern auch in jedem Augenblick zwischen ihm und seinem Patienten, vor allem in der Art und Weise, wie er seine freie Assoziation, seine Erzählung gestaltet (▶ Kap. 2), wie er sprechhandelnd agiert und mimische sowie gestische Affektausdrücke vornimmt (s. z. B. Gödde & Buchholz, 2011).

Das tiefenhermeneutische Vorgehen benötigt einen Ausgangspunkt. Und Tiefe impliziert auch Oberfläche. Schon seit jeher gehörte es deshalb zum psychoanalytischen Selbstverständnis, »von der Oberfläche auszugehen« (vgl. z. B. Freud, 1911e, Fenichel, 1941, Greenson, 1973).

5 Von der Oberfläche in die Tiefe

So schrieb z. B. Freud, dass »es für die Behandlung von größter Bedeutung ist, die jeweilige psychische Oberfläche des Kranken zu kennen, darüber orientiert zu sein, welche Komplexe und welche Widerstände derzeit bei ihm rege gemacht sind, und welche bewußte Reaktion dagegen sein Benehmen leiten wird« (1911e, S. 351). Von Fenichel wurde die Oberfläche als der Punkt der größten emotionalen Wichtigkeit in den Assoziationen des Patienten bestimmt.« ›Oberfläche‹ heißt demnach nicht notwendigerweise das, worum sich Wort und Rede der Stunde drehen, sondern worüber er sprechen möchte, aber sich fürchtet, es zu tun« (Wurmser, 1987, S. 33). Hier ist die Suchhaltung wie bei Freud eindeutig auf den unbewussten Konflikt des Patienten und seinen Widerstand, diesen Konflikt bewusst werden zu lassen, gerichtet. Die assoziativen Einfälle des Patienten umkreisen in Gestalt von Abkömmlingen, die unterschiedlich weit vom Fokus des Konflikts entfernt sein können, das konflikthafte Thema und es ist die Aufgabe des Analytikers, wie bei der Freud'schen Bildhauer-Metapher, so viel von der Oberfläche wegzunehmen, bis aus dem unbehauenen Stein allmählich eine Skulptur – der nunmehr den Widerständen abgerungene und bewusst gemachte Konflikt, der unbewusste Sinnzusammenhang – entstehen kann.

Seit dem Zusammenbruch der positivistischen Illusion, dass es eine theoriefreie Beobachtung von Daten der äußeren, aber auch der inneren Welt geben könne, wird die Beschäftigung mit dem Einfluss von Theorien auf die verwendeten Methoden immer stärker. Zwar herrscht auch unter manchen Psychoanalytikern hier und da noch der Glaube vor, die klinischen Daten seien unkontaminiert von Theorien, doch wurde nach und nach erkannt, dass dies keineswegs der Fall ist. Theorieabhängigkeit gilt natürlich auch für alle empirisch objektivierenden Methoden qualitativer wie quantitativer Art.

Diese postpositivistische Erkenntnis macht es im klinischen Alltag erforderlich, so nahe wie möglich an den Daten zu bleiben und sich den allgegenwärtigen Einfluss von theoretischen Orientierungen (z. B. ichpsychologische, entwicklungstheoretische, interpersonelle, intersubjektive, kleinianische, selbstpsychologische, aber auch alltagspsychologische) immer wieder bewusst zu machen. Diese sind zwar wertvolle Perspektivierungen und Strukturierungen der komplexen Datenfülle, die allein in einer einzigen analytischen Sitzung produziert wird, aber dennoch sollte man sich des jeweiligen theoretischen Hintergrundes bewusst sein, weil ansonsten die Gefahr besteht, bei einer zu ausschließlichen Fixierung auf eine einzige psychoanalytische Orientierung dem jeweiligen Patienten nicht ausreichend gerecht werden zu können (s. z. B. Mertens, 2010–12).

Die konzeptuelle Metapher »von der Oberfläche zur Tiefe«, die vor allem den frühen kleinianischen Tiefendeutungen entgegengehalten wurde, legte es den Analytikern zwar nahe, zuerst auf die Widerstände zu achten und erst dann die unbewussten Konfliktzusammenhänge anzusprechen. Aber die genauere Beschäftigung mit der Oberfläche, z. B. die Art und Weise, wie die einzelnen Geschichten, aber auch einzelne Sätze und Themenabschnitte darin miteinander verknüpft werden, enthielt noch keine Spezifizierung, was im jeweiligen Material unter Oberfläche zu verstehen ist, die klinisch relevant wird. Dies führte bei therapeutischen Anfängern nicht selten dazu, dass sie ihre Patienten immer weiter munter darauf los assoziieren ließen, was dann eine unübersehbar große Datenfülle zur Folge hatte, die wiederum zu chaotisch anmutenden Deutungen verleitete.

5.2 Das präzise Verständnis der Oberflächen-Metapher

Unter »Tiefe« oder einer »tiefen Deutung« wird häufig etwas verstanden, was das bewusste Alltagsverständnis des Patienten übersteigt, wie im obigen Zitat von Kettner deutlich wurde. Aber wie weit darf diese Deutung vom Verständnis des Patienten tatsächlich entfernt sein bzw. wie nützlich sind diese Deutungen für ihn, wenn sie zu weit davon entfernt sind? Denn eine tiefenhermeneutische Deutung sollte nicht nur für den Psychoanalytiker oder einen interessierten Außenstehenden, sondern vor allem für den Patienten, der sich aufgrund der Aktualisierung seiner Konflikte in einem regressiven Bewusstseinszustand befindet, nachvollziehbar sein.

5 Von der Oberfläche in die Tiefe

Die sog. Oberfläche gilt nach psychoanalytischer Auffassung gemeinhin als Ausgangspunkt für psychoanalytische Interventionen, egal ob diese in Klärungen, Konfrontationen und Deutungen oder in unterstützenden »Mhms«, beruhigenden oder anerkennenden Äußerungen bestehen.

Und die zunächst so einfach erscheinende Frage, was die Oberfläche und damit der Ausgangspunkt für eine Intervention ist, entpuppt sich bei genauerem Hinsehen als ein kompliziertes Problem. Denn ein Patient erzählt in 50 Minuten in der Regel doch Einiges, würde man seine Äußerungen verschriftlichen, käme man auf zehn bis 15 Textseiten: Symptomschilderungen, Erzählungen über Kinder, Partner, Arbeitskollegen, Vorgesetzte, Beschreibungen von Stimmungen die der Betreffende erlebt hat, Schilderung von Dialogen, die den Patienten irritiert, empört, aber auch erfreut haben, Erzählung von Träumen, die in den letzten Nächten stattgefunden haben, Analogien und Symbole, die ihm selbst dazu einfallen, plötzliche Themenwechsel oder Stimmungsumschwünge. Was ist Oberfläche? Was Tiefe? Und welche unbewusste Tiefe soll dem Patienten bewusst gemacht werden? Ist dieser Prozess der Einsichtsgewinnung überhaupt noch relevant (▶ Kap. 7)?

Ein oft übersehenes Problem bei der Bestimmung der Oberfläche ist die jeweilige Perspektive. Für die Analytikerin oder den Analytiker mag Vieles auf den ersten Blick evident sein. Zum Beispiel abgewehrte Gefühle, das Nichtzulassen der Übertragung, das Verbleiben in einem Äquivalenzmodus und vieles andere mehr. Für den Patienten aber ist keineswegs klar, welche Äußerungen oder welche Unterlassungen auf seinen unbewussten Konflikt verweisen, der wiederum mit seinen gegenwärtigen Problemen in einem engen Zusammenhang steht. Wie lässt sich der jeweilige Bewusstseinszustand eines Patienten einschätzen und was gilt es dabei zu beachten?

Anhand eines einfachen Beispiels soll dieses Problem veranschaulicht werden.

Eine Patientin, die sich wegen ihres häufigen Scheiterns von Beziehungen und einer Biographie mit mehreren Trennungstraumatisierungen seit ca. einem halben Jahr in einer analytischen Psychotherapie befindet, die wegen ihrer enormen Kontrollverlustängste zunächst im Sitzen stattfand, erzählt in der ersten Stunde nach dem Sommerurlaub ihrer Analytikerin, dass sie sich gut erholt habe und mit den Kindern ihres Freundes einigermaßen zurechtgekommen sei. Sie berichtet über die vielfältigen Angebote des Hotels, die sie allerdings auch genervt hätten, da sie im Grunde derartige Einrichtungen verabscheue, sie sich aber der Kinder wegen trotzdem damit habe anfreunden können. Nach einer kurzen Unterbrechung fährt sie fort, dass dies ja das erste Mal gewesen sei, dass sie länger als ein paar Tage mit ihrem Freund im Urlaub gewesen sei. Sie habe sich auch heftig mit ihm gestritten; vor allem sein süchtiges Rauchen sei ihr enorm auf die Nerven gegangen. Und nach einer kurzen Pause fährt sie fort: Vorübergehend habe sie sogar an eine Trennung gedacht.

Worin könnte in diesem Beispiel die Oberfläche bestehen? Um dies genauer bestimmen zu können, ist eine Unterscheidung sinnvoll, die Paniagua (1985, 1991) ausgearbeitet hat. Zu jedem Zeitpunkt in der analytischen Therapiestunde ist von drei Oberflächen auszugehen. Zum einen gibt es die Art und Weise, wie der Patient darüber denkt, was er erzählt (»Oberfläche des Patienten«). Zum anderen gibt es die Gedanken und Gefühle, die dem Analytiker als Reaktion darauf durch den Kopf gehen (»Oberfläche des Analytikers«). Damit nun aber eine Deutung erfolgreich sein kann, muss sie eine Mischung dieser beiden Oberflächen darstellen. Diese dritte Betrachtungsebene bezeichnet Paniagua als die »bearbeitbare Oberfläche«. Diese Differenzierung erfordert vom Analytiker, dass er sich nicht nur mit seinen eigenen Interpretationsentwürfen entsprechend seinem momentan bevorzugten Modus des Hörens (▶ Kap. 2) beschäftigt, sondern sich auch in seinen Patienten hineinversetzt. Was teilt dieser auf der Inhaltsebene mit? Was davon scheint für ihn dabei gefühlsmäßig am wichtigsten zu sein? Wie erlebt sich der Patient dabei in seinem Selbstverständnis? Was davon ist bewusst zugänglich? Was könnte vorbewusst aktualisiert werden? Was ist unbewusst?

Busch (2007) hat auf eine weitere Differenzierung aufmerksam gemacht, welche die Beachtung dieser bearbeitbaren Oberfläche erfordert und die häufig übersehen wird. Denn wenn sich ein Patient assoziativ seinem unbewussten Konflikt annähert, wird sein Denken in der Regel konkretistisch. Busch vergleicht dies mit dem Ablaufen eines Videorecorders ohne Cassette. Es werden zwar Gedanken geäußert, aber diese weisen einen unmittelbaren Handlungsdruck auf; sie sind gleichsam präsentisch, in dem betreffenden Augenblick erlebt, aber im nächsten bereits wieder vergessen. Der Patient kann sich deshalb auch nur schwer daran erinnern, was er vor ein paar Minuten geäußert hat, geschweige denn kann er über diese Äußerungen nachdenken oder sie in einen Zusammenhang miteinander bringen. Und schon gar nicht kann er sich in der nächsten Stunde, die ein paar Tage später stattfindet, daran erinnern, was er gesagt hat. Er ist sich lediglich im betreffenden Augenblick der vorbeiziehenden Bilder mit den dazugehörigen Emotionen in seiner inneren Vorstellungswelt bewusst, die für einen Moment auftauchen und dann wieder verschwinden. Wenn dies nicht ausreichend berücksichtigt wird, dann geht man als Psychoanalytiker oder Psychotherapeut zu stark von der eigenen Oberfläche aus, die aufgrund der beruflichen Professionalität natürlich ganz andere Denk- und Reflexionsmodalitäten aufweist als die des Patienten in der analytischen Stunde (was selbstverständlich nicht ausschließt, dass dieser Patient außerhalb der Therapie auf einem höheren kognitiven Niveau funktioniert).

Neben dieser Betrachtungsweise, in welchem Denk- und Wahrnehmungsmodus sich ein Patient jeweils befindet, ist auch die Einschätzung darüber wichtig, wie sich eine Deutung für das gewünschte Selbstbild und das entsprechende Selbstwertgefühl eines Patienten anfühlt. Vor allem in der Selbstpsychologie von Kohut wird auf eine spiegelnde und unterstützende Beziehungsform großer Wert gelegt, was sicherlich für Patienten, die in ihrem Selbstwertgefühl stark beeinträchtigt sind, zunächst sehr angebracht ist.

Die bearbeitbare Oberfläche i. S. v. Paniagua setzt sich nun aus einer »Mischung« der Patienten-Oberfläche und der klinischen Oberfläche bzw. der Oberfläche des Analytikers zusammen. Die Konzeptualisierung dieser bearbeitbaren Oberfläche erfolgt aufgrund eines intuitiven Entscheidungsprozesses, der hier zu didaktischen Zwecken expliziert wird, aber natürlich nicht derart rational abläuft. Grundlegend ist hierbei die Frage, inwieweit dem jeweiligen Patienten über seine Oberfläche hinausgehend oder davon abweichend eine gewisse Konfliktspannung zugemutet werden kann, die sich mit der Annäherung an seine Ängste und Selbstwertverunsicherungen einstellt. Wie können also Schuld, Scham und depressive Ängste so dosiert werden, dass sie für ihn nicht unerträglich werden? Die nötige Sicherheit zu vermitteln und gleichzeitig einen Patienten auch mit seinen analytischen und therapeutischen Aufgaben zu konfrontieren sowie seine Lust am Erkennen bislang nicht bekannter Zusammenhänge zu stimulieren, erfordert somit ein ständiges und subtiles Abwägen, kein Entweder-Oder. Seitens des Therapeuten bedarf es parallel dazu eines reflektierten Umgangs mit den eigenen Gegenübertragungsspannungen, den möglichen blinden Flecken sowie eine konstruktive Verarbeitung eigener aggressiver und sadistischer Regungen u. a. m.

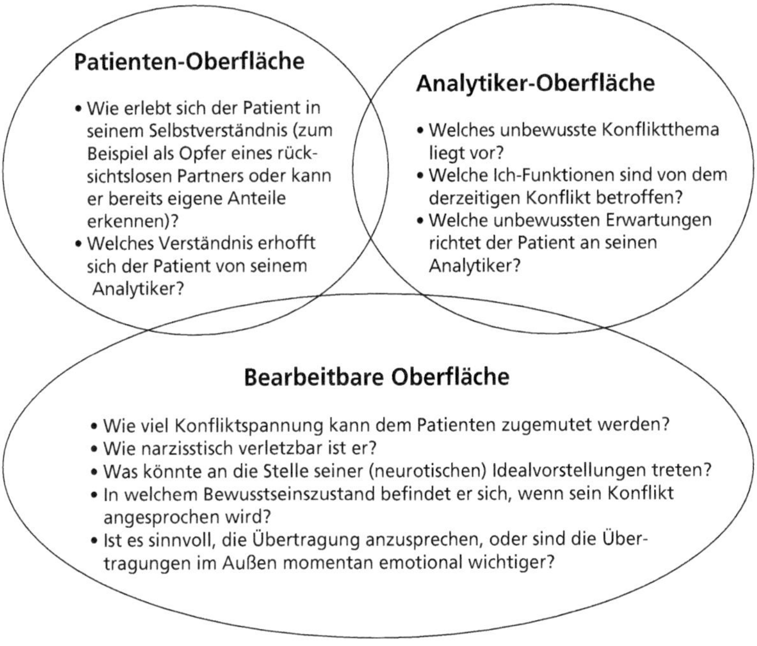

Patienten-Oberfläche
- Wie erlebt sich der Patient in seinem Selbstverständnis (zum Beispiel als Opfer eines rücksichtslosen Partners oder kann er bereits eigene Anteile erkennen)?
- Welches Verständnis erhofft sich der Patient von seinem Analytiker?

Analytiker-Oberfläche
- Welches unbewusste Konfliktthema liegt vor?
- Welche Ich-Funktionen sind von dem derzeitigen Konflikt betroffen?
- Welche unbewussten Erwartungen richtet der Patient an seinen Analytiker?

Bearbeitbare Oberfläche
- Wie viel Konfliktspannung kann dem Patienten zugemutet werden?
- Wie narzisstisch verletzbar ist er?
- Was könnte an die Stelle seiner (neurotischen) Idealvorstellungen treten?
- In welchem Bewusstseinszustand befindet er sich, wenn sein Konflikt angesprochen wird?
- Ist es sinnvoll, die Übertragung anzusprechen, oder sind die Übertragungen im Außen momentan emotional wichtiger?

Abb. 5.1: Entscheidungsprozesse bei der Gestaltung der bearbeitbaren Oberfläche

5 Von der Oberfläche in die Tiefe

Betrachten wir nur einmal die Frage genauer, was ein wichtiges abgewehrtes unbewusstes Thema der Patientin im obigen Beispiel sein könnte? Hierbei ist es wichtig, davon auszugehen, dass es ein Kontinuum bewusster, vorbewusster und unbewusster Prozesse gibt. Angefangen von voll zugänglicher Bewusstheit im reflexiven Modus, über präsentisches, flüchtiges Handlungsdenken, randständig Bewusstes, eine vorbewusste, aber nur vorübergehende Unzugänglichkeit, den psychodynamisch abgewehrten unbewussten Vorgängen des Gegenwarts-Unbewussten bis hin zu dem so gut wie nicht mehr verfügbaren Vergangenheits-Unbewussten, in dem vor allem auch implizite Gedächtnisvorgänge kodiert sind, die überwiegend non- und paraverbal ausgedrückt werden, existieren viele Ausprägungsgrade an Bewusstheit und Unbewusstheit.

Die Analytikerin hatte bei dieser Patientin mit ihrem starken Individuations- vs. Abhängigkeits- sowie einem Autarkie- versus Versorgungskonflikt als Ziel im Hinterkopf, die Verleugnung ihrer Abhängigkeitswünsche zu bearbeiten, weil die forcierte Unabhängigkeit, die die Patientin allen Personen gegenüber ausstrahlte, zahlreiche interpersonelle Konflikte sowie ein ständiges Überfordertsein mit entsprechenden Somatisierungen zur Folge hatte. Ihre Oberfläche bestand nun in der Überlegung, dass die Trennung von ihr in der Patientin eine starke Sehnsucht nach Kontakt und Verstandenwerden wachgerufen hatte, die sie aber bei sich nicht zulassen konnte, weil sie es mit ihrem Selbstbild einer unabhängigen und starken Frau nicht in Zusammenhang bringen konnte. Sie konnte es sich bislang auch nicht vorstellen, dass ihre Sehnsucht angemessen und liebevoll aufgegriffen und beantwortet, sondern nur, dass sie stattdessen von ihrer Therapeutin zurückgewiesen, ja sogar verachtet werden würde, wenn sie derartige Wünsche äußern und zum Beispiel auch ihre Enttäuschung und Traurigkeit über die Ferienunterbrechung ausdrücken würde.

Das Nicht-äußern-Dürfen ihrer Sehnsucht nach Versorgt- und Verstandenwerden, das sie seit ihrer Kindheit begleitete, löste entsprechend dieser Überlegung nicht nur Traurigkeit und Enttäuschung, sondern auch Wut über ihre Analytikerin in ihr aus, die sie jedoch nicht bewusst erleben durfte. Mit großer Wahrscheinlichkeit hat sie diese Gefühle als Kind ihrer Mutter gegenüber niemals geäußert.

Aufgrund einer guten intellektuellen Begabung hatte sie sich bald ihrer Mutter überlegen gefühlt und dies zu einem Aspekt ihres Ich-Ideals gemacht. Ihr mangelndes Gefühl der Liebenswertigkeit konnte sie auf diese Weise gut kompensieren.

Unbewusst – so die Deutungshypothese der Analytikerin – fand nun eine Verschiebung der Enttäuschungswut auf den Freund der Patientin statt. Sein Rauchen – die von der Patientin so benannte »Süchtigkeit« – war der Auslöser für ihre enorme Konfliktspannung. Denn unbewusst erinnerte sie das »Süchtige« ihres Freundes an ihre eigenen abgewehrten Versorgungs- und Liebeswünsche.

Unbewusst/vorbewusst könnten in diesem Beispiel somit sein:

- Die Sehnsucht nach dem Verstanden- und Geliebtwerden-Wollen, die aber in der Beziehung zu ihrer Analytikerin nicht erlebt und auch nicht geäußert werden darf
- Die Vorstellung, dass ihre Analytikerin auf ihre Sehnsucht nach Anhänglichkeit und sicherer Bindung ebenso wie ihre Mutter nicht positiv und liebevoll eingehen wird
- Die Macht, die ihr einseitiges Selbstbild und Selbstideal als starke, unabhängige Frau, die über Liebe und Abhängigkeit erhaben ist, über sie ausüben
- Die Kompensation ihres Selbstwerterlebens, nicht liebenswert zu sein, mit Hilfe ihres Selbstbildes, sich anderen Frauen kraft ihres Intellekts überlegen zu fühlen
- Der ärgerliche und wütende Affekt, der zwar angesichts des Rauchens ihres Freundes bewusst werden, aber nicht in seinem ursprünglichen Zusammenhang erlebt werden kann
- Die Verschiebung ihres Ärgers, der aufgrund einer Mutterübertragung auf ihre Analytikerin wegen der Unterbrechung entstanden ist, auf ihren Partner
- Die Scham, sich einzugestehen, dass ihr ungestilltes kindliches Bedürfnis nach Anerkennung, Verstanden- und Geliebtwerden-Wollen zu ihr gehört und vor allem auch deshalb so stark sein muss, weil es nie gelebt werden durfte

- Die Tatsache, dass sie aufgrund des Nicht-erleben-Könnens ihrer Gefühle ihre nur körperlich erfahrbaren Affekte – wie die Wut auf ihren Partner, die aber ihrer Therapeutin gilt – überwiegend motorisch auf der Handlungsebene erlebt: Impulse und Gedanken, den Partner zu verlassen, wegzulaufen, tauchen bei ihr während des Urlaubs vermehrt auf

Psychoanalytiker übersehen von ihrer Perspektive ausgehend gar nicht so selten, dass sie mit ihren Deutungen ihre Patienten überfahren und überfordern können. Sie berücksichtigen dann zu wenig oder denken auch oftmals gar nicht daran, wie prekär die Selbstwertbalance ihrer Patienten sein kann (z. B. Bleichmar 2004) und in welchem Bewusstseinszustand sich ihr Patient in einem bestimmten Augenblick befindet. Sie gehen vielmehr davon aus, dass sie zum Beispiel eine intelligente Frau in einer verantwortungsvollen beruflichen Position oder einen intelligenten Mann mit einem anspruchsvollen Beruf auf ihrer Couch liegen haben. Sie machen sich aber zu wenig bewusst, dass nahezu jeder Patient, sobald er unbewusst in die Nähe seiner Konflikte gerät, auf einen früheren Modus seiner Denkentwicklung regrediert. Kann dieser in beruflichen Zusammenhängen oder auch bei bestimmten Alltagsproblemen durchaus abstrakt denken, so gerät er in bestimmten Konfliktfeldern in einen eher handlungsorientierten Denkstil. Sprechen lässt sich generell auf einem Kontinuum von Mitteilungen, die nur einen geringen Aufforderungscharakter haben, sein Gegenüber zu einem bestimmten Handeln zu bewegen, bis hin zu Mitteilungen, die einen hohen Aufforderungscharakter haben, anordnen. Aber das Denken und Sprechen von Patienten mit Konflikten ist oftmals eher handlungsorientiert. So schwingt in ihren Assoziationen zum Beispiel die Aufforderung mit, mit besonderer Aufmerksamkeit bedacht, versorgt, »oral gefüttert«, wegen besonderer Leistungen und Anstrengungen bewundert, wegen der körperlichen Anziehung attraktiv gefunden zu werden, in Hab-Acht -Stellung gehen zu sollen, auf Widerspruch gefasst zu sein zu und anderes mehr.

So verhielt es sich auch bei dieser Patientin im obigen Beispiel: Sie stand unter einem erheblichen Druck und schleuderte ihre Wut über ihren Freund in ihren weiteren Äußerungen wie unbearbeitete Brocken heraus. Die unüberhörbare Aufforderung an ihre Analytikerin war in diesem Augenblick: »Versteh mich in meiner Verzweiflung mit diesem Mann, wage es nicht, irgendetwas daran infrage zu stellen, wie zum Beispiel nach meiner Beteiligung zu fragen, oder mir gar mit einer analytischen Klischeedeutung zu kommen, dass meine Empörung etwas mit meiner Beziehung zu meiner Mutter zu tun habe«.

Sobald ihnen eine Deutungshypothese einfällt, versuchen sie diese ihrem Patienten anzubieten und übersehen dabei, dass er sich unter Umständen in einem anderen Bewusstseinszustand befindet, in dem er in Handlungsgedanken auf einem konkretistischen Niveau gefangen und nicht dazu in der Lage ist, über eine heftige Emotion nachzudenken und sie als eine psychische Repräsentation seiner inneren Welt und damit nicht als die Realität schlechthin einzuschätzen. Ebenso gilt es zu bedenken, dass es so manchem Patienten an der metaphorischen Fähigkeit mangelt, sein inneres Drama auch als Ausdruck seiner gegenwärtigen Beziehung zum Analytiker betrachten zu können.

Aber genau auf diese Überlegungen kommt es nun an, wenn es darum geht, sich nicht nur spiegelnd in den heftigen Affekt dieser Patientin einzustimmen, sondern mit ihr eine bearbeitbare analytische Oberfläche herzustellen.

Es könnte nun durchaus sein, dass der Patientin einige Phänomene vorbewusst zugänglich sind, d. h. dass entweder ihr selbst oder angeregt von ihrer Analytikerin ein Zusammenhang deutlich wird: Könnte es sein, dass mein Freund einen Ärger abbekommen hat, der vielleicht gar nicht ihm gilt? Aber was könnte der Auslöser für diesen Ärger sein? Meine Kinder? Seine Kinder? Sie waren dieses Mal durchaus zum Aushalten.

So oder ähnlich könnte sich die Suche nach einer Ursache für die als allzu heftig empfundene Wut auf ihren Freund darstellen.

Es könnte auch sein, dass die Patientin sich fragt, ob diese vielleicht »mit der Analyse« zusammenhänge. Dann wäre sie schon erstaunlich nahe an den weggeschobenen Themenkomplex gekommen.

Der Ausdruck »Wegschieben« verdeutlicht, dass es sich hierbei nicht unbedingt um eine Verdrängung im eigentlichen Sinn handeln muss. Denn man kann sich auch vornehmen, an etwas nicht mehr zu denken und den Sachverhalt dann nach einiger Zeit durchaus vergessen. Je stärker hierbei die ängstlichen oder schamhaften Gefühle sind, die den unliebsamen Sachverhalt begleiten, desto intensiver wird der Wunsch ausfallen, nicht mehr daran erinnert werden zu wollen.

Im Anschluss an die Einschätzung, was der Patientin überhaupt bewusst zugänglich sein könnte, würden nun die weiteren Fragen beantwortet werden müssen: Wieviel Unlust und Konfliktspannungstoleranz können ihr zugemutet werden? Wie verträgt sich eine Deutung mit ihrem Selbstwertgefühl? In welchem Bewusstseinszustand befindet sich die Patientin momentan usw.?

Auch wenn die bearbeitbare Oberfläche bewusstseinsnah definiert wird, kann es aber nicht ausbleiben, dass auch sie von Theorien bestimmt wird.

5.3 Die Oberfläche wird von Theorien bestimmt

Levy und Inderbitzin (1990) unternahmen den Versuch, das Konzept der analytischen Oberfläche noch differenzierter zu bestimmen. Anhand der behandlungstechnischen Vorgehensweisen von vier bekannten nordamerikanischen Psychoanalytikern (Merton M. Gill, Paul Gray, Anton Kris und Evelyne A. Schwaber) führten sie aus, was diese Autoren implizit zum Ausgangspunkt ihrer analytischen Interventionen machen. So sind es in dem Ansatz von Gill (1982) die mehr oder weniger verdeckten Anspielungen auf die Übertragungsbeziehung, die Anlass für die Analyse der Übertragungswiderstände bieten; bei Gray (1986) die Abwehrprozesse des Analysanden im Hier und Jetzt, vor allem anhand der Unterbrechungen der freien Assoziation, hinter denen eine zumeist gefährliche Übertragungsphantasie erkennbar wird; bei Kris (1982) die Kontinuitäten und Diskontinuitäten der freien Assoziation nicht nur in der Anfangszeit einer Analyse, sondern über den gesamten Analysenverlauf hinweg und bei Schwaber (1983, 1986) schließlich die Konstruktion der psychischen Realität aus der Sicht des Patienten und nicht aus der theoretisch präformierten Sicht des Analytikers.

Das Problem besteht darin, dass es bislang keine verbindliche Darstellung gibt, wie angehende Psychotherapeuten, aber auch bereits in der Praxis tätige Psychoanalytiker die Bestimmung des Ausgangspunktes ihrer Interventionen erlernen können. Angesichts einer Vielzahl an Konzepten und theoretischen Richtungen der gegenwärtigen psychoanalytischen Pluralität, entsteht nicht selten die Einstellung eines »Anything goes«, die sich dann aber kaum noch von nichtpsychoanalytischen und alltagspsychologischen Zugängen unterscheidet.

Ein erster Schritt, diesem Mangel an Systematik abzuhelfen, könnte deshalb in einer Kenntnisnahme und Reflexion der Auffassungen bestimmter psychoanalytischer Autoren und deren Konzepte zur Bestimmung der Oberfläche bestehen.

5.3.1 Oberfläche bei Gill

Merton Gill (1982) arbeitete eine Systematisierung der Übertragungsanalyse im Hier und Jetzt aus. Sein Ansatz wurde in den 1980er und 1990er Jahren auch von deutschen Psychoanalytikern enthusiastisch aufgegriffen. Gill unterschied neben dem Widerstand, sich überhaupt auf eine Beziehung einzulassen (▶ Kap. 7), vor allem zwei Formen der Übertragungsdeutung: Die Deutung des Widerstands, sich einer Übertragung bewusst zu werden, und die Deutung des Widerstands, die bereits bewusst gewordene Übertragung durcharbeitend aufzulösen.

Die erste Deutungsarbeit setzt voraus, dass sich die Übertragung entfalten kann, wozu nicht nur das Arbeiten *an* der Übertragung, sondern auch *in* der Übertragung gehört (vgl. Körner, 1989). Dazu ist es erforderlich, auf die vielfältigen Anspielungen auf die Übertragung(sbeziehung) zu achten und sie dem Patienten aktiv aufzuzeigen, dem sie zumeist nicht bewusst sind. Das Beachten und die Analyse von Aufhängern oder Hinweisreizen, die der Analytiker durch seine Art, seine Interventionen oder durch äußere Umstände (z. B. Handy im Praxisraum) geliefert hat, ermöglichen eine nachvollziehbare Plausibilität für den Patienten. Es geht hierbei aber nicht darum, ob ein richtiges oder falsches Verhalten vorliegt oder ob die Beeigenschaftung zutreffend ist oder nicht, sondern um ein möglichst elaboriertes Ausformulierenlassen der Wahrnehmungseindrücke des Patienten, was allein schon eine kurative Wirkung besitzt.

Die Bestimmung der Oberfläche würde von Gill also anhand der Anzeichen für Übertragungsanspielungen vorgenommen.

5.3.2 Oberfläche bei Gray

Paul Gray hat die von Anna Freud, Otto Fenichel und anderen beschriebene Abwehranalyse unter strukturpsychologischen Gesichtspunkten systematisiert (z. B. 1994, 1996). Dabei legt er den größten Wert auf die Entwicklung von selbstbeobachtenden Ichfunktionen, die aber im Fall von neurotischen Konflikten erst einmal von ihren Einschränkungen befreit werden müssen. Er achtet dabei vor allem auf solche Stellen, die eine Unterbrechung der freien Assoziation anzeigen. Diese wird von unbewussten Abwehrprozessen ausgelöst. Die Aufgabe besteht nun darin, den Patienten auf diese Unterbrechung aufmerksam zu machen, zum Beispiel anhand einer Frage, ob ihm soeben in der Abfolge seiner Äußerungen oder seines Gefühlserlebens etwas aufgefallen sei. Falls dies dem Patienten bewusst zugänglich ist, kann ein weiterer Schritt erfolgen, nämlich die genaue Untersuchung der Gedankenabfolge im Hier und Jetzt. Der nächste Schritt besteht in der Analyse der möglichen Gründe für die Unterbrechung. Gray vermeidet es also, dem Patienten eine unbewusste Übertragungsphantasie zu unterstellen, die zu einer Überich-Angst geführt und die Unterbrechung erzwungen hat, sondern er ermutigt seinen Patienten, seiner Angst und der daraus folgenden Abwehrbewegung selbst auf die Schliche zu kommen. Damit stärkt er das Selbstwertgefühl und die selbstanalytische Kompetenz des Patienten. Therapieziel ist somit auch eine größere Autonomie gegenüber neurotischen Einschränkungen von kognitiven und sozioemotionalen Kompetenzen.

Die Bestimmung der Oberfläche erfolgt bei Gray, der als einziger der vier Autoren explizit von »Oberfläche« bei seinem Vorgehen spricht, anhand der Anzeichen für konflikthafte Unterbrechungen, die – und das ist für ihn sehr wichtig – auch vom Patienten nachvollzogen und eigenständig analysiert werden können.

5.3.3 Oberfläche bei Kris

Während die Beachtung der freien Assoziation häufig nur in der Anfangsphase einer Analyse eine Rolle zu spielen scheint, ist das Frei-assoziieren-Können während der gesamten Dauer für Anton Kris (1982) das oberste Kriterium für eine gelungene Psychoanalyse. Der Analytiker unterstützt den Patienten dabei, sein Assoziieren aufrechterhalten zu können, indem er ihm dabei hilft, die Behinderungen und Ausweichmanöver zu erkennen. Diese können z. B. darin bestehen, dass die Einfälle stocken, oberflächlich oder nichtssagend werden, Körperstörungen oder körperliche Symptome auftreten u. a. m. Sie gehen zumeist auf unbewusste Schuld zurück, die sich als unbewusste Selbstkritik äußert. Das Frei-assoziieren-Können stellt eine enorme intrinsische Motivation dar, die nach Kris mindestens genau so stark ist wie das wohltuende Erleben des Sich-verstanden-Fühlens. Denn Patienten erleben dabei, dass sie Schritt für Schritt die bisherigen Einengungen ihres Wahrnehmens, Denkens und Fühlens überwinden können und damit ihr Recht auf eigene Gefühle und ihr eigenes Leben zurückgewinnen.

Die Bestimmung der Oberfläche würde bei Kris also anhand der Anzeichen für Unterbrechungen der freien Assoziation erfolgen.

5.3.4 Oberfläche bei Schwaber

Die Einfühlung weist häufig Einschränkungen auf: Nicht nur, weil es einer starken Konzentration bedarf, sich in die Welt eines anderen Menschen länger als nur ein paar Minuten hineinzuversetzen, sondern auch weil das Eigene dabei so schnell wieder die Oberhand gewinnt. Und so kann es nicht ausbleiben, dass oftmals Diskrepanzen zwischen der Sichtweise des Patienten und derjenigen des Analytikers auftreten. Eine Gefahr ist dabei dann immer, dass sich der Analytiker als »stillschweigendem Schiedsrichter« die objektivere Position zuschreibt und damit einen hierarchischen Zuhörmodus begründet. Affekt- und Stimmungsänderungen, eine bestimmte Ausdrucksweise, das vorübergehende Auftreten eines Symptoms können Anzeichen dafür sein, dass sich ein Patient mit seiner inneren Welt noch nicht optimal verstanden gefühlt hat, und der Analytiker könnte dies zum Anlass nehmen, seine Konstruktion zu überprüfen, um ansonsten verloren gehende Erfahrungen, die ja auch mit biographischen Eindrücken verwoben sind, doch noch verstehen zu können. Auch für Evelyne Schwaber (1983, 1986) ist es somit wichtig, dass der Patient selbst seine psychische Realität gegen die Mutmaßungen seines Analytikers, die dieser aber allzu oft als die zutreffendere, weil angeblich objektivere Sichtweise reklamiert, zu behaupten lernt. Und der Analytiker sollte für die verbalen und non-verbalen Hinweise vom Patienten empfänglich sein, die ihn auf übersehene Gegenübertragungsreaktionen aufmerksam machen, sich immer wieder überraschen lassen und auf diese Weise von ihm lernen.

Die Bestimmung der Oberfläche würde bei ihr also anhand der Anzeichen für Divergenzen in der Einschätzung der psychischen Realität des Patienten erfolgen, die sich direkt oder indirekt manifestieren können.

Diese von Levy und Inderbitzin (1990) beschriebenen Konzepte stellen natürlich nur eine Auswahl dar, weitere sind denkbar. Kriterien, diese vier auszuwählen, waren für die beiden Autoren, dass sie jeweils von einer Störung, einer Diskontinuität oder einem Ungleichgewicht ausgehen, die im analytischen Prozess zwischen Analytiker und seinem Patienten auftreten und dass sie auf die eine oder andere Weise etwas Bedeutungsvolles aus seiner Biographie im Hier und Jetzt aufscheinen lassen.

Jede der beschriebenen Methoden weist auch Nachteile auf: So vernachlässigt die Vorgehensweise von Gill lebensgeschichtliche Rekonstruktionen und Übertragungsdeutungen, die sich auf andere Personen beziehen, zugunsten einer Fokussierung auf die Beziehung zum Analytiker; Grays Aufforderungen, sich selbst auf die Schliche bezüglich seiner

Abwehroperationen zu kommen, kann zu einer bewusstseinspsychologischen und didaktischen Vorgehensweise führen; Kris' bevorzugte Methode kann zur Folge haben, dass der Patient Veränderungen im realen Leben nicht anpackt und Schwabers Schwerpunktsetzung vernachlässigt die Analyse unbewusster Themen.

Nun soll an einem weiteren kurzen Beispiel verdeutlicht werden, welche Rolle die vier angesprochenen, aber auch andere Konzepte bei der Bestimmung der Oberfläche und einer entsprechenden Deutungsformulierung spielen können.

Eine Patientin, sie leidet unter Arbeitsstörungen, immer wiederkehrenden Selbstwertzweifeln und depressiven Verstimmungen, beginnt ihre Stunde bei ihrer Therapeutin folgendermaßen:

»Am Samstag war ich mit meiner Mutter in der Stadt, etwas zum Anziehen kaufen. Mein Mann will ja zu seinem 30. Geburtstag ein großes Fest geben, und ich weiß wie immer nicht, was ich anziehen soll (Pat. verschränkt die Arme vor ihrer Brust). Mit meiner Mutter ist es echt zum Verzweifeln: Sie will immer für mich entscheiden, welches Kleidungsstück mir steht, will mir ihren Geschmack vorschreiben, mäkelt ständig an dem herum, was mir gefällt.

Das ist so ganz anders, wenn ich mit meiner Schwiegermutter unterwegs bin, die akzeptiert meinen Geschmack und respektiert auch voll, dass ich bei Kleidung einen sehr eigenen Geschmack habe. Sie lässt mich einfach in Ruhe auswählen, ohne sich ständig einzumischen wie meine Mutter (schweigt ein paar Sekunden). Als ich in dem Geschäft vor dem Spiegel stand und mich in dem Kleid betrachtete, kam ich mir plötzlich ziemlich unförmig vor. Das Kleid gefällt mir schon, aber ich gefalle mir nicht. Solche Ängste kenne ich natürlich von früher. In der Pubertät war das richtig schrecklich.

Beispiele von Interventionen:

T 1: In der Pubertät sind solche Ängste aber weit verbreitet.
T 2: Und Sie wehren sich gar nicht, wenn Ihre Mutter sich so dominant und entmündigend Ihnen gegenüber verhält?

T 3: Sie nehmen Ihre Mutter und Ihre Schwiegermutter mit dreißig noch zum Einkaufen mit?

T 4: Es fällt Ihnen immer noch schwer, sich gegenüber Ihrer Mutter zu behaupten. Was könnten Sie konkret Ihrer Mutter sagen, damit sie sich Ihnen gegenüber nicht mehr so kontrollierend verhält?

T 5: Diese Dominanz Ihrer Mutter hat Sie nie eine selbstbewusste Frau werden lassen. Auch Ihr sexuelles Lustempfinden ist davon nach wie vor beeinträchtigt, wie wir ja wissen!

T 6: Da werde ich richtig ärgerlich, wenn ich Ihnen zuhöre, wie Ihre Mutter sie immer noch als kleines Kind behandelt. Ich an Ihrer Stelle würde ihr sagen: »Mutti, wenn du dich weiterhin so einmischst, gehe ich nie wieder mit dir in die Stadt zum Einkaufen!

T 7: Schon als Kind fiel es Ihnen ja schwer, sich gegenüber Ihrer dominanten und vereinnahmenden Mutter abzugrenzen, wie wir aus Ihrer Geschichte wissen.

T 8: Sie können die Unterschiede im Umgang mit diesen beiden Frauen sehr genau beschreiben, trotzdem kann ich noch nicht spüren, wie Sie sich dabei fühlen.

T 9: Das ist wieder einmal ein Beispiel dafür, wie uneinfühlsam Ihre Mutter ist und wie sehr Sie unter ihrer Art leiden müssen! Und wie sehr würden Sie sich wünschen, eine Mutter wie Ihre Schwiegermutter zu haben!

T 10: Ich schlage Ihnen folgende Übung vor: Wir nehmen zwei Stühle und Sie setzen sich abwechselnd auf diese beiden Stühle. Einmal sprechen Sie wie Ihre Mutter, dann reagieren Sie als Tochter.

T 11: Können Sie sich vorstellen, warum Ihre Mutter sich so einmischend verhält?

T 12: Können wir uns anschauen, was Sie davon abhält, sich gegenüber Ihrer Mutter zu behaupten?

T 13: Ist Ihnen aufgefallen, dass Sie, als Sie über Ihre Mutter sprachen, die Arme vor Ihrer Brust verschränkten?

T 14: Es fiel mir auf, dass Ihre Stimme, als Sie über ihre Mutter sprachen, bedrückt wirkte, während Ihre Stimme viel lebendiger wurde, als Sie über die Erfahrung mit Ihrer Schwiegermutter sprachen.

T 15: Ich frage mich, warum Sie dieses Problem, das uns ja nicht unbekannt ist, heute erneut ansprechen. Ob dies auch eine Bedeutung für unsere Beziehung hat?

T 16: Kann es sein, dass Sie sich auch von mir so wie von Ihrer Mutter gelegentlich bevormundet fühlen, sich aber nicht trauen, mir dies direkt zu sagen?

T 17: Sie erleben mich als jemanden, der Sie bevormundet, und das tue ich ja auch!

T 18: Ich überlege gerade, inwieweit Sie selbst mit dieser Art Ihrer Mutter, sich ständig einzumischen und übergriffig zu sein, identifiziert sind und ob darauf ein Teil Ihrer Schwierigkeiten, die Sie mit anderen Menschen erleben, zurückgeht?

T 19: Offensichtlich können Sie ja wählen, mit wem Sie zum Einkaufen gehen, ob mit Ihrer Mutter oder mit Ihrer Schwiegermutter. Deshalb können wir uns fragen, warum Sie es auch immer wieder mit Ihrer Mutter versuchen, obwohl die Enttäuschung für Sie eigentlich voraussehbar ist.

T 20: Könnte es einen Teil in Ihnen geben, der sich auch entmündigen lässt und es vielleicht auch braucht, wenn an Ihnen herumgemäkelt wird?

T 21: Könnte es sein, dass es einen Mutter- und einen Schwiegermutter-Anteil in Ihnen gibt: Der eine hält Sie eher klein, der andere lässt Sie eher groß und erwachsen sein, aber der letzte darf sich noch nicht durchsetzen, vielleicht auch, weil Sie den Eindruck haben, dass ich das nicht möchte?

T 22: Die Therapeutin hat die Vermutung, dass ihre Patientin ihr mit dieser Erzählung in verschlüsselter Form ihre Wahrnehmung über ihre Art zu intervenieren, mitteilt und sie nimmt sich vor, einen leicht bevormundenden Deutungstyp, zu dem sie gelegentlich, wie z. B. in der letzten Stunde, neigt, zu verändern und daraufhin die Erzählungen ihrer Patientin zu beobachten. Sie enthält sich aber jeglicher Deutung.

T 23: Ist Ihnen aufgefallen, wie Sie nach der letzten Bemerkung über Ihre Mutter für einige Sekunden schwiegen und dann ein anderes Thema angesprochen haben?

T 24: Ich frage mich, ob Sie, wenn sie allein zum Einkaufen gingen, attraktivere und vielleicht auch verführerische Kleidung aussuchen würden?

T 25: Vielleicht fragen Sie sich ja auch, ob Sie hier attraktiv gekleidet herkommen dürfen, attraktiver als ich?

T 26: Vielleicht wünschen Sie sich, dass ich mich freue, Sie attraktiv zu sehen und mit Ihnen nicht so rivalisieren muss wie Ihre Mutter!

T 27: Sie fühlten sich in unserer letzten Stunde von mir nicht so recht verstanden, als ich sagte, Ihre Mutter sei sehr übergriffig. Heute sagen Sie, ihre Mutter entscheidet immer für Sie und lässt Sie gar nicht in Ruhe auswählen. Ich möchte Ihr Erleben noch besser verstehen können.

Einschätzung der Interventionen:

T 1 bis T 9 könnten allesamt aus alltäglichen Dialogen stammen, gelegentlich finden sie sich aber leider auch in Therapien;

T 5 gibt eine »wilde« Deutung, die vereinzelt in schlechten Therapien auftaucht;

T 6 tritt eher als »Erzieherin« auf;

T 7 liefert ein Beispiel dafür, wie sich manche Laien die Psychoanalyse vorstellen, nämlich mittels (ausschließlicher) Deutungen, die auf die Kindheit Bezug nehmen;

T 8 überfordert ihre Patientin, indem sie sie nach ihren Gefühlen fragt, die diese aus diversen Gründen aber nicht erleben kann;

T 9 paraphrasiert das Erzählte und meint anteilnehmend und empathisch zu sein, aber der therapeutische Nutzen ist eher gering;

T 10 wendet eine Übung aus der Gestalttherapie an, die sich gelegentlich auch in die tiefenpsychologisch fundierte Psychotherapie verirren kann;

T 11 regt im Sinn einer mentalisierungsbasierten Therapie das Nachdenken über die mütterlichen Motive an, blendet aber andere und wichtigere Deutungsoptionen aus;

T 12 regt das Nachdenken über die Ängste an, bleibt aber zu sehr auf einer kognitiven Ebene;

T 13 – orientiert an Kris – lenkt die Aufmerksamkeit der Patientin auf ihre Körpersprache und macht auf die Unterbrechung des verbalen Assoziationsflusses aufmerksam;

T 14 fokussiert ebenfalls auf die nonverbale Ebene (Prosodie) und wartet aufgrund der offen gestellten Frage erst einmal die weiteren Einfälle ab;

T 15 spricht die »pragmatische« Dimension des Mitgeteilten und damit noch ziemlich allgemein die Bedeutung für die Beziehung der beiden an;

T 16 – orientiert an Gill – begreift die Erzählung über die dominant erlebte Mutter auch als Anspielung auf die Analytikerin und spricht ziemlich direkt die Angst der Patientin in der Beziehung zu ihr an;

T 17 spitzt die Übertragung zu, indem sie das Als-Ob der Übertragungssituation vorübergehend zur Wirklichkeit erklärt;

T 18 spricht zwar die Identifizierung der Patientin mit ihrer Mutter an, da ihr diese aber vorerst oder sogar für längere Zeit noch unbewusst ist, wird sie damit überfordert. Derartige Deutungen bringen in der Regel nicht den gewünschten Erfolg, können aber massiv kränkend sein;

T 19 verweist auf denjenigen Persönlichkeitsanteil der Patientin, mit dem sie die als Demütigung erlebte Konstellation mit ihrer Mutter immer wieder aktiv herstellt und die masochistische Situation offensichtlich im Sinne einer neurotischen Kompromissbildung benötigt, um tiefere Ängste abwehren zu können;

T 20 fragt noch deutlicher nach der neurotischen Funktion des masochistischen Verhaltens der Unterwerfung;

T 21 weist die Patientin auf das innere Drama in ihren Objektbeziehungen hin, verbindet aber den erwachsenen Teil mit der Frage nach einer Überich-Übertragung auf die Analytikerin. Sie verzichtet dabei weitgehend auf irgendeine Kurzschließung mit Kindheitserlebnissen, sondern verbleibt im interpersonellen Unbewussten im Hier und Jetzt vergleichbar den zuvor besprochenen Beziehungsdeutungen;

T 22 betrachtet die Erzählung als verschlüsselte Mitteilung der unbewussten Wahrnehmung der Patientin und beabsichtigt, ihr möglicherweise tendenziell dominantes Interventionsverhalten – ausgelöst durch eine komplementäre Gegenübertragung – zu reflektieren, ohne den ganzen Vorgang explizit zu machen;

T 23 – orientiert an Gray – macht die Patientin auf die Themenänderung nach einigen Sekunden des Schweigens aufmerksam und regt auf diese Weise ihre Selbstbeobachtung an. Ihre Überlegung ist dabei, dass die aufkommende Wut auf die Mutter durch eine Reaktionsbildung (die Patientin spricht verächtlich von ihrer »Unförmigkeit«) abgewehrt werden muss. Sie möchte ihr diese Beobachtung des Abwehrvorgangs aber nicht überstülpen, sondern sie diese selbst finden lassen, um ihre selbstanalytischen Ichfunktionen anzuregen;

T 24 spricht ihren Wunsch nach Attraktivität und Verführenwollen an;

T 25 bezieht diesen Wunsch auf das lustvolle Rivalisieren-Können mit ihrer Analytikerin, was aber der Patientin sicherlich noch sehr große Angst bereiten dürfte, denn die Analytikerin berücksichtigt bei ihr zu wenig die in Tabelle 5.1 genannten Kriterien für die bearbeitbare Oberfläche;

T 26 spricht zwar ein wichtiges Entwicklungsbedürfnis der Patientin in der Beziehung zu ihr an, überfordert sie damit aber sicherlich auch. Denn sie berücksichtigt zu wenig den Bewusstseinszustand ihrer Patientin, der sich wegen der Konfliktaktivierung auf einem gering symbolisierten Repräsentationsniveau befindet, bei dem die stark konfliktuösen Beziehungen sich wie gefährliche Affekte anfühlen, die sich unmittelbar realisieren könnten, ohne mit ihnen gedanklich spielen zu können;

T 27 – orientiert an Schwaber – versucht so nah wie nur möglich die psychische Realität zu Wort kommen zu lassen, nachdem in der vorangegangen Stunde offensichtlich eine Divergenz im Verstehen aufgetreten war.

5.4 Sich-Verlassen-Können auf die unbewusste Kommunikation?

Anhand einer kleinen fiktiven Diskussion zwischen den Vertretern verschiedener psychoanalytischer Schulrichtungen soll im Folgenden das Konzept der »ausgewählten Tatsache« von Bion veranschaulicht werden, deren Entstehung weniger einer präformierten Theorie zu folgen scheint, sondern sich eher dem Vertrauen auf die unbewusste Kreativität bzw. Intuition des Analytikers verdankt. Diese basiert auf einer Vielzahl von unbewusst ablaufenden Entscheidungsprozessen.

Der Bion'sche Objektbeziehungstheoretiker:

Eine ganz wichtige Konzeption für Bion war das »selected fact« für den psychoanalytischen Verstehensprozess. Wie gelingt es dem Analytiker, sich in den scheinbar uferlosen und unübersichtlichen Einfällen und Erzählungen seines Patienten zurechtzufinden? Irgendwo und irgendwann sollte sich doch die gleichschwebende Aufmerksamkeit »niederlassen«, wie Helmut Thomä und Horst Kächele dies einmal genannt haben. Aber woher weiß man, was eine »ausgewählte Tatsache« ist?
Bion hatte diesen Begriff von Henri Poincaré übernommen, wohl nicht ganz zufällig, da er ja eine Vorliebe für abstrakte und mathemati-

sche Begrifflichkeiten hatte. Dieser französische Mathematiker hatte sich mit dem Entstehungszusammenhang von Erfindungen beschäftigt und war zu dem Schluss gekommen, dass eine mathematische Erfindung im Auswählen einer Verbindung von bereits bekannten »Tatsachen« bestehe. Diese Verbindung offenbare sich nicht mittels eines forcierten Nachdenkens, sondern anhand eines intuitiven Aktes. Auf ähnliche Weise haben ja auch psychologische Kreativitätsforscher die Entstehung von Einfällen beschrieben. Ausgewählte Tatsachen entstehen also nicht mittels induktiver oder deduktiver Logik, sondern aufgrund eines Loslassenkönnens aller bewusst forcierten Denkbemühungen. Im Vorbewussten und Unbewussten, in denen ständig Denk- und Entscheidungsprozesse ablaufen, die sich an affektiven Knotenpunkten oder Landkarten orientieren, entstehen Wertigkeiten, die sich als ein plötzlicher Einfall manifestieren und mit einem untrüglichen Gefühl der Gewissheit einhergehen.

Bion schrieb: »Ich habe den Ausdruck ›ausgewählte Tatsache‹ verwendet, um das zu beschreiben, was der Psychoanalytiker im Vorgang der Synthese erleben muss...Die ausgewählte Tatsache ist der Name für eine emotionale Erfahrung, die emotionale Erfahrung eines Gefühls, Kohärenz zu entdecken; ihre Bedeutung ist daher die epistomologische Art, und die Beziehung ausgewählter Tatsachen darf daher nicht als logische Beziehung betrachtet werden« (1990, S. 126 f.).

Die interdisziplinär orientierte Psychoanalytikerin:

So einleuchtend diese Beschreibung von Bion auf den ersten Blick auch sein mag, so darf dabei doch nicht übersehen werden, dass die im Verlauf der Beschäftigung mit psychoanalytischen und tiefenpsychologischen Theorien und Modellen erworbenen theoretischen Konzepte unsere Wahrnehmung jeweils selektiv bahnen. Unsere theoretischen Vorlieben folgen dabei wiederum unbewusst unseren eigenen mehr oder weniger verarbeiteten Konflikten und Traumatisierungen. Selbst wenn wir mit der Pluralität psychoanalytischer Konzepte verschiedener maßgeblicher Autoren oder Richtungen einigermaßen vertraut sind – in der Regel wird dies aber doch nicht sehr tiefgehend sein – wäre es eine Illusion zu glauben, dass sich in unserer vorbewussten Intuition jeweils der Situation und Interaktion mit einem bestimmten Patienten entsprechend eine ausgewählte Tatsache aufdrängt. Vielmehr ist die Annahme naheliegender, dass sich gleichsam unsere Lieblingskonzepte immer wieder in unserem vorbewussten Arbeitsgedächtnis Einfluss verschaffen. Die angenommene Geltungsbegründung dank eines Gefühls von unabweisbarer Evidenz muss somit angezweifelt werden.

Zwar macht es durchaus Sinn, unsere kreativen Einfälle mit einer abduktiven Logik zu beschreiben, wie dies zum Beispiel Matthias Kettner differenziert ausgeführt hat, doch ist diese Art der Einfallsgewinnung nicht mit höheren Weihen einer unumstößlichen Geltung ausgezeichnet. Vielmehr muss dieser intuitive Einfall anschließend auf seine Validität überprüft werden. Dazu aber ist es unumgänglich, die impliziten Theorien des Analytikers bewusst zu machen und sie mit anderen Hypothesen und Modellannahmen zu konfrontieren. Ansonsten werden der kreative Einfall oder die sog. Gegenübertragung mystifiziert.

Der Bion'sche Objektbeziehungstheoretiker:

Das wäre aber ein gründliches Missverständnis, wenn man Bion unterstellen wollte, dass er die mögliche Gefährdung durch den unreflektierten Einfluss von Theorien nicht gesehen hätte! Das Gegenteil ist eher der Fall. Bion hat sogar einen eigenen Begriff dafür geprägt, nämlich den des *parasitären Containments*. Darunter verstand er, dass eine theoretische Vorliebe des Analytikers gleichsam wie eine fixe Idee operiert, die einen Patienten als Container sucht. Mit anderen Worten ist dann der Therapeut versessen darauf, seine theoretischen Ostereier auf Schritt und Tritt in den Äußerungen des Patienten zu finden. Wir alle kennen doch Kolleginnen und Kollegen, die mit ausdrucksstarker Mimik und Stimme ihrer Überzeugung Ausdruck verleihen, welche Verzweiflung sie im Patienten wahrgenommen haben, weil dieser zu wenig empathische Resonanz von seiner Mutter als kleines Kind erfuhr, oder wie sie Groll und Rachsucht wegen des ödipalen Ausgeschlossenseins wahrzunehmen meinen und keine andere Idee oder Hypothese gelten lassen.

Es war wiederum Bion, der wie kein Zweiter immer wieder zum Respekt vor den unendlich vielen Möglichkeiten unbewusster Vorgänge aufgefordert, vor einer zu schnellen Gestaltschließung gewarnt und ungesättigte Deutungen empfohlen hat. Es wäre also absurd, gerade ihm zu unterstellen, dass er nicht sorgfältig mit der Erkenntnis umgegangen ist, dass all unsere Wahrnehmungen und Beobachtungen immer im Lichte von Theorien erfolgen. Natürlich nicht nur von psychoanalytischen Theorien, sondern auch von Alltagstheorien, wie sie in einer bestimmten Kultur und Gesellschaft zu einer bestimmten Zeit vertreten werden.

Der Laie:

Aber kommen nicht auch Alltagstheorien der Wirklichkeit ziemlich nahe, selbst wenn sie keine universelle Geltung beanspruchen können? Allzu abstruse Überzeugungen und Auffassungen werden doch recht bald als einseitig ideologisch, esoterisch oder gar als psychotisch zurückgewiesen.

Die interdisziplinär orientierte Psychoanalytikerin:

Das ist sicherlich richtig. Dennoch können sich auch Alltagstheorien weit von der Wahrheit entfernen und die Funktion eines gesellschaftlich Unbewussten annehmen, indem bestimmte Themen tabuisiert sind und über die nicht mehr nachgedacht werden darf, sondern die dann als unumstößliche Wahrheiten oder Glaubensüberzeugen wirken. Deswegen kommen wir an einer Argumentationszugänglichkeit der implizit verwendeten Konzepte nicht herum, wenn wir studieren wollen, wie Psychoanalytiker zu ihren Deutungshypothesen gelangen. Erst dann können wir uns interprofessionell darüber ebenso verständigen wie mit interessierten Externen, um Matthias Kettner noch einmal zu zitieren. Aber selbstverständlich geschieht der Prozess der Entdeckung zunächst einmal vorbewusst mit entsprechenden Verbindungen zu unbewussten Vorgängen und ist nicht logisch rational strukturiert. Erst die anschließende Herstellung von Argumentationszugänglichkeit für einen selbst, aber auch für andere rekonstruiert und expliziert diesen kreativen Prozess.

Zusammenfassung

Oberfläche gilt seit Freud als Ausgangspunkt für tiefenhermeneutische Operationen. In diesem Kapitel wurden Überlegungen zum Konzept der Oberfläche anhand von Beispielen verdeutlicht. Die Dialektik von unbewusst vor sich gehender intuitiver Auswahl und Geltungsbegründung anhand von psychoanalytischen Konzepten wurde anhand von Bions Ausführungen über »selected fact« diskutiert.

Literatur zur vertiefenden Lektüre

Balzer, W. (2014). Oberfläche (psychische). In W. Mertens (Hrsg.), *Handbuch psychoanalytischer Grundbegriffe* (S. 632–639). Stuttgart: Kohlhammer, 4., überarb. und erweiterte Aufl.
Bucci, W. & Maskit, B. (2007). Beneath the surface of the therapeutic interacion: The psychoanalytic method in modern dress. *Journal of the American Psychoanalytic Association, 55*, 1355–1397.
Busch, F. (2000). What is a deep interpretation? *Journal of the American Psychoanalytic Association, 48*, 237–254.
König, H. (2000). *Gleichschwebende Aufmerksamkeit und Modellbildung. Eine qualitativ-systematische Einzelfallstudie zum Erkenntnisprozess des Psychoanalytikers.* Ulm: Ulmer Textbank.
Lotterman, A. C. (2012). Affect as a marker of the psychic surface. *Psychoanalytic Quarterly, 81*, 305–333.
Storck, T. (Hrsg.) (2014). *Zur Negation der psychoanalytischen Hermeneutik.* Gießen: Psychosozial-Verlag.
Will, H. (2012). Die Suche nach Darstellbarkeit: Primärprozess-Denken in der analytischen Stunde. *Psyche – Z Psychoanal*, 289–309.

Fragen zum weiteren Nachdenken

- Die Bestimmung der »Oberfläche« geschieht nicht mittels theoretischer Konzepte und logischer Regeln, sondern weitgehend intuitiv. Welche Rolle spielen hierbei dennoch das genuin psychoanalytische Denken und Wissen?
- Wie lässt sich die »Oberfläche« bestimmen, wenn man davon ausgehen würde, dass ein Großteil der therapeutischen Kommunikation nichtsprachlichen Beziehungserfahrungen und -mustern folgt?

5 Von der Oberfläche in die Tiefe

- Inwiefern verdeckt die Formel »Von der Oberfläche in die Tiefe«, dass es sich hierbei um eine Vielzahl von unbewussten, intuitiven, aber auch bewussten Entscheidungsprozessen des Analytikers handelt, deren Qualität die analytische Kompetenz ausmacht?
- Worin unterscheiden sich bei der Auswahl der Oberfläche alltagspsychologische Erklärungen von psychoanalytischen Interpretationen?
- Inwieweit findet bei den skizzierten Bestimmungen der Oberfläche die Beteiligung des Analytikers eine ausreichende Berücksichtigung?
- Lassen sich auch Erfahrungen vorstellen, die sich dem Verstehen-Wollen entziehen, weil sie »sinnlos« sind und für immer unverständlich bleiben?
- Könnte es dennoch »jenseits des Hörens« mentale Vorgänge im Analytiker geben, die diese »protomentalen« Bereiche im Patienten zu intuieren in der Lage sind?

6 Warum ist Veränderung so schwierig?

> **Einführung**
>
> Abwehr und Widerstand sind ubiquitär und dienen vor allem der Regulierung des Selbstwertgefühls und der Aufrechterhaltung eines erreichten psychischen Gleichgewichts, auch wenn dieses mit erheblichen Symptomen und Einschränkungen bezahlt werden muss.
>
> Abwehr in all ihren Formen und Spielarten ist dem psychodynamischen Denken inhärent. Sie äußert sich in der Psychoanalyse als Widerstand nicht nur gegen das freie Assoziieren, sondern auch im »Vergessen« des in der Stunde Erarbeiteten.
>
> Die Vorstellungen über das Auftreten von Widerständen haben sich im 20. Jahrhundert verändert, angefangen von der Auffassung, dass diese nur vom Patienten ausgehen bis hin zu der Überzeugung, dass sie ausschließlich interaktionell verursacht seien. Auch wenn Widerstände in der zeitgenössischen Psychoanalyse nicht mehr als »hartnäckige Verweigerung« eines Patienten, sich zu verändern, wahrgenommen werden, so bildet doch das Umgehen mit ihnen einen Schwerpunkt des analytischen Durcharbeitens.

Lernziele

- Ein Gefühl dafür bekommen, warum Veränderung Abwehrvorgänge auslöst
- Die klassische Einteilung von Widerständen kennen lernen
- Zeitgenössische Auffassungen von Widerständen kennen lernen

- Erfahren, warum auch Psychoanalytiker Widerstände haben und wie diese sich auswirken
- Argumente kennen lernen, warum die Analyse von Widerständen nach wie vor von zentraler Bedeutung für die psychoanalytische Therapie bleibt

6.1 Zur Ubiquität von Abwehr und Widerstand

> »Die Geschichte, die der Analysand von sich selbst erzählt, ist höchst einseitig. Er lässt einen Großteil der Ereignisse aus, da er glaubt, dass sie nicht wichtig, passend oder schmeichelhaft für ihn sind oder auch, weil er sie ganz einfach ›vergessen‹ hat« (Fink, 2013, S. 30)

Jedermann kennt die Unlust, die mit Veränderungsabsichten einhergeht und deren Scheitern mit entsprechenden Argumenten rationalisiert wird. Ein Teil dieser Abwehr kann also durchaus bewusst sein. Auch Patienten, die einen Psychotherapeuten aufsuchen, haben bewusste Vorstellungen davon, was sie bislang vermieden haben und welchen Handlungen sie ausgewichen sind. Sie suchen deshalb einen Psychotherapeuten mit dem ausdrücklichen Wunsch nach einer Veränderung auf. Häufig besteht dieser darin, von lästigen Symptomen befreit zu werden. Dies ist natürlich nicht immer gleichbedeutend damit, dass sie sich tatsächlich verändern wollen. Denn die Vorstellung, dass Symptome und Probleme »wegtherapiert« oder »weganalysiert« werden, ist bei nicht wenigen Patienten anfänglich durchaus vorhanden. Diese Vorstellung kommt natürlich nicht von ungefähr, sondern ist mit dem medizinischen Denken, in das Menschen in hoch industrialisierten Ländern mit einem gut funktionierenden Gesundheitssystem von klein auf sozialisiert werden, verbunden. Die meisten körperlichen Probleme werden entsprechend dieser Vorstellung auf fachmännische Weise von Ärzten beseitigt. Als Patient braucht man nur den ärztlichen Anweisungen zu folgen und Compliance gegenüber der medikamentösen Versorgung zu zeigen. Deshalb ist es nicht verwunderlich, dass auch nicht wenige Psychotherapie-Patienten die Einstellung aufweisen, ihre Probleme würden sich mit der Zeit von selbst verändern, wenn sie nur regelmäßig zur therapeutischen Sitzung kämen. Verschiedene Psychotherapieverfahren unterscheiden sich darin, wie sie mit diesem Denken umgehen. Verhaltenstherapeuten zum Beispiel legen in der Regel großen Wert darauf, dass ihre Patienten zwischen den Stunden Übungen durchführen, die sie in der Therapiestunde gelernt haben oder ein Therapietagebuch führen, in das sie ihre Vorsätze und auch ihre Fortschritte notieren.

Psychoanalytiker, die davon ausgehen, dass sehr viele Patienten ohnehin unter einer Überich-Pathologie leiden und dass durch solche Vorgaben eine erneute pathologische Anpassung an Leistungsnormen erreicht würde, deren Durcharbeitung ja gerade das Ziel einer analytischen Therapie ausmachen soll, sehen dies eher skeptisch. Aber es gibt auch Unterschiede innerhalb psychoanalytischer Autoren und Richtungen. Französische, an Jacques Lacan orientierte Psychoanalytiker drücken ihre Auffassung bereits in der Terminologie aus: So sprechen sie vom »Analysant« statt vom »Analysand«, um damit zum Ausdruck zu bringen, dass der Patient nicht jemand ist, der zu analysieren ist, sondern der sich selbst analysiert, d. h. selbst aktiv tätig wird (Fink, 2005). Aber auch einige Psychoanalytiker des Mainstreams sind der Überzeugung, dass die Durcharbeitung von Widerständen nicht allein auf die analytische Sitzung beschränkt sein sollte und dass der Patient eine aktivere Rolle einzunehmen hätte.

Psychotherapie-Patienten kommen in der Regel mit unerfüllten Sehnsüchten und heftigen Konflikten: So sind sie zum Beispiel in ihren Beziehungen immer wieder gescheitert oder sie haben Kinder, mit denen sie besser zurecht kommen wollen, Arbeitspartner, mit denen sie Konflikte nicht austragen können; sie haben Traumatisierungen erlitten, die sie nicht verkraften konnten und von deren Folgen sie befreit werden möchten; sie leiden unter Symptomen und charakterlichen Eigenarten, deren Auftreten sie nicht verstehen und die sie verändern möchten. All die eingespielten Routinen, die dem bisherigen Leben Stabilität und Halt gaben, werden nun auf den Prüfstand gestellt und könnten die bisherigen neurotischen Gleichgewichte ins Wanken bringen. Probleme, Konflikte und die Folgen von Traumatisierungen einfach hinter sich lassen zu können, ohne sich selbst dabei verändern zu müssen, ist die durchaus nachvollziehbare Phantasie vieler Patienten.

Dennoch bekommen psychoanalytische Patienten recht bald ein Gespür dafür, dass das Verschwinden von Symptomen, das ursprünglich durchaus ein Anliegen von ihnen war, keineswegs das alleinige Ziel einer analytischen Psychotherapie darstellen kann. Denn sie ahnen, dass zum Beispiel ein psychosomatisches Symptom nicht einfach wegtherapiert werden kann, weil in ihm doch mehr zum Ausdruck kommt als nur eine entgleiste körperliche Funktion. Sie können recht bald spüren, dass ihr Symptom mit dem Gesamt ihrer Lebensweise zu tun haben muss, auch wenn der Gedanke daran ziemlich erschreckend sein kann, weil er zur Folge hat, sich in diese terra incognita, die ihr Innenleben für sie darstellt, unweigerlich hineinbegeben zu müssen. Aber sie ahnen ebenfalls, wie spannend diese abenteuerliche Reise und das Vertrautwerden mit unbewussten Vorgängen in ihnen werden wird. Sich selbst kennen lernen zu wollen mit einem Menschen, dem man Vertrauen schenken kann, wird zu einer der mächtigsten Triebfedern für das therapeutische Unterfangen.

Aber so stark diese Wünsche auch sind, dagegen stehen die bislang vertrauten Weisen, wie der Betreffende sich im Lauf seines Lebens mit Symptomen und persönlichen Eigenarten gewappnet, ja fast gepanzert hat, um nicht wieder enttäuscht zu werden, wenn er vorsichtig versuchte, seine ureigensten Wünsche zur Geltung zu bringen.

So kann zum Beispiel eine in der Adoleszenz entwickelte Essstörung, wie eine Bulimie eine Jugendliche vor ihren Liebessehnsüchten schützen. Indem sie auf autarke Weise Zuwendung in Form von Essen selbst regulieren kann, ist sie nicht auf junge Männer und deren Liebe angewiesen, auf die sie unbewusst die Erfahrungen überträgt, die sie mit ihrer unzuverlässigen und wenig liebevollen Mutter gemacht hat. Sie hat es nun endlich selbst in der Hand, wie viel Mutterliebe sie sich verschaffen will. Da aber keine Wunscherfüllung, in diesem Fall das viele Essenmüssen, ohne den Einspruch von Schuldgefühlen zu haben ist, muss sie sich anschließend entwerten, grässlich dick finden und das gierig Verschlungene wieder erbrechen. Mit diesem Symptom hat sie aber ein labiles Gleichgewicht gefunden, mit ihren Wünschen und den Reaktionen darauf umgehen zu können, von denen nur ein kleiner Teil, wie zum Beispiel ihre Gier nach Süßigkeiten oder ihr Selbsthass, wenn sie sich zu dick findet, bewusst werden darf.

Ein junger Mann, der immer wieder von Zwangsgedanken geplagt wird, im Straßenverkehr Radfahrer tödlich verletzen zu können und deshalb betont vorsichtig Auto fährt, in letzter Zeit sogar immer häufiger auf das Auto verzichtet, stattdessen öffentliche Verkehrsmittel benützt und sich wegen der Nutzung von U- und S-Bahn Autofahrern moralisch überlegen fühlt, wirkt in seinem Auftreten sehr korrekt und zuverlässig. In den Erzählungen seiner Lebensgeschichte werden ein starker Neid und Hass auf einen jüngeren Bruder erkennbar, der nach seinem Dafürhalten von beiden Eltern bevorzugt wurde.
Mittels starker Reaktionsbildungen und phobischer Vermeidung schafft er es, seine Aggression zu kontrollieren, allerdings um den Preis, dass er sich immer wieder mit seinen Zwangsgedanken beschäftigen muss. In diesem kann er mittels einer partiellen Gleichsetzung seiner Wünsche mit der Wirklichkeit einen Teil seiner Aggression gedanklich durchaus erleben, bekommt gleichzeitig aber auch eine heftige Angst vor diesen Impulsen und muss sich nun mittels einer starken Kontrolle der möglichen Folgen seiner Gedanken perseverierend und im Übermaß mit diesen Zwangsgedanken befassen. Dies hat eine starke Einschränkung seiner Lebendigkeit und auch seiner Konzentration zur Folge, was er selbst wie eine Bestrafung »von irgendwo her kommend« erlebt. Bewusst ist ihm lediglich zugänglich, dass seine Zwangsgedanken sehr viel stärker wurden, als ein neuer Kollege an seinem Arbeitsplatz eingestellt und recht bald mit wichtigen Aufgaben betraut wurde, den er aber durchaus sympathisch findet.

Einerseits kommen Patienten also mit einem Veränderungs- und Heilungswunsch, erhoffen sich mitunter nichts sehnlicher, als endlich von ihren Leidenszuständen und Einschränkungen, Zweifeln und Hemmnissen, von ihrer Leere und ihrem Lebensüberdruss befreit zu werden, andererseits haben sie vor einer Veränderung große Angst. Diese braucht sich aber oftmals gar nicht als Angst zu äußern, sondern in einem Misstrauen gegenüber dem Verfahren, in Zweifeln über deren Wirksamkeit, in dem wiederholten Reklamieren, dass es sich bei den berichteten Symptomen wohl überwiegend nur um körperliche Zustände handele, die man doch wirksamer mit Medikamenten behandeln sollte und anderes mehr.

Die Abwehr richtet sich dagegen, sich mit sich selbst auseinander zusetzen. So sträubt sich beispielsweise jemand dagegen, seine eigenen Konflikte in einer Partnerschaft anzuerkennen und sucht die Ursachen dafür stattdessen bei seiner Freundin oder seiner Ehefrau. Oder wenn jemand Arbeitsstörungen und körperliche Symptome wie Kopf- oder Rückenschmerzen aufweist und damit zum Arzt geht, um sich ein schmerzstillendes Medikament verschreiben zu lassen. Dann fällt es ihm schwer, sich beispielsweise mit seinen zu hochgesteckten Zielen, seiner Arbeitsunlust und mit weiteren psychischen Problemen, die in den Kopf- und Rückenschmerzen zum Ausdruck kommen, zu befassen. Und unser medizinisches System kommt ihm hierbei permanent entgegen. Denn in der immer noch vorhandenen Spaltung zwischen Soma und Psyche ist es auf den ersten Blick viel einfacher, den körperlichen Anteil der Probleme mit Chemie beseitigen zu wollen und das Psychische lediglich als Anhängsel des Körpers zu betrachten.

Sobald man also psychoanalytisches Denken auf sich selbst anwenden soll, kann die Abwehr dagegen erheblich werden. Denn es gibt in jedem von uns eine »Angst vor der Wahrheit«, wie Bion dies genannt hat. Wir alle wollen uns von den emotionalen Komplikationen unseres Lebens schnell und möglichst schmerzlos befreien; diese nur allzu verständliche Regung verstellt aber den Zugang zu unserer persönlichen Wahrheit. Nicht wenige Menschen nehmen deshalb zum Beispiel lieber heftige körperliche Schmerzen in Kauf, als die seelischen Abläufe anzuschauen, welche die Konfrontation mit den problematischen Aspekten der eigenen Persönlichkeit mit sich bringen würde.

Wenn es nun auf den ersten Blick so scheinen mag, als verhindere die Abwehr bzw. der Widerstand gegen eine Veränderung eine erfolgreiche Therapie, so ist demgegenüber daran zu erinnern, dass vor allem die psychoanalytische Therapie den Widerstand des Patienten von vornherein voraussetzt. Denn ohne ihn gäbe es keine Psychoanalyse, die von ihrem Selbstverständnis her unbewusste Vorgänge bewusst macht. Der Widerstand richtet sich also in erster Linie gegen die Aufdeckung unbewusster Affekte und Phantasien, die den betreffenden Menschen allzu sehr beunruhigen und von ihm eine Auseinandersetzung verlangen, die er aus diversen Gründen bislang nicht zu leisten bereit war.

Genau genommen sind es aber nicht einzelne Triebimpulse, Affekte, Überzeugungen, Persönlichkeitshaltungen gegen die sich der Widerstand richtet, sondern es sind die erreichten Gleichgewichte, mit denen sich der Betreffende in seinem jetzigen Leben arrangiert hat. Diese sind ein Gefüge von Kompromissbildungen, die sich als relativ unbeweglich gegenüber neuen Herausforderungen, die ihm jeden Tag begegnen, erweisen. Dieses Gefüge, so neurotisch einzelne Komponenten darin auch sein mögen, verschafft der betreffenden Person eine (Schein-)Sicherheit.

Die vordringliche Aufgabe beim Analysieren besteht deshalb darin, das Zusammenspiel der verschiedenen Komponenten einer bestimmten Kompromissbildung erst einmal gründlich kennen zu lernen. Erst in einem zweiten Schritt kann es dann darum gehen, sich mit den verschiedenen Motiven für die Aufrechterhaltung der einzelnen Komponenten auseinander zusetzen. So wird der Patientin im ersten Beispiel die Frage zu stellen sein, warum sie glaubt dass es für sie so wichtig ist, selbst darüber bestimmen zu können, wie viel Essen sie zu sich nimmt.

Im Folgenden soll die Thematik erörtert werden, welche Rolle die Auffassung über die Funktionsweise und die Herkunft von Widerständen für den analytischen Umgang mit Patienten spielt. Diese Auffassung hängt zu einem nicht geringen Teil davon ab, wie man unbewusste Prozesse konzeptualisiert. Ob man zum Beispiel wie in der klassischen Psychoanalyse von einer »Hermeneutik des Verdachts« ausgeht, die ein Menschenbild der Selbstvergessenheit impliziert. Bei diesem kann der Betreffende nicht »Herr im eigenen Hause« sein und benötigt deshalb den Psychoanalytiker als Archäologen und Detektiv an seiner Seite, um Widerstände gegen die ständige Tendenz zum Verdrängen und Ungeschehen machen aufzudecken. Oder ob man widerständiges Verhalten lediglich darin erblickt, dass das Bewusstsein introspektiv immer nur selektiv Geschehnisse erfassen kann, die ihm aber deswegen nicht generell unzugänglich sein müssen, wie zeitgenössische relationale Psychoanalytiker postulieren (z. B. Wachtel, 2008). Oder ob man von Traumatisierungen ausgeht, deren Folgen sehr früh in unserem Gedächtnis kodiert worden sind. Sind diese tatsächlich nur selektiv ausgeblendet oder sollte man besser davon ausgehen, dass sie in einer »tieferen« Schicht des unbewusst operierenden Gedächtnisses zugange sind, die uns aber keineswegs bewusst verfügbar sind? Sind diese Vorgänge aber vielleicht in unserem Interaktionsverhalten dennoch permanent präsent und entgehen zwar unserer eigenen Aufmerksamkeit, weil wir in der Regel so stark auf die verbalen Inhalte unserer Kommunikation konzentriert sind, werden aber durchaus von unseren Interaktionspartnern bemerkt?

6.2 Die klassische Einteilung der Widerstände

Die Möglichkeit, alles ohne innere Zensur erzählen zu können, stößt bekanntlich auf bewusste und unbewusste Überich-Ängste und Schamgefühle. Unterbrechungen, Pausen, Themenwechsel, Inkohärenzen, aber auch ausgiebiges Verweilen in der Vergangenheit, Ausweichen auf Nebensächliches sind die auffallendsten Anzeichen für das Manifestwerden eines Widerstands. Und obwohl die erzählten Inhalte oberflächlich betrachtet scheinbar keinen Widerstand erkennen lassen, wird doch auf einer unbewussten Ebene ein roter Faden erkennbar, der ihn plausibel erscheinen lässt. Der so genannte »Assoziationswiderstand« wurde schon bald von Freud beschrieben (▶ Kap. 2); in der Folge kamen weitere Formen des Widerstands hinzu.

In seiner »Selbstdarstellung« (1925d) kam Freud noch einmal auf den vordergründig erstaunlichen Sachverhalt zu sprechen, wieso ausgerechnet die freie Assoziation das verdrängte Material zum Vorschein bringen soll. Aber die freie Assoziation ist ja nicht wirklich frei, sondern geschieht unter dem Einfluss der analytischen Situation, in welcher der Patient sich auch immer mit den vermeintlichen Erwartungen seines Analytikers bewusst und unbewusst auseinandersetzt:

6.2 Die klassische Einteilung der Widerstände

»Man hat das Recht anzunehmen, daß ihm nichts anderes einfallen wird, als was zu dieser Situation in Beziehung steht. Sein Widerstand gegen die Reproduktion des Verdrängten wird sich jetzt auf zweierlei Weise äußern. Erstens durch jene kritischen Einwendungen, auf welche die psychoanalytische Grundregel gemünzt ist. Überwindet er aber in Befolgung der Regel diese Abhaltungen, so findet der Widerstand einen anderen Ausdruck. Er wird es durchsetzen, daß dem Analysierten niemals das Verdrängte selbst einfällt, sondern nur etwas, was diesem nach Art einer Anspielung nahe kommt, und je größer der Widerstand ist, desto weiter wird sich der mitzuteilende Ersatzeinfall von dem Eigentlichen, das man sucht, entfernen. Der Analytiker der in Sammlung, aber ohne Anstrengung zuhört und der durch seine Erfahrung im allgemeinen auf das Kommende vorbereitet ist, kann nun das Material, das der Patient zu Tage fördert, nach zwei Möglichkeiten verwerten. Entweder gelingt es ihm bei geringem Widerstand, aus den Andeutungen das Verdrängte selbst zu erraten, oder er kann, bei stärkerem Widerstand, an den Einfällen, die sich vom Thema zu entfernen scheinen, die Beschaffenheit dieses Widerstandes erkennen, den er dann dem Patienten mitteilt. Die Aufdeckung des Widerstandes ist aber der erste Schritt zu seiner Überwindung. So ergibt sich im Rahmen der analytischen Arbeit eine Deutungskunst, deren erfolgreiche Handhabung zwar Takt und Übung erfordert, die aber unschwer zu erlernen ist« (S. 66 f.).

Der 70-jährige Freud fasste in seiner Revision der Angsttheorie »Hemmung, Symptom und Angst« (1926d) noch einmal die fünf Arten des Widerstands zusammen, die sich für ihn als die wichtigsten herausgestellt hatten. In seiner strukturpsychologischen Terminologie stammen diese vom Es, Ich und Überich ab. Das Ich erweist sich als die Quelle von drei Widerständen, die sich in ihrer Dynamik deutlich unterscheiden: der Verdrängungswiderstand, der Übertragungwiderstand und der Widerstand aufgrund eines Krankheitsgewinns. Ferner gibt es noch den Es-Widerstand, der sich aus dem Wiederholungszwang und dem Festhalten an erworbenen Gewohnheiten und Funktionsweisen ergibt und den Überich-Widerstand, der mit unüberwindbar scheinenden Schuldgefühlen zu tun hat.

Sandler, Dare und Holder (1973, S. 74 f.) haben der Freud'schen Zusammenstellung noch folgende Quellen hinzugefügt:

- Widerstände aufgrund der Bedrohung, die das analytische Verfahren für die vom Patienten jeweils angestrebten Anpassungen darstellt
- Widerstände, die dadurch ausgelöst werden, dass Veränderungen im Patienten zu Schwierigkeiten in seinen Beziehungen zu wichtigen Personen seiner Umwelt (zum Beispiel Ehepartner) führen

- Widerstände, die durch die Gefahr einer Heilung und dem damit verbundenen Verlust des Analytikers ausgelöst werden, der als schützende und versorgende Elternfigur erlebt wird
- Widerstände aufgrund der Gefährdung des Selbstwertgefühls durch die analytische Arbeit. Vor allem Patienten mit großer Schamanfälligkeit erleben kindliche Wünsche und Phantasien als sehr beschämend
- Widerstände gegenüber dem Aufgeben früherer adaptiver Lösungen. Der zeitaufwändige Prozess des Umlernens ist integraler Bestandteil des Durcharbeitens
- Widerstände, die durch uneinfühlsames Vorgehen und ungeeignete behandlungstechnische Maßnahmen des Analytikers ausgelöst werden, die – wenn sie unerkannt bleiben – auch zum Behandlungsabbruch führen können.

6.3 Einige Aspekte zeitgenössischer Auffassungen über Widerstände

Der Verdrängungswiderstand bleibt auch aus heutiger Sicht gewiss eine wichtige Form des Widerstands. »Verdrängung« steht hierbei für eine Anzahl von Abwehrvorgängen, wie zum Beispiel Projektion, Reaktionsbildung, Identifizierung mit dem Aggressor, Wendung gegen das eigene Selbst u. a. m. Diese Formen der Abwehr haben zur Folge, dass bestimmte Emotionen, Wünsche und Gedanken vom reflektierenden Bewusstsein abgehalten werden. Bekannte Beispiele hierfür sind etwa Tötungsphantasien, die einem Elternteil oder einem Geschwister gelten, sexuelle oder narzisstisch grandiose Wünsche. Ein typischer Verlauf besteht darin, dass Abkömmlinge dieser Phantasien und Wünsche in den Erzählungen und Träumen eines Patienten auftauchen, für kurze Zeit bewusst bleiben dürfen, um dann wieder erneut einer Verdrängung anheimzufallen. Der Verdrängungswiderstand weist eine innige Verbindung zum Überich-Widerstand auf, der aufgrund des zeitgenössischen

6.3 Einige Aspekte zeitgenössischer Auffassungen über Widerstände

objektbeziehungstheoretischen Denkens allerdings nicht mehr mit dem globalen Strukturkonzept des Überichs in Zusammenhang gebracht wird, sondern mit konflikt- und interaktionsspezifischen Beziehungserfahrungen strafender Art, die beispielsweise mit der Mutter bzw. mit dem mütterlichen Introjekt hinsichtlich bestimmter Wünsche zu tun haben.

Bei Patienten mit einer gering ausgebildeten Ichstruktur tritt neben den Verdrängungswiderstand auch noch die Spaltung. Diese Personen können sich, wenn sie sich in einem bestimmten Bewusstseinszustand befinden, zum Beispiel voller Hassgefühle auf ihren Partner sind, nicht daran erinnern, dass sie vor kurzem noch davon überzeugt waren, ihn zu lieben und ohne ihn nicht leben zu können (Kernberg, 1984).

Der Übertragungswiderstand ist vor allem seit den Arbeiten von Merton Gill (1982) zu einem zentralen behandlungstechnischen Konzept der post-ichpsychologischen Psychoanalyse geworden. Unter Verwendung einer Unterscheidung, die bereits Leo Stone (1973) gemacht hatte, unterschied Gill den »Widerstand gegen das Involviert-Werden in die Übertragung«, den »Widerstand gegen das Bewusstwerden der Übertragung« und den »Widerstand gegen die Auflösung der Übertragung«. Vor allem die Analyse und das Durcharbeiten der beiden zuletzt genannten Widerstandsformen wurde ab den 1980er-Jahren zu so etwas wie einem Alleinstellungsmerkmal der Psychoanalyse. In unzähligen, mehr oder weniger versteckten und verschlüsselten Anspielungen nimmt der Patient Bezug auf die Hier-und-Jetzt-Beziehung zu seinem Analytiker, wehrt sich aber zur gleichen Zeit gegen das Aussprechen oder gegen das Bewusstwerden dieser Anspielungen. Diese Bezugnahmen stellen eine komplexe Mischung aus Übertragungselementen, projektiven Vorannahmen und Hier-und-Jetzt-Eindrücken dar, die über die vorbewussten und unbewussten Objektbeziehungen eines Patienten Aufschluss vermitteln. Am bekanntesten sind Beziehungsanspielungen, in denen der Patient über eine andere Person spricht und damit vorbewusst oder unbewusst auch und vor allem den Analytiker meint.

Beim Widerstand gegen die Auflösung einer Übertragung hat ein Patient zwar bereits bewusst wiederholt erkannt, dass sich in seine Wahrnehmung immer wieder die gewohnten Erwartungen einschleichen. Aber es gelingt ihm noch nicht, die vertrauten Muster ausreichend zu verändern. Ein großer Teil des analytischen Durcharbeitens bezieht sich deshalb auf den Widerstand gegen die Auflösung der Übertragung. Seit dem Vertraut-Werden mit unterschiedlichen Gedächtniskodierungen muss allerdings sorgfältig überlegt werden, ob die Veränderungsresistenz nicht auch mit dem bereits früh im Leben konditionierten impliziten Beziehungsregeln zu tun hat, deren Wirksamkeit im Verlauf einer Langzeittherapie zwar immer besser erkannt werden kann, die deshalb aber noch nicht so leicht verändert werden können (▶ Kap. 7).

Den Widerstand gegen das Involviert-Werden in die Übertragung findet man häufig bei betont um ihre Autonomie und Autarkie bemühte Patienten, die sich gleichsam mit Händen und Füßen gegen ein gefühlsmäßig intensiveres Sich-Einlassen auf die Beziehung zu ihrem Therapeuten wehren. Natürlich übertragen auch diese Patienten ihre frühen Entwicklungstraumatisierungen und Konflikte, aber sie versuchen sich mit intellektualisierenden Argumenten vor einem stärkeren Ergriffen-Werden zu schützen. Sie erwarten sich von ihrem Therapeuten eher Ratschläge, wie sie mit Partner und Arbeitskollegen umgehen sollen, anstatt sich auf ihre innere Welt einzulassen.

Wie so oft in der Geschichte der psychoanalytischen Behandlungstechnik wechseln sich bevorzugte Interventionsmodi in periodischen Abständen miteinander ab. Nach wie vor wird die Übertragungsanalyse im Hier und Jetzt in der Post-Ichpsychologie, in der postkleinianischen Objektbeziehungstheorie und bei den zeitgenössischen Freudianern für absolut wichtig erachtet. Bei einigen Psychoanalytikern der sog. britischen Unabhängigen oder Middle Group und in der französischen Richtung wird hingegen die forcierte Übertragungsanalyse als oberflächliche, interpersonelle und sozialpsychologische Vorgehensweise eingeschätzt, die von einem tieferen Verstehen des Unbewussten wegführt. Diese Gegenbewegung hat in der Gegenwart ihren eindeutigen Befürworter in Christopher Bollas gefunden. Dieser Autor äußert massive Bedenken gegen eine zu häufig angewendete Übertragungsdeutung. Denn er sieht in ihr eine Unterbrechung der freien Assoziation und der gleichschwebenden Aufmerksamkeit und damit eine Gefährdung der nichtbewussten, nonverbalen Kommunikation, die eine nichtbewusste Partizipation an den Gefühlen des anderen ermöglicht. Diese ständig mitlaufende, in der Regel unbewusst bleibende Kommunikation hat eine wichtige therapeutische Wirkkraft, die durch eine Übertragungsdeutung jäh unterbrochen werden kann. Nach Bollas sollte ein Analytiker, der in Versuchung gerät, die Übertragung anzusprechen, sich zuvor immer fragen: Wann wird er als jemand benötigt, der einen sicheren Hintergrund für die Wachtraum-Aktivität seines Patienten bieten soll und wann wird er gelegentlich als jemand gebraucht, der für eine interpersonelle Klärung bereitsteht?

Eine andere wichtige Thematik bildet die durch Rezeption der Gedächtnispsychologie bekannt gewordene Auffassung, dass implizite Erfahrungen in den ersten beiden Lebensjahren noch keine sprachlich symbolische Repräsentierbarkeit erfahren haben. Vor allem der Kleinkindforscher Stern und die Bostoner Gruppe, die sich mit Veränderungsprozessen in Analysen beschäftigt haben, betonten, dass es für einen Patienten schädlich sei, ihmeinen Widerstand zu unterstellen, wenn seine früh erworbenen Beziehungsregeln doch in erster Linie auf eine Konditionierung zurückgehen, die keine Absichtlichkeit zu enthalten scheint. Allerdings lässt sich diese strikte Zweiteilung nicht aufrechterhalten und die Bostoner Gruppe bezieht mittlerweile eine differenziertere Position zu dieser Thematik (Boston Change Process Study Group, 2008).

6.4 Sind alle Widerstände interaktionell?

Alle Widerstände eines Patienten als interaktionell verursacht einzuschätzen, würde in das andere Extrem einer Ein-Personen-Psychologie fallen. Diese wurde ja häufig Freud zugeschrieben, aber eine genauere Betrachtung seiner Schriften zeigt, dass er sehr wohl darum wusste, welche Widerstände gegen eine Veränderung vom Analytiker ausgehen können. Unvergessen bleibt zum Beispiel seine Auffassung, dass ein Patient jeweils nur soweit kommt, wie es dem Therapeut selbst gelungen ist, mit eigenen Konflikten und Traumatisierungen umzugehen (▶ Kap. 7). Und von Heinrich Racker (1968) stammt die oft zitierte Auffassung, dass ein unterschiedlich großer Anteil innerer Konflikte bei jedem Psychotherapeuten ungelöst geblieben ist, der nun in der Arbeit mit Patienten wieder aktualisiert werden und zu entsprechenden Abwehrbewegungen und Widerständen führen kann.

Selbstverständlich setzt jeder Patient Abwehrprozesse ein, die seiner ganz spezifischen Biographie und Persönlichkeitsstruktur entstammen und die nun im Zusammentreffen mit einem ganz bestimmten Therapeuten entsprechende Widerstände triggern. Es wäre aber unrealistisch anzunehmen, dass diese Widerstände überwiegend mit der Person des jeweiligen Therapeuten zu tun haben oder durch ihn allein ausgelöst werden. Dieses Zusammenspiel ist vielmehr sehr viel subtiler, keineswegs rasch zu erkennen und bedarf in der Regel einer erheblichen Anstrengung, um durchgearbeitet werden zu können.

Aber natürlich gibt es immer wieder Oberflächenphänomene, die sehr schnell zu einem widerständigen Verhalten bei einem Patienten führen können, häufig bereits im ersten Kontakt, in dem entweder von vornherein z. B. die Einrichtung der Praxis als aversiv erlebt wird oder sich ein Therapeut tatsächlich grob uneinfühlsam oder gar autoritär verhält. So beklagte zum Beispiel ein Patient sich darüber, dass er sich nach den ersten beiden Gesprächen von seiner Therapeutin wieder verabschiedet habe, weil es ihn störte, dass in ihrem Bücherregal viele Stoffpuppen aufgereiht gesessen hätten. Hatte dies bei ihm zu schnell einen Wunsch, regredieren zu können, ausgelöst und/oder war dies eher eine Rationalisierung seiner Angst vor einer ziemlich attraktiven Therapeutin, die starke Hingabewünsche in ihm wachrief?

In einem anderen Fall ließ der Analytiker seinen Patienten, der zwei Minuten zu früh geklingelt hatte, vor der Praxistür warten. Dieses Verhalten erinnerte den Patienten so stark an seinen autoritären Vater, dass er zum zweiten Vorgespräch nicht mehr erschien.

Abgesehen von uneinfühlsamem Verhalten, Taktlosigkeit, Unkonzentriertheit, mangelhafter Ausbildung, Überfordert-Sein, Abgelenkt-Sein aufgrund von schwierigen Lebensumständen oder Krankheiten, ungelösten eigenen Konflikten, gibt es aber durchaus Phänomene subtiler Art im Analytiker selbst, die zum Widerstand eines Patienten beitragen können.

6.4 Sind alle Widerstände interaktionell?

Stellen wir uns hierzu einmal eine Phantasie eines Analytikers über seinen idealen Patienten vor: Dieser sollte sich entweder besonders intensiv und lange auf den analytischen Prozess einlassen (dies zum Beispiel bei einem Analytiker, der Langzeittherapien bevorzugt und für das einzig Wahre hält) oder aber der Patient sollte nach kürzester Zeit grundlegende Einsichten erworben haben und sie in die Tat umsetzen (so zum Beispiel bei einem Therapeuten, der Kurztherapien bevorzugt, sich nicht allzu lange mit einem Patienten beschäftigen möchte und schnelle Erfolgserlebnisse haben will). Der Patient soll recht bald Übertragungsphantasien zulassen, ohne sich in einen narzisstischen Kokon einzuspinnen und damit affektiv unberührbar zu bleiben oder die Therapie zu einem Beratungsprozess umfunktionieren zu wollen. Es soll möglich sein, dass man mit ihm diese Phantasien gut und tiefgehend besprechen kann, dass er dazu viele Einfälle hat und er sich davon gefühlsmäßig angesprochen fühlt. Es wäre optimal, wenn in jeder zweiten oder dritten Stunde ähnliche Übertragungskonstellationen erlebbar werden, so dass ein kontinuierlicher Prozess des Durcharbeitens über den Verlauf der gesamten Therapie erfolgen kann. Dabei können durchaus projektive Identifizierungen stattfinden, in denen der Patient ungeliebte Selbstanteile in seinem Therapeuten unterzubringen versucht, aber es ist auch wichtig, dass er nach einiger Zeit diese projizierten Anteile in mittlerweile durch den Therapeuten umgewandelter Form wieder zurücknehmen und nunmehr in sein dadurch komplexer werdendes Selbstverständnis integrieren kann. Widerstände sollen hierbei durchaus auftreten, denn eine allzu schnelle Veränderungsbereitschaft würde eher an eine Übertragungsheilung oder an ein falsches Selbst bzw. eine allzu große Anpassungsbereitschaft denken lassen, bei der die tieferen Strukturen aber nicht angesprochen würden. Aber der Widerstand sollte auch schrittweise bearbeitbar sein, sich zwar nicht zur Gänze auflösen, aber sich doch kontinuierlich durcharbeiten lassen. Ganz wichtig sind auch Träume, die in einer bildhaften Metaphorik besonders gut aufscheinen lassen, wie der Patient Tagesreste, vor allem auch aus der Therapiesituation, in seine unbewussten Phantasien einbaut und seinem Therapeuten damit eine Rückmeldung darüber gibt, wie er ihn und seine Interventionen auf dem Hintergrund seines Geworden-Seins erlebt. Das Nachspüren-Können der Trauminterpretatio-

6 Warum ist Veränderung so schwierig?

nen lässt neue Bedeutungsnetzwerke auftauchen, die mit den ursprünglichen Konflikten zusammenhängen.

Er bräuchte keineswegs alle Emotionen in Worte fassen zu können, auch könnten anfänglich durchaus somatisierende Anteile und Unrepräsentiertes vorhanden sein, aber nach und nach sollte der Anteil an verwörterbaren Gefühlen, die selbstverständlich eine Verbindung zu den tieferen körperlichen Affekten aufweisen und nicht nur intellektuelle Worthülsen sind, immer stärker werden. Auch die Einfühlung in sich selbst und andere Menschen müsste zu Beginn der Therapie nicht perfekt sein, aber doch zunehmend umfassender werden. Kurzum, der Patient dürfte durchaus strukturelle Einschränkungen, die mit seinen Traumatisierungen und Konflikten zu tun haben, aufweisen, aber diese sollten sich im Lauf der Zeit doch deutlich verändern. Keine Frage, dass die anfänglichen Symptome nach und nach geringer werden und schließlich gänzlich verschwinden, da es gelungen ist, die zu Grunde liegenden Kompromissbildungen aufzulösen und die gehemmten oder brachliegenden Ich-Funktionen nachentwickeln zu lassen. Die Selbstheilungskräfte im Patienten würden auf diese Weise gestärkt werden und neue, nie geahnte Kräfte und kreative Möglichkeiten entstünden.

Voller Dankbarkeit über das Bekommene und das vorher nicht für möglich Gehaltene könnte sich dann der Patient von seinem Therapeuten trennen, nicht ohne zuvor eine angemessene Trauer erlebt zu haben.

Auch wenn dies wie eine Karikatur klingt, gelegentlich gibt es durchaus zumindest annäherungsweise solche Erfahrungen. Aber die Regel sind doch eher Patienten, die hartnäckige Widerstände aufweisen, sich zunächst oder längere Zeit nur ungern verändern, zwischendurch an der Therapie zweifeln und mit denen man viele Durststrecken zurücklegen muss, bevor sich grundlegende Verbesserungen zeigen.

Was läuft in einem Therapeuten ab, der mit diesen Erfahrungen konfrontiert wird? Sein Patient verhält sich nicht erwartungskonform. Er zeigt nicht den Übertragungsverlauf, der in verschiedenen psychoanalytischen Theorien immer wieder so eindrucksvoll beschrieben wird. Einsichten, die wichtig schienen, sind nach wenigen Stunden wieder vergessen oder werden als hilfreich erlebte Äußerung eines Bekannten oder Freundes zitiert. Alles, was eine Abhängigkeit erkennen lassen würde, wird verleugnet; Übertragungskonflikte werden im Außen agiert statt sie in der Beziehung zu bearbeiten.

Kurzum, nicht wenige Patienten enttäuschen die Hoffnungen ihres Therapeuten, etwas wiederzufinden, womit er sich identifiziert hat und wonach er sein berufliches Leben lang sucht. Als Therapeut bevorzugt man in der Regel solche Theorien, die zur eigenen Persönlichkeit, seinen erlebten Traumatisierungen und Konflikten passen; die Auseinandersetzung damit, die zumeist während der Ausbildung geschah, wirkte oftmals wie eine Erleuchtung. In der Arbeit mit Patienten möchte er diese Theorien weitergeben und in der praktischen Arbeit wiederfinden (vgl. Wilson, 2003). Die Erfahrung, dass sein Patient nun diesen Wunsch vielfach durchkreuzt, löst eine narzisstische Kränkung aus, die sich als narzisstisch motivierter (Gegen-)Widerstand äußern kann: Gleich kommt wieder XY, dieser schwierige Patient, der sich nicht verändern will, der nur Ansprüche stellt, aber nichts zur gemeinsamen Aufgabe beitragen will, der immer wieder ausweicht, Langeweile verbreitet, ärgerliche Gefühle erzeugt. Soll man sich für diesen schwierigen Menschen tatsächlich engagieren? Ihn immer wieder zu verstehen versuchen, obwohl er sich so sehr dagegen sträubt? Soll man seine wertvolle Zeit mit ihm verbringen, obwohl er sich auf keine tiefere Beziehung einlassen möchte?

Patienten spüren in unterschiedlichem Ausmaß diese Erwartungen und Gekränktheiten ihrer Therapeuten und sind nun ihrerseits gekränkt. Sie haben das Gefühl, dass ihr Therapeut von einer vorgefertigten Theorie ausgeht, aber sich nicht wirklich auf sie bezieht und auf das hört, was sie zu sagen haben. Es würde dann nicht verwundern, dass sie ihrerseits einen Widerstand entwickeln.

Zusammenfassung

Ausgehend von der allzu menschlichen Tendenz, sich Veränderungen des ursprünglich Gelernten zu widersetzen und die Unlust zu vermeiden, die mit dem Zulassen von neuen Erfahrungen einhergeht, wurde auf einige Widersprüche aufmerksam gemacht. Zum einen bestehen bei Patienten intensive Veränderungswünsche, da sie deutlich spüren, wie eingeschränkt ihr bisheriges Leben aufgrund vielfältiger Umstände ist, zum anderen richtet sich dagegen ein manchmal erheblicher Widerstand. Die klassischen Auffassungen über den Ursprung von Widerständen wurden ebenso wie einige neuere Konzepte skizziert.

Sind die Abwehr eines zwangsneurotischen Patienten oder einer magersüchtigen Patientin und ihre entsprechenden Widerstände durch den Therapeuten mitbedingt? Selbstverständlich sind sie es in dieser Pauschalität nicht, aber dennoch existieren subtile interaktive und intersubjektive Phänomene, die zum Widerstand eines Patienten beitragen können. Deshalb wurde abschließend noch die Thematik angesprochen, dass Patienten aufgrund unterschiedlicher Gründe, sich nicht verändern zu können oder zu wollen, Enttäuschungen bei ihren Therapeuten auslösen, die manchmal sogar zu einem therapeutischen Stillstand führen.

Literatur zur vertiefenden Lektüre

Focke, J. (2010). Widerstand, Übertragung und die Gefährdung des psychischen Gleichgewichts. *Psyche – Z Psychoanal, 64,* 34–58.
Gutwinski-Jeggle, J. (2012). »Ihr knackt mich nicht!« Von der Angst vor psychischer Veränderung und der Schwierigkeit, destruktive Abwehr zu transformieren. In B. Nissen (Hrsg.), *Wendepunkte. Zur Theorie und Klinik psychoanalytischer Veränderungsprozesse* (S. 271–304). Gießen: Psychosozial-Verlag.
Schneider, G. (2005). Die Gefahr der Heilung – psychische Veränderung als tödliche Bedrohung. *Jahrbuch der Psychoanalyse, 51,* 181–212.
Streeck, U. (1995). Die interaktive Herstellung von Widerstand. *Zeitschrift für Psychosomatische Medizin und Psychoanalyse, 41,* 241–252.
Weiß, H. (2009). *Das Labyrinth der Borderline-Kommunikation. Klinische Zugänge zum Erleben von Raum und Zeit.* Stuttgart: Klett-Cotta.

Fragen zum weiteren Nachdenken

- Macht es noch Sinn, von »Widerstand« zu sprechen, wenn man aufgrund neurowissenschaftlicher Erkenntnisse mittlerweile weiß, dass psychische »Störungen« bereits in einer sehr frühen Lebenszeit entstehen und nahezu unauslöschlich ins Gehirn »eingebrannt« werden?

6.4 Sind alle Widerstände interaktionell?

- Was würde diese Erkenntnis für die Veränderbarkeit psychischer Strukturen bedeuten?
- Und wie verändert sich diese Auffassung, wenn man die späteren Überformungen und sprachlichen Fassungen des früh Entstandenen hinzunimmt?

7 Was heilt? Von der Übertragungsdeutung zum Umgang mit der interpsychischen Kommunikation – Veränderungsprozesse in der Psychoanalyse

Einführung

Ausgehend von den Anfängen der Psychoanalyse, in der die Metapher des Archäologen und das Wiederfinden verschütteter und verdrängter Erinnerungen im Mittelpunkt standen, werden verschiedene Auffassungen und Konzepte skizziert, die seit Freud mit der Absicht entwickelt worden sind, Veränderungen in den Leidenszuständen der Patienten zu erzielen. Diese reichen von einem Bewusstmachen von verzerrenden Wahrnehmungen, die durch Übertragungsvorgänge beim Patienten entstanden sind, über die Analyse und den Umgang mit Gegenübertragungsreaktionen, die Verbesserung von Ich-Funktionen, die Reflexion des subjektiven Einflusses auf das intersubjektive Geschehen bis hin zum Sich-Bewusstmachen der interpsychischen Kommunikation, die kontinuierlich abläuft und eine Matrix des unbewussten Prozessgeschehens bildet.

Lernziele

- Zur Kenntnis nehmen, wie die Erkenntnisse über die Arbeitsweise des Gedächtnisses zu einem allmählichen Aufgeben der Archäologiemetapher in der Psychoanalyse geführt haben
- Sich anhand eines Beispiels mit den verschiedenen Konzeptionen über Veränderungsprozesse vertraut machen, die im Laufe des 20. Jahrhunderts entstanden sind

- Erfahren, warum es für einen Patienten wichtig ist, im dyadischen Austausch auf einer nichtbewussten Ebene vom Unbewussten des Analytikers lernen zu können
- Sich damit vertraut machen, warum in der zeitgenössischen Psychoanalyse die Auffassung vorherrscht, dass die Persönlichkeit des Therapeuten von ausschlaggebender Bedeutung für Veränderungsprozesse im Patienten ist
- Zur Kenntnis nehmen, warum trotz dieser veränderten Auffassungen das Erinnern lebengeschichtlich prägender Erfahrungen nach wie vor bedeutsam ist

7.1 Vom Archäologen und Detektiv zum intersubjektiven, miterlebenden Mitgestalter

> »Ich gebe der Hoffnung Ausdruck, daß die fortschreitende Erfahrung der Psychoanalytiker bald zu einer Einigung über die Fragen der Technik führen wird, wie man am zweckmäßigsten die Neurotiker behandeln solle« (Freud, 1912e, S. 387).

Der Psychoanalytiker als Archäologe, Detektiv, Beobachter, Sprachwissenschaftler, Künstler, Erzieher, haltende Mutter oder strukturgebender Vater stellen einige der bekanntesten Charakterisierungen dar, mit denen Freud und seine Schüler die psychoanalytische Tätigkeit metaphorisch beschrieben haben.

Immer wieder verglich er die Psychoanalyse mit der Tätigkeit eines Archäologen: »Alles Wesentliche ist erhalten, … ist noch irgendwie und irgendwo vorhanden, nur verschüttet. … Es ist nur eine Frage der analytischen Technik, ob es gelingen wird, das Verborgene vollständig zum Vorschein zu bringen« (Freud 1937d, S. 46).

In diesem Modell verhilft der Analytiker dem Patienten dazu, verdrängte Erinnerungen in seiner repräsentationalen Welt bewusst werden zu lassen. Die nicht fokussierte Aufmerksamkeit auf die Mitteilungen seines Patienten ermöglicht es ihm dabei, sich auf die Abkömmlinge der verdrängten unbewussten Phantasien einzustellen, so wie ein Archäologe auf die kleinsten Anzeichen achtet, die beim Aushub der Erde zum Vorschein kommen und nicht achtlos das vermeintlich wertlose Material zur Seite räumt.

Wenngleich dieses archäologische Modell immer noch diejenige Suchhaltung verkörpert, mit der die Psychoanalyse bis zum heutigen Tag von Außenstehenden charakterisiert wird, so ist sie doch im 20. Jahrhundert um mehrere entscheidende Dimensionen erweitert und verändert worden.

Aber auch schon bei Freud zeigten sich Zweifel, ob es jemals gelingen wird, verdrängte Kindheitserinnerungen ins Gedächtnis zurückzubringen. Denn er war keineswegs nur ein »Speichertheoretiker«, sondern er wusste bereits um den konstruierenden Charakter des menschlichen Gedächtnisses. So schrieb er zum Beispiel:

»Vielleicht ist es überhaupt zweifelhaft, ob wir bewusste Erinnerungen aus der Kindheit haben, oder vielmehr bloß an die Kindheit. Unsere Kindheitserinnerungen zeigen uns die ersten Lebensjahre nicht, wie sie waren, sondern wie sie späteren Erweckungszeiten erschienen sind. Zu diesen Zeiten der Erweckung sind die Kindheitserinnerungen nicht ... aufgetaucht, sondern sie sind damals gebildet worden und eine Reihe von Motiven, denen die Arbeit historischer Treue fern liegt, hat diese Bildung sowie die Auswahl der Änderungen mit beeinflusst« (Freud, 1899a, S. 553 f.).

Und bereits 1896 schrieb er an Fließ: »... ich arbeite mit der Annahme, daß unser psychischer Mechanismus durch Aufeinanderschichtung entstanden ist, indem von Zeit zu Zeit das vorhandene Material von Erinnerungsspuren eine *Umordnung* nach neuen Beziehungen, eine *Umschrift* erfährt« (Freud, 1985c, S. 217).

Mit verschiedenen Konzepten haben Freud und die nachfolgende Generation der dynamischen Funktion des Gedächtnisses Rechnung getragen: Deckerinnerungen, Nachträglichkeit, das Ineinanderschieben von Erinnerungen (Telescoping), Vergangenheits- und Gegenwarts-Unbewusstes sind die bekanntesten Konzepte. Entgegen der populärpsychologischen Vereinfachung, dass ein Psychoanalytiker lediglich vergangenheitsorientiert arbeite, war bereits in der Mitte des 20. Jahrhunderts klar, dass Erinnerungen an das Damals immer in der Gegenwart konstruiert werden. Natürlich sind diese Konstruktionen nicht völlig aus der Luft gegriffen, sondern sie knüpfen an Spuren vorhandener im Langzeitgedächtnis »aufbewahrter« Erinnerungsfragmente an; es handelt sich hierbei mit großer Wahrscheinlichkeit um besonders eindrückliche Beziehungserfahrungen, die mit starken Affekten, zum Beispiel mit Freude und Stolz, aber auch mit starker Angst einhergingen. Dennoch können selbst Erinnerungen, die sich mit größter Evidenz aufdrängen, Deckerinnerungen oder Deckaffekte sein.

In der Gegenwart wird das Gedächtnis als ein ständiger »Rekategorisierungs- und Synthetisierungsprozess« begriffen. Insbesondere das deklarative, autobiographische Gedächtnissystem wird einer kontinuierlichen Umarbeitung aufgrund neuer Erfahrungen und unter dem Einfluss von Wünschen, Interessen und Stimmungen, die aber ebenfalls interaktiv ausgelöst werden, unterzogen. Hinweisreize, die von einem Gegenüber ausgehen, triggern in der Wahrnehmung, die aber nicht oder nur randständig bewusst zu werden braucht, bestimmte affektive Knotenpunkte, die das Ausgangsmaterial für Erinnerungskonstruktionen, für Tag- und Nachtträume bilden.

Zwar entwerfen auch noch heutige Psychoanalytiker Hypothesen über Traumatisierungen und Konflikte, die in der Vergangenheit des Patienten stattgefunden haben. Aber so wie sich schon bei Freud Zweifel darüber einstellten, ob die Traumen der Kindheit wirklichkeitsgetreu zu rekonstruieren seien, so wurden auch von seinen Schülern schon recht bald erhebliche Abstriche an der Gültigkeit biographischer Rekonstruktionen gemacht. Das in der Gegenwart häufig erwähnte »false memory syndrome« hat also schon eine ziemlich lange Vorgeschichte.

Aber auch wenn Gedächtnisprozesse einer ständigen Überarbeitung und mannigfachen Erinnerungstäuschungen unterliegen, werden gleichwohl Spuren traumatisierender Erfahrungen vor allem im impliziten Gedächtnis aufbewahrt und können einen lebenslangen Einfluss ausüben (z. B. Mancia, 2006). Eine besondere Aufmerksamkeit erhielt dabei in den letzten Jahren das aufgrund unzureichender Beelterung nur schwach oder überhaupt noch nicht Repräsentierte, das aber dennoch seine impliziten Spuren im leibseelischen Zusammenhang hinterlassen hat. Bions (1962) Konzept der beta-Elemente, die Auswirkungen einer »toten«, d. h.

emotional wenig verfügbaren Mutter (Green, 1983), Bollas' (1997) Konzept des »ungedacht Bekannten«, die unmentalisierte Erfahrung (Mitrani, 1995) stehen als Beschreibungen für körperliche Prozesse, die prinzipiell symbolisierungsfähig gewesen wären, aber in der (frühen) Kindheit zu wenig elterliche Aufmerksamkeit erfuhren.

Bereits Symbolisiertes kann nachträglich aber auch wieder zerstört werden, indem existierende Verbindungen aktiv unterbrochen werden. Es kommt dann zu einer Verwerfung von solchen bildlichen und sprachlichen Repräsentanzen, die anfänglich mit einer emotionalen Bedeutung einhergingen, wie z. B. einer ursprünglich liebevollen und sehnsüchtig herbeigewünschten Mutter, die dann aber z. B. infolge der Geburt eines Geschwisters überfordert war und dem Kind fortan seine Aufmerksamkeit entzog. Verschiedene Begriffe werden hierfür verwendet, wie z. B. Desobjektalisierung (Green, 1975, Dammann, 2014) oder Desymbolisierung (z. B. Freedman, 1983, 1985).

Nicht zuletzt aufgrund dieser Kenntnisse über die Arbeitsweise unseres Gedächtnisses sowie der Vorgänge der Symbolisierung und Repräsentanzenbildung wurde das Hier und Jetzt der analytischen Beziehung zum Dreh- und Angelpunkt für alle Interventionen. Dennoch gibt es unterschiedliche Auffassungen darüber, was im Hier und Jetzt der analytischen Begegnung die intensivste Veränderungswirkung ausübt. Ist es die sprachlich basierte und emotional fundierte Einsicht über die Hintergründe eines konflikthaften Verhaltens, das aufgrund einer verzerrten Wahrnehmung zustandekommt? Ist es das wohltuende und noch niemals in dieser Intensität erfahrene Verstanden-Werden und Zugehört-Bekommen? Ist es die neue Erfahrung, die man entgegen allen Erwartungen und Befürchtungen mit seinem Gegenüber macht, die man zuvor nie für möglich gehalten hätte? Ist es die Verbesserung und Stärkung von kognitiven und emotionalen Ich-Funktionen, wie sich in sich selbst und andere einfühlen zu können, Affekte und Impulse mentalisieren und regulieren zu können u. a. m.? Die symbolische Repräsentation von bislang nur reflexionslos Agiertem, »ungedacht Bekanntem« (Bollas)? Ist es das Erkennen und gefühlsmäßig ergreifende Durcharbeiten von Übertragungen, die ein Patient auf seinen Analytiker vornimmt? Ist es eine Veränderung in den impliziten Mustern von Selbst- und Fremdregulierung, die oftmals gar nicht bewusst zu werden braucht? Die Identifizierung mit der inneren Arbeitsweise des Analytikers? Das Erleben eines zuvor noch nie erlebten Gefühls einer inneren Verbundenheit und synchronisierter Kommunikation? Oder eine auf den jeweiligen Patienten abgestimmte und wohldosierte Mischung von allen diesen Vorgehensweisen, bei der es zu einer Integration von Erinnerungs- und Beziehungsprozessen kommt?

7.2 Die Anfänge der Psychoanalyse: Übertragung und Gegenübertragung – Vom größten Hindernis zum mächtigsten Hilfsmittel

Das folgende Fallbeispiel soll verschiedene Etappen behandlungstechnischer Auffassungen exemplarisch veranschaulichen:

> Es handelt sich bei Frau F. um eine 38-jährige Frau, die sich aufgrund immer wieder gescheiterter Beziehungen, diverser psychosomatischer Symptome sowie eines durchdringenden Gefühls von Vergeblichkeit all ihrer privaten und beruflichen Unternehmungen seit zwei Jahren in einer analytischen Psychotherapie befindet, die in der Woche dreistündig stattfindet. Als Kind hatte sie von ihrer mit sich und ihrem Ehemann unzufriedenen Mutter, die aus eher praktischen Erwägungen einen Geschäftsmann geheiratet hatte, ihrer Auffassung nach wenig Zuwendung und Aufmerksamkeit erfahren. Zwar hatte es ihr an äußerer Versorgung und Förderung nicht gemangelt, schon früh erhielt sie Klavier- und Tennisunterricht und in der Pubertät bekam sie vom Vater sogar ein eigenes Pferd geschenkt, hatte aber immer das Gefühl, von der Mutter nie als Person im eigenen Recht gesehen zu werden und im Schatten zweier jüngerer, heute sehr erfolgreicher Brüder zu stehen, die vor allem vom Vater bevorzugt wurden. Ihn fürchtete sie wegen seiner Zornesausbrüche, empfand ihn insbesondere ihr gegenüber als streng und unberechenbar und

hatte den Eindruck, dass er auf Frauen herabsah. Gleichwohl hatte sie ihn als Kind auch sehr bewundert und geliebt. Denn er sei für sie der »authentischere« Elternteil gewesen. Mit ihrer Mutter mochte sie sich als Heranwachsende nicht identifizieren, ja verachtete sie sogar als Pubertierende, weil sie sich nicht vom Vater trennte, der zahlreiche außereheliche Affären hatte. Zeitweilig entwickelte sie sogar ansatzweise eine Magersucht, konnte diese dank ihrer Disziplin aber recht bald wieder in den Griff bekommen. Das Gymnasium absolvierte sie ohne Schwierigkeiten, hatte dann aber Probleme bei der Studienwahl, da sie sich keinen Beruf für sich als passend vorstellen konnte. Schließlich entschied sie sich für ein BWL-Studium, zu dem sie schlussendlich ihr Vater überredet hatte.

In ihren Beziehungen zu jungen Männern fühlte sie sich oft nicht verstanden. Zwar hatte sie keine Schwierigkeiten, sich zu verlieben, aber ihre Beziehungen endeten zumeist recht bald enttäuschend. Entweder gingen ihre Freunde zu wenig auf sie ein oder sie hatte das Gefühl, dass diese überwiegend mit ihren Hobbys beschäftigt seien und nach einer kurzen Zeit der Verliebtheit tauchten alsbald starke Enttäuschungs- und Wutgefühle auf. Eine Freundin hatte ihr schließlich eine Psychotherapie empfohlen. Deshalb sei sie nun hier, denn irgendetwas müsse sie ja falsch machen, wenn sie immer wieder an unpassende Männer gerate.

Im Erstgespräch fand der Analytiker, Herr A., eine äußerlich anziehende junge Frau vor, die auf ihn aber leicht unbezogen und etwas kühl wirkte und den Eindruck erweckte, als fiele es ihr schwer, ihren eigenen Anteil an ihren gescheiterten Beziehungen reflektieren zu können.

Versetzen wir uns zunächst in die Anfänge der Psychoanalyse. Anlässlich der Behandlung seiner Patientin Dora hatte Freud erkannt, dass das Erkennen der Übertragung eine entscheidende Rolle im Behandlungsverlauf einnimmt. »Die Übertragung, die das größte Hindernis für die Psychoanalyse zu werden bestimmt ist, wird zum mächtigsten Hilfsmittel derselben, wenn es gelingt, sie jedes Mal zu erraten und dem Kranken zu übersetzen« (1905e, S. 281). In der Nachschrift zu diesem Fall beschrieb Freud, die Patientin habe die Behandlung abgebrochen, weil er es versäumt hatte, die vielfältigen Übertragungselemente zu analysieren, die von Dora ausgingen.

Nahm Freud (1905e) im Fall Dora noch überwiegend an, dass die Übertragungen das Wiederfinden verloren gegangener Erinnerungen erleichtern und dass die Rekonstruktion von lebensgeschichtlich Vergessenem allein schon therapeutische Wirkung habe, so sah er in »Zur Dynamik der Übertragung« (1912b, S. 374) die Übertragung als unumgängliche Bedingung dafür, längst vergangene Beziehungserfahrungen in der Gegenwart mit allen begleitenden Affekten wiederzubeleben, »denn schließlich kann niemand *in absentia* oder *in effigie* erschlagen werden«.

Im obigen Beispiel hatte der Analytiker, Herr A., die Hypothese gebildet, dass Frau F. selbstverständlich Aspekte ihrer Mutter- und Vater-Beziehung auf ihn übertragen werde. Konkret hatte er sich vorgestellt, dass er nach Abklingen der positiven Übertragung vermutlich damit konfrontiert würde, dass sie ihn als wenig an ihr interessiert und zurückgezogen entsprechend dem mütterlichen Erleben und als eher unberechenbar und autoritär, aber auch als zugewandt entsprechend dem väterlichen Erleben charakterisieren würde; anfänglich vielleicht nur in Anspielungen und Verschiebungen in den Erzählungen über Personen außerhalb der Analyse, dann aber zunehmend mehr auch direkt auf ihn bezogen. Vielleicht würde sie – wie so oft – die kaum erinnerbaren negativen Erfahrungen mit ihrer Mutter aus den ersten Lebensjahren zunächst einmal nur mit ihrem Vater in Verbindung bringen können, um damit auch ihre ödipale Liebe kaschieren zu können.

Er war also innerlich darauf eingestellt und würde nicht das Schicksal Freuds erleiden, der es versäumt hatte, die verschiedenen negativen Übertragungsphantasien seiner Patientin Dora zu analysieren, was zum Abbruch der Analyse geführt hatte. Möglicherweise würden diese Übertragungen aber zunächst mittels idealisierender Übertragungen von Frau F. abgewehrt werden.

Wenn die durch bestimmte Erzählungen und Verhaltensweisen eines Patienten hervorgerufenen Gefühle im Analytiker einen spürbaren Einfluss ausüben, wurden sie von Freud (1910d) als Gegenübertragung bezeichnet und auf seine nicht genügend gelösten neurotischen Konflikte zurückgeführt. Diese Gegenübertragung müsse erkannt und so bald wie möglich überwunden werden. In der ersten Hälfte des 20. Jahrhunderts galten die subjektiven Reaktionen des Analytikers somit überwiegend als Störvariable, mit den eigenen ungelösten Konflikten zusammenhängend, die den Erkenntnisprozess ausschließlich beeinträchtigten. Auch wenn Freud selbst keineswegs alle subjektiven Reaktionen bei sich selbst unterdrückte, so wurde doch eine sehr zurückhaltende Einstellung zum Charakteristikum einer Psychoanalyse, wie sie sich vor allem in den USA ab den 1940er-Jahren etablierte. Der Glaube, dass man als Analytiker eine objektivierende Haltung gegenüber seinen Patienten einnehmen könne, sollte auch im behandlungspraktischen Vorgehen eine wissenschaftliche Einstellung verbürgen, um der Psychoanalyse hiermit in der nordamerikanischen naturwissenschaftlichen Welt zu mehr Reputation zu verhelfen. In den Zeiten der McCarthy-Ära sollte auch jeglicher Verdacht von ihr abgewendet werden, dass es sich um eine subversive, möglicherweise sogar politisch links stehende Bewegung handeln könnte. Und die Unbestechlichkeit eines lediglich reflektierenden Spiegels und die Nichtkontamination mit der eigenen Subjektivität verhalfen dieser Auffassung zufolge auch dazu, die Übertragungen des Patienten präziser bestimmen zu können.

> Herr A. wusste, dass er seine Gegenübertragung niederhalten müsste, die sich bei ihm vor allem anhand erotischer Phantasien seiner hübschen Patientin gegenüber einstellten. Für einen Augenblick tauchten sogar Retterphantasien auf: Er könnte derjenige sein, der die Patientin von ihrem quälenden Beziehungsunglück befreien könnte. Mit ihm würde die sexuelle Anziehung nicht in das Gegenteil, in Gleichgültigkeit oder gar Aversion umschlagen, sondern zu einer langdauernden glücklichen und erfüllten Beziehung führen. Er wäre selbstverständlich anders als die vielen selbstbezogenen, schwierigen und beziehungsunfähigen Männer, welche die Patientin bislang kennen gelernt hatte. Von ihm würde sie lernen, warmherzig und liebevoll aufeinander bezogen sein zu können. Aber dann erinnerte er sich an die Ermahnungen Freuds, die Entgleisungen so vieler Kolle-

gen und die Beschreibungen über die ödipal narzisstische Bedürftigkeit von Analytikern, die der sexuellen Anziehung und dem Werben ihrer Patientinnen unterliegen. Also diese Tagträume an die eigene Unwiderstehlichkeit besser gleich wieder wegschieben und sich mit ihnen auf keinen Fall weiter beschäftigen. Sondern sich wieder ausschließlich damit befassen, wie er der Patientin zu einem Prozess der Bewusstwerdung unbewusster Phänomene und ihrer Entstehung verhelfen könnte. Nur so könnte die Einsichtsgewinnung als oberstes Ziel der Psychoanalyse unbeeinflusst von eigenen neurotischen Liebessehnsüchten oder ehrgeizigen Therapiezielen bleiben.

7.3 Psychoanalyse in Nordamerika: »Übertragungsdeutung only«

Lange Zeit herrschte in der Psychoanalyse die Auffassung vor, dass ein Analytiker die soziale Welt wirklichkeitsgetreu wahrnimmt, während sie sein Patient aufgrund seiner psychischen Gestörtheit nur verzerrt wahrnehmen kann. Bekanntlich haben diese Wahrnehmungsverzerrungen auch schwerwiegende interpersonelle Auswirkungen im privaten wie im beruflichen Bereich. Es kann aber zu einer Veränderung der Wahrnehmung und des bisherigen Erlebens kommen, wenn der Psychoanalytiker seinem Patienten dabei hilft, den Anachronismus seiner Wahrnehmungseindrücke zu korrigieren.

Vor allem in der nordamerikanischen Ichpsychologie hatte sich in den 1940er- und 1950er- Jahren die Auffassung durchgesetzt, dass ein Psychoanalytiker alle Hinweise auf seine Persönlichkeit, sein Privatleben, seine Einstellungen und Überzeugungen ausschalten, weder sich, noch seiner Patientin irgendwelche Wünsche befriedigen, auf eine vorschnelle Symptom- und Leidensbeseitigung, etwa durch Trost, Anerkennung und Beruhigung verzichten und lediglich eine Analyse der Ursachen, die den Symptomen zugrunde liegen, durchführen solle. Deshalb habe er sich auf Deutungen des Unbewussten seines Patienten, vor allem auf die übertragungsverzerrte Wahrnehmung seiner Person, die den Übertragungsphantasien geschuldet ist, zu beschränken. Die Übertragungsdeutung erhielt somit absoluten Vorrang.

Frau F. beklagte sich immer wieder darüber, dass sie ihren Analytiker als zurückgezogen wahrnehme. Herr A. gab ihr nun wiederholt zu bedenken, dass ihre Wahrnehmung mit einer Eltern-Übertragung auf ihn zu tun haben würde. Wenn sie dies korrigieren könne, würde sich auch ihr Erleben ihm gegenüber ändern und natürlich auch die Schwierigkeiten, die sie mit ihren Freunden, Eltern und Kollegen immer wieder erfahre sowie ihre Enttäuschungsgefühle, sich ungeliebt und vernachlässigt zu fühlen.

Nach einigen Stunden stellte er aber resigniert fest, dass seine Patientin ihre Einstellung nicht geändert hatte; nach wie vor beklagte sie sich darüber, dass sie ihn als an ihrer Person und ihren Erfahrungen weiterhin mehr oder weniger uninteressiert erlebe.

7.4 Ein neues Verständnis von Gegenübertragung

Nach und nach veränderte sich in der psychoanalytischen Welt die Auffassung von Gegenübertragung: Weder wurden Gegenübertragungsgefühle ausschließlich als neurotische Eigenübertragung des Analytikers betrachtet noch als eine unmittelbare Reaktion auf die Übertragung des Patienten. Psychoanalytiker wie Paula Heimann, Margret Little und Heinrich Racker sahen in den unvermeidlichen gefühlshaften Reaktionen vor allem diagnostische Möglichkeiten, unbewusste Selbstentwürfe, Szenen, Phantasien und Konflikte eines Patienten besser oder überhaupt erst einmal zu verstehen. Es wurde nunmehr wichtig, auf alle Gefühle, Stimmungen, Bilder, Träume und Handlungsbereitschaften zu achten, die im Zusammensein mit einem bestimmten Patienten entstehen. So kann zum Beispiel ein schläfriges Gefühl auf eine wichtige Abwehr eines Patienten aufmerksam machen, die sonst der Beobachtung entgehen würde; eine sexuelle Phantasie muss nicht unbedingt der Attraktivität eines Patienten geschuldet sein, sondern könnte auch auf ein gestörtes Kontakterleben hinweisen, in dem die Sexualität die einzige Brücke zueinander bleibt. Im Unterschied zur früheren Lehrmeinung, seine Gegenübertragungsgefühle unterdrücken zu sollen, weil sie sich sonst störend in den analytischen Prozess einmischen könnten, wie zum Beispiel sexuelle Phantasien, galt es nun, sich für alle Reaktionen, die im Analytiker auftauchen, zu sensibilisieren, sich somit intensiv mit seiner eigenen inneren Welt, den Bildern, Phantasien, körperlichen Reaktionen, ja sogar Träumen zu befassen.

Herr A. hatte sich schon seit geraumer Zeit mit seiner Gegenübertragungsbereitschaft (Loewald, 1986) beschäftigt und eine Anzahl von Reaktionen an sich wahrgenommen: So spürte er zum Beispiel eine körperliche Anspannung, wenn er die Patientin begrüßte, aber auch nachdem sie sich hingelegt hatte und er beobachten konnte, wie heftig sich ihre Bauchdecke bewegte, weil sie offensichtlich aufgeregt war. Ob sich ihre Aufregung auf ihn übertrug? War dies etwa ein Anzeichen von Angst, die er bei sich wahrnahm und über welche die Patientin nicht sprach oder sie vielleicht auch gar nicht bei sich selbst wahrnehmen konnte? Und wovor hatte er Angst? War diese ein Hinweis auf die latente Feindseligkeit und unterschwellige Wut, die von der Patientin ausgingen?

Auf jeden Fall war er schon öfters von den Teilnehmern seiner Intervisionsgruppe danach gefragt worden, welche Gefühle gegenüber seiner Patientin bei ihm auftauchen würden. Von seinen anfänglichen sexuellen Phantasien hatte er aber nicht erzählen wollen; nun aber konnte er beim nächsten Treffen über seine Gefühle der Anspannung und möglichen Angst berichten. Und vor kurzem hatte er gelesen, dass es Psychoanalytiker gebe, die bei einem kasuistischen Seminar die Beteiligten ausschließlich nach ihren Gefühlen fragen würden und so gut wie nichts aus der Anamnese wissen wollten. Dies stellte er sich recht spannend vor.

7.5 Mutative Übertragungsdeutungen, »lex talionis« und Invalidierung pathogener Überzeugungen

Eine einflussreiche Arbeit von James Strachey (1934) verwies auf die Wirksamkeit von »mutativen Übertragungsdeutungen«. Patienten reagieren nach seiner Auffassung überwiegend mit Überich-Projektionen auf ihre Therapeuten. Wenn der Analytiker sich dieser Verurteilung jedoch nicht anschließt und somit die Projektion nicht bekräftigt, verinnerlicht der Patient mit der Zeit die antriebsfreundliche Haltung seines Therapeuten und modifiziert schrittweise sein strenges Überich.

Heinrich Racker (1978) zeigte auf, dass Therapeuten aber durchaus in die Versuchung kommen, entsprechend den Projektionen zu reagieren. Wird man zum Beispiel immer wieder von seinem Patienten als streng und verurteilend eingeschätzt, ist es nicht leicht, sich dieser Rollenzuschreibung zur Gänze zu entziehen. Racker warnte deshalb auch davor, dem »lex talionis« zu verfallen; d. h. der in alltäglichen Beziehungen sich in der Regel so rasch einstellenden Tendenz »Wie Du mir, so ich Dir« nachzugeben, anstatt die komplementären Gegenübertragungsgefühle, die zumeist eine Mischung aus den projizierten elterlichen Reaktionen auf Verhaltensweisen des Patienten und eigenen Anteilen darstellt, zu reflektieren, in sich zu bearbeiten und zur Erkenntnis des Unbewussten seines Patienten zu nutzen.

Eine empirische Ausarbeitung dieser Konzepte nahmen Joseph Weiss und Harold Sampson (1986) mit ihrer Control-Mastery-Theorie vor. Gemäß der traditionellen psychoanalytischen Theorie werden unbewusste Wünsche aufgrund der analytischen Situation und der Regression im Behandlungsverlauf mobilisiert und in der Übertragung in impliziten Anspielungen auf die Person des Analytikers auszudrücken versucht. Die Frustration dieser Wünsche anhand der analytischen Abstinenzhaltung verstärkt den Druck oder Auftrieb dieser Wünsche, bewusst zu werden. Der Widerstand wendet sich gegen das Bewusstwerden dieser Wünsche.

Nach Auffassung von Weiss und Sampson kommen Patienten jedoch überwiegend mit der unbewussten und bewussten Motivation in die

Therapie, ihre bisherigen unbewältigten Konflikte zu meistern. Dies ist aber eine andere Sichtweise als die anfänglich von Freud vertretene, nach der die Patienten versuchen, ihre unbewussten kindlichen Wünsche mit Hilfe des Therapeuten befriedigen zu wollen. Diese Auffassung ist von der Prämisse abgeleitet, dass jegliches Verhalten im Dienste der Triebbefriedigung ausgeführt wird, während die Annahme von Weiss und Sampson von der auf den späten Freud zurückgehenden Konzeption geleitet ist, dass das Streben nach Kompetenz oder Bewältigung ein grundlegendes Handlungsmotiv ist. Der Patient hat auch bereits einen unbewussten Plan, wie die Meisterung seines Konflikts aussehen könnte. Bevor er diesen aber in die Tat umsetzt, muss er die Gewissheit haben, dass er mit der Ausführung seines Plans nicht scheitern wird. Dazu braucht er ein Gefühl von Vertrauen und Sicherheit, und aus diesem Grund sind bei diesem Modell die empathischen Fähigkeiten des Analytikers besonders gefragt. Patienten unternehmen deshalb eine Anzahl von Tests, um zu erproben, wie weit sie ihrem Analytiker trauen können oder nicht. Wenn der Analytiker den Test nicht besteht (z. B. bei einer Kritik sich sofort zu rechtfertigen beginnt) wird der Widerstand gegen die abgewehrten unbewussten Inhalte verstärkt und die Ängstlichkeit des Patienten, sich diesen Themen anzunähern, nimmt wieder zu. Besteht hingegen der Analytiker den Test, dann steigt die Wahrscheinlichkeit, dass der Patient seinen Widerstand gegen das Zulassen seiner konflikthaften Themen reduzieren wird.

Herr A. war sich ziemlich sicher, dass er die pathogenen Überzeugungen seiner Patientin gut entkräften konnte. Er enthielt sich weitgehend solcher Äußerungen, die als streng, verurteilend und autoritär bei ihr ankommen könnten. Wenn sie ihn durch gelegentliches Zuspätkommen testen wollte, ob er – wie ihr Vater bei ähnlichen Gelegenheiten – ärgerlich oder gar wütend reagieren würde, widerstand er solchen Reaktionen und erkundigte sich in ruhigem Ton nach den Gründen. Dennoch merkte er natürlich, dass ihn diese Verhaltensweisen innerlich nicht unberührt ließen.

7.6 Das Übertragungs-Gegenübertragungs-Geschehen dynamisiert sich – Einige Konzepte der Kleinianer

In der Kleinianischen Psychoanalyse setzte sich das Konzept der projektiven Identifizierung mehr und mehr durch (z. B. Bion 1962). Darunter wurde ein Vorgang verstanden, bei dem ein Patient seine unerwünschten Selbstbilder mit den damit einhergehenden Affekten und Handlungsimpulsen auf seinen Analytiker projiziert und diesen sprechhandelnd förmlich dazu zwingt, sich gemäß diesen Projektionen zu verhalten. Wurde dieser Vorgang von Melanie Klein zunächst so aufgefasst, als wolle sich ein Patient nur von ungeliebten oder sogar gehassten Selbstanteilen befreien, so wurde von Wilfried Bion und Thomas Ogden vor allem die kommunikative Funktion dieses Vorgangs herausgearbeitet. Der Psychoanalytiker soll wie eine Mutter aufnehmen, verstehen und verarbeiten, was sich an Unerträglichem im Patienten abspielt.

Joseph Sandler (1976), ein wichtiger Repräsentant der zeitgenössischen Psychoanalyse, sprach von einer »frei flottierenden Rollenbereitschaft«, um damit darauf aufmerksam zu machen, wie wichtig es ist, dass man sich als Analytiker für die zumeist unbewusst angetragenen Rollen öffnet, um damit das innere Drama des Patienten zur vollen Entfaltung zu bringen. Sandler war allerdings davon überzeugt, dass es ein inneres Entgegenkommen für die Einnahme bestimmter Rollen geben könne; und auch die Post-Kleinianer wiesen darauf hin, dass es für die projektive Identifizierung eines »Aufhängers« – und sei er auch noch so geringfügig –, beim Analytiker bedürfe (z. B. Weiß 2007).

> Auch Herr A. hatte sich oftmals gewundert, wie sich sein Selbstverständnis unmerklich aber stetig zu verändern begann, sobald die Patientin mit ihren Erzählungen anfing. Wie gelang ihr das und welchen Einfluss übte sie auf ihn aus? War dies eine einfache Affektansteckung seinerseits, dass er auf ihren häufig vorgetragenen Unmut, in ihren Beziehungen zu Männern nicht mehr Zufriedenheit erleben zu können, ebenfalls mit einem Stimmungsabfall reagierte? Nahm er in solchen Momenten wahr, wie berechnend die Patientin

7.6 Das Übertragungs-Gegenübertragungs-Geschehen dynamisiert sich

in ihren Beziehungen verfuhr? Spürte er dahinter die Leere und Liebesunfähigkeit, welche die Patientin ausstrahlte? Oftmals hatte er dann den Wunsch, sich von seinem sich verändernden Selbsterleben zu befreien, indem er sich innerlich von der Patientin zu distanzieren begann. Aber dies gelang ihm nur teilweise, denn es ging ein starker Druck von ihr aus, dem er sich kaum entziehen konnte. Am Ende einer längeren Sequenz bemerkte er, wie hilflos er sich nunmehr fühlte, mit seinem veränderten Selbsterleben umgehen zu können. Er hatte schon oft erfahren, wie wichtig es ist, sich vom Patienten beeinflussen zu lassen, um dessen innere Welt besser verstehen zu können. Welche dramatische Rolle aus ihrer inneren Welt aber hatte er nun für seine Patientin eingenommen? Und würde es Sinn machen, die ihm angetragene Rolle und die damit einhergehenden Bewusstseinszustände zu deuten? Er formulierte für sich folgenden Deutungsentwurf: »Kann es sein, dass ich mich so unzufrieden und ohnmächtig fühlen soll, wie Sie sich oft als Kind gefühlt haben?« Aber in seiner Phantasie würde seine Patientin darauf mit einem ziemlichen Unverständnis reagieren und vielleicht antworten: »Ich finde es typisch für Analytiker, dass sie ihren Patienten die Verantwortung für ihr eigenes Erleben aufbürden wollen. Ich hab genug mit mir selbst zu tun und will mich nicht auch noch mit Ihren Gefühlen beschäftigen müssen!«

Vielleicht wäre es besser, wenn er seine Eindrücke nur dazu benutzen würde, um ihr Erleben zu spiegeln. »Ich glaube, ich verstehe jetzt viel besser, wie ohnmächtig und unzufrieden Sie sich oft in ihrem Leben, aber auch hier mit mir fühlen.«

Aber er hatte auch gelernt, dass man sich als Analytiker nicht sofort mittels einer Deutung von den projizierten unerträglichen Selbstanteilen seines Patienten zu befreien versuchen, sondern stattdessen die heftigen Gefühle erst einmal in sich abklingen lassen sollte. Erst wenn man das Geschehen einigermaßen in sich verdaut habe, könne man ansprechen, dass man sich gerade so gefühlt habe, wie sich der Patient vermutlich oft selbst erlebt, wenn er sich gedemütigt, herabgesetzt, entwertet, verstoßen u.a.m. fühlt. Aber es könne auf keinen Fall schaden, die Bereitschaft für die Übernahme der angesonnenen Rolle eine Zeit lang dadurch zu zeigen, dass man sie mitspielt, bis sich die unbewusste Szene mit vielen Gefühlstönungen manifestieren kann. Oftmals habe man ja auch gar keine andere Wahl, weil der Handlungsdruck von einem Patienten derart stark ist, dass man sich diesem gar nicht entziehen kann.

7.7 Nichtsprachliche Kommunikation als wertvolle Mitteilung und die Stärkung von Ich-Funktionen

Mittlerweile hatte sich in der psychoanalytischen Welt das Verständnis für nichtsprachliche Handlungen, für das so genannte Agieren, verändert. Es galt nun nicht mehr nur als Widerstand, sich nicht erinnern und nicht reflektieren zu wollen, sondern das Agieren wurde als wichtige nichtsprachliche Mitteilung verstanden, für die der Patient noch keine verbal symbolische Mitteilungsmöglichkeit gefunden hat. Es wäre deshalb ein Kunstfehler, das Agieren als Widerstand gegen das Erinnern zu deuten, stattdessen sei es angebrachter, die nichtverbalen Mitteilungen in eine sprachlich symbolische Form zu übersetzen. Die Voraussetzungen für eine symbolische Repräsentationsfähigkeit müssen deshalb bei nicht wenigen Patienten überhaupt erst einmal geschaffen werden. Erst dann macht es Sinn, von Verdrängung unbewusster Phantasien, von »Sprachzerstörung« (Lorenzer) und Ähnlichem zu sprechen.

Immer mehr setzte sich vor allem in der nordamerikanischen Ichpsychologie die Erkenntnis durch, dass das Verstehen von Übertragungsdeutungen an eine Anzahl von gut entwickelten Ich-Funktionen gebunden ist. Die Ich-Organisation oder die Persönlichkeitsorganisation wurde zu einer wichtigen diagnostischen Bestimmungsgröße, die an Freuds Konzept der Ich-Stärke anschloss und im Lauf der Jahre zunehmend stärker differenziert wurde. Der Arbeitskreis Operationalisierte Psychodynamische Diagnostik schuf Mitte der 1990er Jahre ein differenziertes Instrumentarium, um nicht nur psychodynamische Konflikte, sondern auch das Ausmaß wichtiger kognitiver und sozioemotionaler Kompetenzen einschätzen zu können. Bei nicht wenigen Patienten gilt es zunächst einmal, die Affekterkennung und -differenzierung zu fördern, indem man die von ihnen nicht erlebbaren Gefühle benennt, ihre Affekttoleranz und Impulskontrolle verbessert, ihre Introspektionsfähigkeit, kognitive Differenzierung und Empathie für andere Menschen stärkt sowie ein Vertrauen in verlässliche Bindungspersonen entstehen lässt. Bereits Freud hatte ja die erzieherischen Funktionen des Analytikers betont und ausgeführt, wie oft man davon bei Patienten mit einer geringen Ich-Stärke Gebrauch machen solle. Dabei ist bei all diesen nachentwickelnden und Ich-Funktionen aufbauenden Maßnahmen darauf zu achten, wie sie der Patient erlebt, zum Beispiel als entwertende oder gar verurteilende Erziehungsaktion, die das ohnehin schon grausame Überich des Patienten noch verfolgender werden lässt oder als ein Klein- und Unselbstständig-machen-Wollen u. a. m. Häufig gehen diese das Ich aufbauenden und strukturfördernden Interventionen auch mit sogenannten stützenden Maßnahmen einher, wie zum Beispiel Hoffnung ausdrücken, Ermutigung aussprechen, die beim Patienten vorhandenen Begabungen und Ressourcen betonen, Lösungsmöglichkeiten für interpersonelle Konflikte vorschlagen und bislang gelungene Coping-Vorgänge bekräftigen. Ziel all dieser psychotherapeutischen Maßnahmen ist es, das Ich und die Anpassungsfähigkeit des Patienten an seine gegenwärtigen Herausforderungen zu stärken und vorerst das etablierte Gefüge von Abwehrmaßnahmen gegenüber den im Übermaß ängstigenden und verdrängten Affekten und Impulsen auf keinen Fall zu erschüttern oder gar zu schwächen sowie das zumeist neurotisch verzerrte Selbstbild, bestehend aus einer Mischung von Minderwertigkeit und Selbstüberhöhung, weitgehend unangetastet zu lassen.

Eine Zeitlang machte Herr A. auch von diesen Vorgehensweisen Gebrauch. So sprach er gelegentlich von seinem eigenen emotionalen Erleben, wenn er den Eindruck hatte, dass sich Frau F. mit dem Verbalisieren bestimmter Emotionen schwertat; er wurde hin und wieder im Anschluss an die Schilderung problematischen Erlebens mit affektregulierenden Vorschlägen aktiv; er machte vorausschauend auf

Schwierigkeiten aufmerksam, die sich bei den erzählten interpersonellen Problemen vermutlich einstellen könnten; er regte an, sich darüber Gedanken zu machen, wie andere Personen das Verhalten seiner Patientin erleben und mit welchen Absichten diese auf sie reagieren könnten. Und er fungierte sogar als Langzeitgedächtnis für Frau F., wenn er wichtige frühere Themen mit jetzigen zusammenführte, an Träume erinnerte, welche sie vor Wochen oder gar Monaten erzählt hatte und die zum jetzigen Erleben passten.

Er war sich im Klaren darüber, dass er nunmehr keine Psychoanalyse im klassischen Sinn, d. h. nordamerikanischer Provenienz der 1960er- und 1970er-Jahre, praktizierte, sondern sein analytisches Vorgehen an die Erfordernisse seiner Patientin anpasste. Natürlich hatte er auch im Hinterkopf, dass für Patienten mit den beschriebenen Schwierigkeiten der Ich-Organisation spezielle Therapieverfahren entwickelt worden sind, wie zum Beispiel in Deutschland die strukturbezogene Therapie von Gerd Rudolf (2004), die psychoanalytisch-interaktionelle Methode von Ulrich Streeck (2007) und neuerdings in London die mentalisierungsgestützte Psychotherapie von Jon Allen und Peter Fonagy (2009) (▶ Kap. 3).

Aber er hatte die Erfahrung gemacht, dass eine Abgrenzung der genuin psychoanalytischen Methode von denjenigen psychotherapeutischen Verfahren, die auf spezielle Patientengruppen zugeschnitten sind, relativ künstlich ist. In der Praxis mischen sich diese Vorgehensweisen, denn auch anfänglich von ihrer Ich-Struktur her als besser oder höher diagnostizierte Patienten können, sobald ihre Konfliktthemen berührt werden, regressive Einbrüche in ihrer Struktur erleiden und ebenso sind Patienten, die anfänglich als ichstrukturell schwach eingeschätzt werden, immer wieder zu erstaunlichen introspektiven und mentalisierenden Leistungen fähig. Deswegen war es ihm auch wichtig, das psychodynamische Denken mit der Berücksichtigung von Übertragung und Abwehr niemals aus den Augen zu verlieren, was aber eine Gefahr darstellt, wenn man die Förderung von Ich-Funktionen ohne Berücksichtigung der sich ständig abspielenden unbewussten Beziehung als isolierbare Technik einsetzen zu können glaubt. Sicherlich, so hatten Rudolf und Streeck die jeweiligen Verfahren auch nicht definiert und ihre Anwendung kann durchaus für bestimmte Patienten angezeigt sein. Aber die Gefahr ist nicht von der Hand zu weisen, dass sie sich zwecks Vereinfachung von ihrem ursprünglichen psychoanalytischen Hintergrund ablösen und zu einer Technik verkommen, in dem die Reflexion der Beziehung so gut wie keine Rolle mehr spielt.

Und entsprechend diesem integrativen Verständnis hatte er immer dann, wenn es ihm angemessen erschien, momentan eingeschränkte und konflikthaft brachliegende Ich-Funktionen seiner Patientin in der Hoffnung gestärkt, damit zu einer guten Ich- und Persönlichkeitsentwicklung beitragen zu können.

7.8 Übertragungsdeutungen sind nicht immer hilfreich und angemessen

Die Vernachlässigung der Ich-Organisation führte oftmals zu unbedacht gegebenen Übertragungsdeutungen, bei denen ein Analytiker nicht oder zu wenig berücksichtigte, ob sein strukturschwacher Patient überhaupt die kognitiven und emotionalen Voraussetzungen mitbringt, um mit diesen häufig nur als intrusiv und überwältigend erlebten Äußerungen etwas anfangen zu können. Bekannt wurde vor allem die Kritik des amerikanischen Psychoanalytikers und Lehrbuchautors Ralph Greenson (1973) an der klassischen kleinianischen Behandlungstechnik.

Aber auch Psychotherapieforscher sowie Kliniker haben in den letzten 20 bis 30 Jahren viele Differenzierungen an der Auffassung angebracht, dass das Ansprechen der Übertragung als Erkennungsmerkmal und Standardmethode der Psychoanalyse in jedem Fall hilfreich sei.

So wurde zum Beispiel erkannt, dass folgende Persönlichkeitsmerkmale einen Einfluss auf die Wirksamkeit von Übertragungsdeutungen haben können:

- Patienten mit einem schwachen Selbstwertgefühl können eine Deutung der Übertragung als vernichtende Kritik an ihrer Person erleben

7 Was heilt? Veränderungsprozesse in der Psychoanalyse

- Patienten mit unsicheren Ichgrenzen und einer prekären Identität können sich vom Ansprechen der Beziehung überwältigt fühlen
- Patienten mit einem unsicher-vermeidenden Bindungsstatus können die damit einhergehende Nähe als sehr stark Angst auslösend erleben
- Narzisstische Patienten können Übertragungsdeutungen als Ablenkung von ihrer eigenen Person auffassen und darauf mit Entwertung und Wut reagieren
- Patienten mit der Unfähigkeit zum metaphorischen Denken können die in der Deutung enthaltenen verschiedenen Domänen, wie zum Beispiel Gegenwart und Vergangenheit oder eine frühere Person des Patienten und den jetzigen Therapeuten, nicht miteinander verbinden, sie scheinen damit mental überfordert zu sein
- Weil Übertragungsdeutungen nicht unmittelbar auf das vom Patienten vorgetragene Problem eingehen, sollte ein ausreichendes Ausmaß an Repräsentationsfähigkeit vorliegen; denn Patienten, die konkretistisch oder situationstheoretisch denken, haben Abstraktionsschwierigkeiten und können daher leicht diese Deutungen missverstehen bzw. nicht begreifen, warum diese Intervention ein Mittel zur Lösung ihrer Probleme darstellen kann
- Aber auch bei Patienten mit höher strukturierten Ich-Funktionen ist es wichtig darauf zu achten, inwieweit diese immer wieder zunächst Sicherheit erfahren müssen, um Schamängste zu reduzieren und sich akzeptiert und hilfreich unterstützt zu fühlen
- Manche Patienten können den Eindruck bekommen, dass ihr Analytiker ihnen nicht wirklich zuhört, weil jegliche Mitteilung auf das Format der Hier und Jetzt-Übertragungsdeutung verkürzt wird (Bollas, 2006)
- Wenn der Prozess der freien Assoziation mit seinen Bedeutungsabfolgen unterbrochen wird, kann eine allzu forcierte Übertragungsanalyse von einem tieferen Verstehen des Unbewussten sogar wegführen (Bollas, 2006)
- Deshalb scheint ein ausgewogenes Verhältnis zwischen der kontinuierlich gleichschwebenden Aufmerksamkeit für die Assoziationen des Patienten und gelegentlichen affirmativen, ichstützenden sowie (sich intuitiv einstellenden, aber nicht programmatischen) Übertragungsdeutungen wichtig zu sein (z. B. Lecours, 2007)

7.8 Übertragungsdeutungen sind nicht immer hilfreich und angemessen

Herr A. hatte diese Befunde im Hinterkopf, als er sich dazu entschloss, auf Übertragungsdeutungen – wie er sie gelernt hatte – vorerst zu verzichten, zumal diese ja auch so gut wie nichts bewirkt zu haben schienen. Denn diese schienen bei Frau F. zu der Überzeugung zu führen, dass er als objektive Autorität genau wisse, dass ihre Einschätzung von ihm neurotisch verzerrt sei und deshalb auf seine Person überhaupt nicht zutreffe. Häufig hatte er deshalb sogar den Eindruck, dass seine Deutungen zu einem iatrogenen Widerstand der Patientin führten (▶ Kap. 6). Er dachte dabei an die einflussreichen Arbeiten des amerikanischen Psychoanalytikers Merton M. Gill.

Gill (1982) hatte seiner Vorgehensweise in Bezug auf Übertragungsdeutungen die Auffassung zu Grunde gelegt, dass weder der Analytiker noch der Patient mit seiner Einschätzung der Wahrnehmungseindrücke wirklichkeitsangemessen sein könne. Der Patient nicht, weil er sehr stark unter dem Einfluss von unbewussten Beziehungserfahrungen stehe, die seine Wahrnehmung beeinflussen, und der Analytiker nicht, weil auch er selbstverständlich auf seinen Patienten überträgt und manchmal nur einen geringen Vorsprung in der Reflexion dieser Einflussfaktoren aufweist. Gill hatte deshalb vorgeschlagen, die Entstehung der Wahrnehmungseindrücke, soweit sie dem Patienten bewusst zugänglich sind, genauer zu betrachten. Sein Vorschlag war, anhand einer explizierten Übertragungsanspielung den Patienten darum zu bitten, ob er beschreiben könne, wie sein Wahrnehmungseindruck von seinem Analytiker entstanden sei. Es gehe dabei aber keineswegs um richtig oder falsch, weil keiner der beiden Beteiligten über eine wirklichkeitsgetreue Wahrnehmung verfüge. Zwar könne ein Patient durchaus etwas Zutreffendes am Verhalten seines Analytikers wahrnehmen, aber diese Wahrnehmung bleibe immer selektiv und perspektivisch, weil sie zum Zeitpunkt der Wahrnehmung andere, ebenfalls vorhandene Eindrücke ausblende. Es könne dann aber anschließend eine Verständigung über den Kontext stattfinden, so dass es zu einer konsensuell gefundenen Annäherung an die Wirklichkeit komme.

Angesichts einer Übertragungsanspielung, bei der sich die Patientin heftig über einen ihr maßlos autoritär vorkommenden Arbeitskollegen auslieẞ, griff der Analytiker diese Anspielung auf und fragte die Patientin, ob sie ihn vielleicht in der letzten Stunde, als es um die Verweigerung einer unmittelbaren Antwort gegangen war, auch so erlebt haben könnte. Als die Patientin einräumte, dass sie sich ziemlich über ihn geärgert habe, weil er ihr tatsächlich autoritär vorgekommen sei, bat er sie, noch genauer zu beschreiben, welche Details zu dieser Einschätzung geführt hätten. Er erläuterte ihr anschließend, dass er gute Gründe dafür gehabt habe, ihr nicht unmittelbar zu antworten und nach einigem Hin und Her einigten sie sich darauf, dass das analytische Gesprächsverhalten nach wie vor für sie verunsichernd sei, dass sie aber manchmal darin schon auch etwas Sinnvolles erblicken könne. Und indirekt gab sie zu erkennen, dass ihr diese Auseinandersetzung gut getan habe, weil sie sich dies als Kind gegenüber ihrem als rechthaberisch erlebten Vater niemals getraut hätte und sie es deshalb durchaus honorieren könne, dass ihre Einschätzung nicht sofort für absurd oder lächerlich erklärt werde.

Im Analytiker blieb aber dennoch ein klein wenig ein ungutes Gefühl zurück. Er hatte sich erhofft, dass seine vielen vorangegangenen Bemühungen, in denen er durchaus immer wieder antwortende Mitteilungen und einfühlsame Anregungen gegeben hatte, zu einer allmählichen Veränderung der Wahrnehmung seiner Person bei seiner Patientin geführt hätten. Aber dies schien nicht der Fall zu sein. Ein weiteres Durcharbeiten dieser Problematik war offensichtlich angezeigt. Insgesamt wurden seine bisherigen Bemühungen offensichtlich zu wenig gesehen und wertgeschätzt. So wie sich die Eltern wohl nur wenig in ihr Kind hatten einfühlen können, so wenig konnte dies jetzt die Patientin in seine Person. Oder war dies von seiner Patientin ohnehin zu viel verlangt, weil es ja in erster Linie darum gehen soll, dass er sich in sie einfühlt. Therapieren heißt doch »begleiten«, »dienen«.

7.9 Sich-verwenden-Lassen und Empathie als Wundermittel?

Kohut fiel ihm an dieser Stelle ein. War er letztlich vielleicht doch zu wenig einfühlsam in den zurückliegenden Stunden zu ihr gewesen? War er zu stark auf programmatische Konzepte der Behandlungstechnik, wie das Geben von Übertragungsdeutungen fixiert geblieben? Kommen nachhaltige Veränderungsprozesse aber allein dadurch zustande oder unterbrechen sie vielleicht nicht sogar die dyadische Moment-zu-Moment-Interaktion, die für die Synchronisierung der unbewussten emotionalen Vorgänge zwischen ihm und seiner Patientin so wesentlich sind? In seiner Ausbildungszeit beeindruckten ihn die Auffassungen von Winnicott, der kritisiert hatte, dass Analytiker viel zu oft die freien Assoziationen ihrer Patienten mit ihren Deutungen ungeduldig unterbrechen und die Entstehung einer tieferen, regressiveren Beziehung damit nachgerade verhindern würden. Auch Balint hatte ja mit seinem Konzept des Neubeginns dafür plädiert, ein Beziehungserleben zu ermöglichen, das gleichsam in eine Zeit zurückführt, die sich vor den Katastrophen der Kindheit ereignet hat und seinem regredierten Patienten eine Liebeserfahrung anzubieten, die der primären Liebe eines Kindes entspricht. Einfach da zu sein und sich vom Patienten gebrauchen zu lassen, ohne auf eine Gegenleistung erpicht zu sein, die zum Beispiel darin bestehen könnte, dass die Patientin von Fortschritten in ihrem realen Leben berichtet, bereitwillig Übertragungsanspielungen anerkennt, Verbesserungen im Mentalisieren und Regulieren von Affekten erkennen lässt oder gar von einem Rückgang ihrer Symptome berichtet.

Kohut, der Begründer der Selbstpsychologie, hatte insbesondere die Methode der Empathie als eine stellvertretende Introspektion beschrieben (▶ Kap. 2.2.3). Diese erfordert das permanente Sich-Vergegenwärtigen der Gefühle, Absichten, Hoffnungen und Ängste seines Patienten, soweit diese ihm bewusst zugänglich sind, wobei natürlich auch fließende Übergänge zum Vorbewussten und Unbewussten stattfinden. Empathie hat dabei weder etwas mit dem gesprächstherapeutischen Paraphrasieren zu tun, noch mit dem intuitiven Erfassen von unbewussten Vorgängen. Empathie im Verständnis von Kohut ist vielmehr ein mühevoller, handwerklich sehr sorgfältiger Prozess, den Selbstzustand eines Menschen gefühlsmäßig so nahe wie nur möglich an sich herankommen lassen zu können, indem man zwar auch eigene Erlebnisse aktiviert, aber sich immer wieder bemüht, dem Bezugsrahmen des Patienten dabei stets den Vorrang zu geben.

Herr A., der die Bücher von Heinz Kohut, Alice Miller und weiteren Selbstpsychologen wie ein Erweckungserlebnis erfahren hatte, gab sich große Mühe, sich in seine Patientin einzufühlen. Seit geraumer Zeit wurde er ja mit einer ziemlichen Unzufriedenheit seiner Patientin konfrontiert. Diese äußerte immer wieder Zweifel am Verfahren, wünschte sich Ratschläge und eine stärkere Aktivität ihres Analytikers und kam häufig zu spät.

Er stand unter einem sichtlichen Druck und versuchte nun entwicklungsförderliche und empathische Interventionen zu geben. War er bislang überwiegend davon ausgegangen, dass seine Patientin ihre inneren Objekte auf ihn übertragen hatte, und die realen Eltern hinter einer Mischung aus Wahrheit und Phantasie verschwunden waren, so nahm er nun an, dass Frau F. von einer wenig warmherzigen und weitgehend liebesunfähigen Mutter tatsächlich zu wenig Liebe und Spiegelung erfahren hatte. Aber obwohl er sich nun sehr bemühte, sich von seiner Patientin als spiegelndes Selbstobjekt benutzen zu lassen, um ihr ein Gefühl von Ganzheit und Integrität zu vermitteln, führte dies nicht zum gewünschten Erfolg. Seine Patientin blieb unzufrieden, die Einfühlung in ihren erlebten Mangel und die gefühlsresonanten Spiegelungen schienen keine allzu große Wirkung auf sie auszuüben. Er wurde nun immer unzufriedener mit sich. Es kamen ihm erhebliche Zweifel an seiner Kompetenz, die sogar so weit gingen, dass er sich vorübergehend überlegte, ob er für diesen Beruf wirklich geeignet sei.

7.10 Die intersubjektive Erweiterung der Selbstpsychologie

Selbstpsychologen nach Kohut haben sich mit einer Anzahl von Kritikpunkten auseinandergesetzt wie z. B. den folgenden: So bewirken frühe Empathiemängel zwar eine Frustration von Spiegelungsbedürfnissen und Idealisierungswünschen, aber nicht minder wichtig sind in den Augen von intersubjektiv argumentierenden Selbstpsychologen (wie z. B. Stolorow, Atwood & Orange, 1999) die Auswirkungen dieser Enttäuschungen, die nicht nur zu einer rasch entflammbaren Enttäuschungswut, sondern auch zu Verzweiflung, Hoffnungslosigkeit und Einsamkeit führen. Noch schwerwiegender als diese Vernachlässigung war aber für die genannten Autoren die Annahme, man könne sich in einer Haltung der teilnehmenden Beobachtung für Selbstobjekt-Übertragungen zur Verfügung stellen, ohne dabei allzu sehr von eigenen starken Gefühlen bewegt zu werden. Es herrschte somit der Glaube vor, dass man ein einfühlsamer und wohlwollender, aber letztlich doch ein außen stehender Beobachter des dyadischen Geschehens bleiben könne. Aufgrund der theoretischen Prämissen – der Analytiker vorrangig als empathisches Selbstobjekt seines Patienten – brauche man sein eigenes unbewusstes Beteiligtsein, abgesehen davon, dass man sich für narzisstische Übertragungsformen zur Verfügung stellt und auf die unvermeidbaren Brüche in der empathischen Zugewandtheit achtet, nicht eigens zu erkennen und zu reflektieren.

> Was spielte sich in Herrn A. ab? Seine Patientin musste sich als Kind vermutlich schon sehr früh an die unzufriedenen, gereizten und depressiven Stimmungen ihrer Mutter anpassen. Ihre Erwartungen, dass ihre Mutter sich mit ihr beschäftigen und sich auf ihre Welt und ihre Wünsche beziehen solle und Rücksicht nehmen könne, wurden immer wieder herb enttäuscht. Die Mutter war viel zu sehr mit der Regulierung ihrer eigenen Unzufriedenheit über ihren Ehemann, die Unterbrechung ihrer beruflichen Karriere und mit ihrem Älterwerden beschäftigt, als dass sie sich ausreichend in ihr kleines Kind einfühlen konnte. Und die Tochter spürte recht bald, wie un-

glücklich die Mutter über den Vater der Patientin war und vermied es deshalb zunehmend, ihre Mutter mit ihren eigenen Kümmernissen noch mehr zu belasten. Stattdessen versuchte sie, diese mit sich selbst auszumachen. So entwickelte sie sich zu einem eher frühreifen, klugen und sich sehr einsam fühlenden Kind. Sie identifizierte sich aber dennoch mit dem Unglück der Mutter, begann ihren Vater abzulehnen, vor allem als sie in ihrer ödipalen Verliebtheit mitbekam, dass er ihr andere Frauen vorzog und schwor sich, auf keinen Fall später das Schicksal ihrer Mutter wiederholen zu wollen.

In seiner Intervisionsgruppe wurde Herr A. erneut mit der Idee konfrontiert, dass Frau F. ihn jetzt wohl so behandele, wie ihre Mutter einst mit ihr umgegangen sei. Sie lasse ihn nun spüren, wie es sich anfühlt, wenn die eigenen Liebes- und Anerkennungswünsche enttäuscht worden sind und wie ihr nicht geholfen wurde, aus ihren unglücklichen Stimmungen herauszufinden. Ob er ihr dies deuten könne?

Aber nach einiger Zeit kamen ihm doch Bedenken. Er konnte zwar nunmehr in seiner Gegenübertragung viel deutlicher als vorher spüren, wie sehr ihn seine Patientin unter Druck setzte und wie stark er darunter litt. Aber irgendein Gefühl schien dabei noch zu fehlen.

Er hatte schon einige Male daran gedacht, wie er wohl seine eigene Mutter hinsichtlich ihrer Ehe und ihrer Lebensziele erlebt hatte; aber seine Gedanken hatten sich dann schnell wieder anderen Themen zugewandt. Jetzt aber tauchte plötzlich noch ein anderes Gefühl auf: Auch er musste sich als Kind einer mit verzweifelten Stimmungen kämpfenden Mutter immer wieder anpassen, sich in sie einfühlen und seine eigenen Wünsche zurücknehmen. Und diese unzufriedene, ständig sich beklagende Patientin weckte nun deutliche Erinnerungen an seine eigene Mutterbeziehung. Nun konnte er erstmalig heftigen Ärger auf Frau F. spüren: »Diese verdammte, mit nichts zufriedene, nur um sich selbst kreisende, keine Rücksicht auf andere Menschen nehmende, übermäßig anspruchsvolle Person!« Warum nur hatte es so lange gebraucht, bis er diese heftige Emotion bei sich zulassen konnte? »Und kann es sein«, so fragte er sich jetzt, »dass ich diesen Ärger mir zwar bewusst nicht eingestanden, ihn aber doch auf die eine oder andere Weise agiert habe?«

7.10 Die intersubjektive Erweiterung der Selbstpsychologie

Diese Erkenntnis führte dazu, dass er sich nunmehr sein Gesprächsverhalten mit der Patientin genauer ansah. Ihm fiel auf, dass er sehr bemüht war, für seine Patientin mit seinen Äußerungen hilfreich zu sein. In letzter Zeit war er davon ausgegangen, dass er als ein empathisches Selbstobjekt für seine Patientin fungiere, dass er ihr das endlich geben könne, was sie als Kind vermutlich so sehr vermisst hatte, dass er gleichsam als ein gutes und neues Objekt von der Patientin erlebt und von ihr internalisiert werde. Aber er hatte ja auch bemerkt, dass seine Bemühungen wohl auf keine allzu große Gegenliebe stießen. Die Patientin beklagte sich weiterhin über ihre mangelnde Veränderung und über den geringen Nutzen, den sie bislang aus der Therapie ziehen konnte. Zeitweilig hatte dies bei ihm dazu geführt, dass er in seinem Gesprächsverhalten noch aktiver wurde, sogar um vieles mehr als bei anderen Patienten. Dabei hatte er immer ein schlechtes Gewissen, weil sich seine Aktivität für ihn nicht stimmig anfühlte. Und als nun sein Ärger auf diese Patientin immer deutlicher wurde, wurde ihm bewusst, dass er sich nicht nur mit ihrem Kindheitsselbst identifiziert hatte, sondern dass er streckenweise seine eigene Mutterbeziehung ganz ähnlich erlebt hatte. Auch er musste sich an die depressiven Stimmungen seiner Mutter anpassen und auf einen gesunden und angemessenen Ausdruck seiner eigenen Wünsche verzichten. Auch er hatte gelernt, sich im Übermaß in das Lebensschicksal seiner Mutter einzufühlen und sich vorgenommen, sie später einmal endlich glücklich machen zu können. Ihm wurde nun klar, dass er aufgrund der eigenen Kindheitserfahrungen mit Frau F. ziemlich verstrickt war. So wie sie sich als Kind an die Erwartungen ihrer Mutter angepasst hatte und dabei zumeist enttäuscht und unbefriedigt zurück geblieben war und dies nun in der Beziehung zu ihrem Therapeuten wiederholte, so hatte auch er – identifiziert mit ihr – versucht, sich ihren Erwartungen zu unterwerfen, ohne es ihr jemals recht machen zu können. Er wiederholte im Grunde nur das Verhalten seiner Patientin, das diese natürlich nicht nur in der Kindheit ihrer Mutter, sondern auch bis zum heutigen Tag Freunden und Arbeitskollegen gegenüber zeigte. Immer versuchte sie sich beispielsweise mit großem Engagement anfänglich in die Erwartungen der anderen einzufühlen, ihnen gleichsam die Wünsche von den Augen abzulesen. Ihre jeweiligen Freunde waren deshalb von ihr zunächst auch sehr angetan, weil sie auch sexuell nahezu jeden Wunsch befriedigt bekamen. Aber es dauerte zumeist nicht allzu lange, bis der Patientin die sexuellen Wünsche ihrer Partner zunehmend lästig wurden und irgendwann in ein Gefühl des Ekels umschlugen. Aus ihr unerklärlichen Gründen wollte sie dann nur noch allein sein und alle Verliebtheitsgefühle waren verflogen.

7.11 Implizites Beziehungswissen und Momente der Begegnung

Zwar ist die Auffassung nicht neu, die bereits Freud und Jung formulierten, dass die Heilung des Patienten im Therapeuten beginne, aber es hat doch eine Zeit lang gedauert, bis diese Erkenntnis auch konzeptuell ausgearbeitet werden konnte. Denn es war lange Zeit nicht hinreichend klar, wie sich die unbewältigten Konflikte und Traumatisierungen eines Therapeuten auf den Behandlungsprozess auswirken. Therapeuten können blinde Flecken haben, einen Mangel an Empathie, Schwierigkeiten im Erkennen der beziehungsmäßigen Vorgänge, des Erspüren-Könnens von Übertragungen, der Wahrnehmung von Gegenübertragungsgefühlen, Taktlosigkeit im Umgang mit ihren Patienten, vor allem bei Deutungen, mit denen aggressive Affekte agiert werden können. In den letzten Jahren ist nun aber noch das Wissen um die komplexen und komplizierten Prozesse der Kommunikation hinzugekommen, die bereits in der frühen Mutter-Kind-Interaktion stattfinden und als »implizites Beziehungswissen« im Gedächtnis kodiert werden, als schwer oder sogar nicht erinnerbar gelten und überwiegend nur anhand ihrer Auswirkungen erfahr- und rekonstruierbar sind. Während im herkömmlichen Verständnis Übertragungen durch Einsicht sprachlich zugänglich gemacht werden können, verhält es sich bei den Vorgängen des impliziten Beziehungswissens nach Auffassung der Boston Process of Change Study Group (BPCSG), einer Gruppe von Säuglings- und

Kleinkindforschern sowie praktizierenden Psychoanalytikern, deutlich anders (z. B. 2002, 2005). Denn diese Prozesse suchen eine unmittelbare Aktualisierung im interaktiven Handeln, lange bevor sie symbolisiert werden können.

Im therapeutischen Geschehen liegt der Fokus dieser Auffassung zufolge primär auf dem implizit relationalen Wissen und damit auf subtilen Beziehungsvorgängen und nur sekundär auf sprachlich symbolischen Inhalten, die in den Einfällen und Narrationen zum Ausdruck kommen. Veränderungen des implizit relationalen Wissens kommen durch viele kleine, manchmal unscheinbare Bewegungen nonverbaler und affektiver Prozesse zustande, durch die das implizit relationale Wissen sowohl vom Patienten als auch vom Therapeuten geändert wird.

Während die bisherige Psychoanalyse – trotz der Betonung der Bedeutung der *emotional* fundierten Beziehungs- und Übertragungsprozesse – überwiegend auf die sprachlich vermittelte Einsicht in unbewusste Übertragungsphantasien setzt, betont die Bostoner Gruppe die Auswirkungen der überwiegend implizit kodierten Beziehungsprozesse, die aber nur marginal mit sprachlicher Semantik zu tun haben. Vor allem in Gegenwartsmomenten und Momenten der Begegnung finden Veränderungen in diesem Gedächtnissystem statt, die dem Patienten und häufig auch dem Analytiker nicht bewusst sind. Dennoch verändern sich beide.

Hatte er mit seinen bisherigen Deutungen und therapeutischen Vorgehensweisen überwiegend das sprachlich kodierte, psychodynamische Unbewusste angesprochen und dabei die offensichtlich grundlegendere Ebene des impliziten Beziehungswissens viel zu wenig beachtet, fragte sich Herr A. Wurde ihm nunmehr aufgrund seiner schmerzlichen Erkenntnis, wie viele Parallelen es in seiner eigenen Lebensgeschichte zu der seiner Patientin gegeben hatte, ihr Unzufrieden-Sein mit ihm sehr viel zugänglicher? Das, was er bislang stillschweigend als Widerstand der Patientin eingeschätzt hatte, als ihr Sich-nicht-verändern-Wollen, was sich für ihn manchmal wie ein Machtkampf angefühlt hatte, wich nunmehr dem Erleben einer viel stärkeren Gemeinsamkeit. Und er erinnerte sich daran, wie er es in seinem Leben in einem längeren Prozess und mit vielen Rückschlägen zuwege gebracht hatte, mit seinen eigenen Entwicklungstraumatisierungen umzugehen. Nun nahm er sich entspannter wahr, wurde mit einem Mal viel zuversichtlicher und es schien ihm, als fühlte er sich selbst viel lebendiger an. Aber eine Frage ließ ihn nun dennoch nicht mehr los: Hatte er sich mit seinen früheren Deutungen, eine Verbindung zwischen den verschiedenen Übertragungsvorgängen seiner Patientin und ihren inneren Objekten sowie vermutlichen Beziehungserfahrungen herzustellen, noch viel zu kognitiv und rational verhalten? Hatte er seine Patientin in ihrer Fähigkeit, mit einer sprachlich gegebenen Deutung etwas anfangen zu können, überfordert und damit gefühlsmäßig auch gar nicht erreicht? Hätte er vielleicht viel stärker darauf achten sollen, ob sie seine Deutung überhaupt in eine bedeutungsvolle Erfahrung für sich umsetzen kann? So dass diese dann auch zu einer Ko-Konstruktion gemeinsam geteilter Bedeutungen führen könnte? Stattdessen hatte er ja die Erfahrung gemacht, dass jede Einsicht schon kurze Zeit später wie vergessen zu sein schien und sich damit als wirkungslos herausstellte.

Und noch etwas wurde ihm nun bewusst: Könnte es sein, dass er aufgrund seiner eigenen Abwehr die emotionale innere Welt seiner Patientin nicht wirklich an sich herangelassen hatte und sie gleichsam auf Armeslänge mit klugen, theoretisch stimmig klingenden Deutungen und ichstützenden Maßnahmen von sich ferngehalten hatte? Und dass er gleichzeitig seine eigene Abwehr mittels mikroprozessualer Prozeduren, wie Blickkontakte, Gesten, Körperbewegungen, prosodischer »Hms« und »Mhms« zum Ausdruck gebracht hatte? Auf jeden Fall fühlte sich für ihn nun seine Stimme voller und authentischer an und er verspürte jetzt auch eine größere Gelassenheit in der Begegnung mit seiner Patientin. Ihm wurde nun klar, dass er erst einmal seine Kränkung über ihre Zurückweisung hatte verarbeiten müssen, bevor seine verbalen Interventionen irgendetwas bei ihr bewirken könnten. Und dass deshalb auch manche seiner früheren Deutungen wie eine Waffe gewirkt hatten, mit der er sich seine Patientin vom Leib hatte halten wollen. Obwohl sie vordergründig den Anschein erweckten, als könnten sie einen heilenden Effekt auf die Patientin ausüben, hatte er sich mit ihnen eher einen Ausweg aus dem emotionalen Verstricktsein zu schaffen versucht.

7.11 Implizites Beziehungswissen und Momente der Begegnung

Als Grundlage für die Einschätzung der Mikroprozesse der Veränderung konzeptualisierte die Bostoner Gruppe eine an der Kleinkindforschung orientierte Methode zur Untersuchung von Mikro-Ereignissen im psychoanalytischen Prozess. Auf einer sog. »lokalen Ebene«, d. h. von einem Moment zum nächsten, geschehen Mikrogeschichten, deren Elemente sich in einer Splitsekundenwelt der impliziten, prozeduralen Interaktionsprozesse zwischen Patient und Analytiker ereignen und deren Gesamtdauer häufig nur zwischen einer Sekunde und zehn Sekunden beträgt. Dennoch weisen diese Gegenwartsmomente einen Handlungsplot sowie einen dramatischen Spannungsbogen auf, der aus sogenannten Vitalitätsaffekten besteht.

Und so wie der Interaktionsprozess zwischen Mutter und Kind über weite Strecken ungeordnet verläuft, d. h. weder optimal aufeinander eingestimmt noch synchron, so wie es Fehleinstimmungen und Unterbrechungen gibt, die in einer guten Beziehung jedoch rasch repariert werden können, so lässt sich auch innerhalb der Therapie auf der lokalen Ebene bei der Beobachtung der Mikroprozesse eine keineswegs geordnete Abfolge der Interaktionen wahrnehmen: Jeder der beiden Partner interagiert gleichzeitig, der Patient erzählend, der Therapeut zunächst mehr zuhörend und dann sein Verständnis formulierend, wobei er im nächsten Schritt vom Patienten ergänzt oder korrigiert wird, worauf ein erneuter Abstimmungsprozess einsetzt, der sich innerhalb des Rahmens eines therapeutischen Dialogs mit den spezifischen Sprecherregeln vollzieht (▶ Kap. 2). Auf einer impliziten Ebene laufen dabei permanent Feedbackprozesse ab, welche die beiden darüber informieren, ob sie ihre Intentionen verwirklichen konnten: Der Patient prüft, ob das, was er ausdrücken wollte, bei seinem Therapeuten angekommen ist, und dieser prüft, ob sein Verstehens- und Deutungsprozess vom Patienten angenommen und verstanden worden ist. Diese Vorgänge spielen sich aber keineswegs nur auf der Ebene bewusst formulierter Narrative oder expliziter Deutungen ab, sondern zum größeren Teil auf der Ebene mikroprozessualer Prozeduren, die nur in geringem Umfang hinsichtlich ihrer Existenz geschweige denn ihrer Wirkungen auf das Gegenüber bewusst zu werden brauchen.

Und natürlich verfehlen sich Analytiker und Patient immer wieder bei diesen interaktiven Austauschprozessen, vor allem was den implizit prozeduralen Handlungsteil betrifft, wobei wie in der Mutter-Kind-Interaktion das Erleben erfolgreicher Wiederherstellung der Interaktion angesichts von Unterbrechungen der emotionalen Abstimmung bei beiden therapeutischen Interaktionspartnern mit einem erleichternden Gefühl einhergeht. Das – in therapeutischen Prozessen eher seltene – völlige Scheitern der Wiederherstellung erzeugt hingegen ein deutlich verringertes Gefühl von Wirkmächtigkeit, sich ausdrücken zu können und kann im Extrem bis zu einer depressiven Verstimmung führen.

Über weite Strecken dieses »moving along«-Prozesses versuchen beide jedoch, eine bestmögliche Übereinstimmung zu erzielen. Gelingt dies, intensiviert sich ein gemeinsames Wohlgefühl. Diese Übereinstimmung ist auch mit einem gemeinsamen ko-kreativen Prozess, wie einem Jazz ähnlichen Improvisieren verglichen worden.

In einer kürzlich erschienenen Arbeit weist die Bostoner Gruppe (2013) darauf hin, dass die Jetzt-Momente, die scheinbar plötzlich auftauchen und zu einer grundlegenden Neuausrichtung bisher eingespielter impliziter Routinen führen, sich vorher bereits längere Zeit im impliziten Beziehungsgeschehen unerkannt angebahnt haben.

7.12 Dyadische Bewusstseinserweiterung und interpsychische Kommunikation

Kleinkindforscher wie z. B. Ed Tronick, der ebenfalls Mitglied der Bostoner Gruppe war, hat sich viele Jahre mit den mikroregulatorischen sozial-emotionalen Prozessen befasst, die sich zwischen einem kleinen Kind und seiner Mutter abspielen. Immer wieder beschäftigte ihn dabei die Frage, warum Menschen so intensiv nach Zuständen emotionaler Verbundenheit suchen und warum ein Scheitern dieser Verbundenheit solch verheerende Auswirkungen auf die psychische Gesundheit eines Kindes hat (2007, S. 402). Obwohl jeder Mensch ein sich selbst organisierendes System darstellt, das seine eigenen Bewusstseinszustände erzeugt, schaffen doch die Zusammenarbeit und emotionale Abstimmung

7.12 Dyadische Bewusstseinserweiterung und interpsychische Kommunikation

zwischen einer Mutter und ihrem Kind eine ungleich größere Kohärenz und Komplexität des Bewusstseins. Aber nicht nur als Kinder, sondern auch als Erwachsene versuchen wir mehr oder weniger kontinuierlich Zustände emotionaler Verbundenheit mit anderen Menschen herzustellen. Ham und Tronick (2009) haben ausgehend von diesem Modell der dyadisch erweiterten Bewusstseinszustände vorgeschlagen, dass psychotherapeutische Prozesse die Kohärenz und die Komplexität der Selbstorganisation eines Patienten und damit seinen Bewusstseinszustand, erhöhen. Sie vergleichen das resonante Zusammenspiel und Miteinander-Harmonieren der verschiedenen Domänen mit einem Orchester, bei dem das Zusammenwirken einen Klang erzeugt, der wohltönender und kraftvoller ist als die Summe der einzelnen Instrumente.

Diese Betrachtungsweise geht über eine relationale Sichtweise noch hinaus. Während es bei dieser nachträglich immer noch möglich ist, den subjektiven Einfluss, den ein Psychotherapeut ausübt, zu reflektieren, wie zum Beispiel die Auswirkungen einer Deutung, die auf den Patienten intrusiv gewirkt hat, ist das *interpsychische* Geschehen, das auch als *primäre Intersubjektivität* bezeichnet worden ist, nicht nur basaler, sondern auch sehr viel subtiler, da es überwiegend auf einer nichtsprachlich symbolischen Ebene abläuft und unmittelbar vom Gegenüber non- und paraverbal beantwortet wird (Bolognini, 2004). Es beruht auf der Fähigkeit, verschiedene Ausdrucksphänomene bei einem anderen Menschen unbewusst wahrzunehmen und darauf zu reagieren. Bereits Freud hatte im Jahr 1913 davon gesprochen, »daß jeder Mensch in seinem eigenen Unbewussten ein Instrument besitzt, mit dem er die Äußerungen des Unbewußten beim anderen zu deuten vermag« (1913i, S. 445), aber er konnte aufgrund einer fehlenden Wahrnehmungstheorie diese kühne Behauptung nicht weiter elaborieren. Mittlerweile besteht über nahezu alle psychoanalytischen Richtungen hinweg ein Konsens dahingehend, dass eine Kommunikation nicht nur auf verschiedenen Ebenen und Ausdruckskanälen abläuft, sondern vor allem auch unbewusst wahrgenommen wird. Und Psychoanalytiker wie z. B. Winnicott, Bion, Ogden, Zwiebel und viele andere haben Konzepte, wie »intermediärer Raum«, »Rêverie«, »das analytisch Dritte«, »die dritte Position« entwickelt, um auszudrücken, wie wichtig nicht nur ein verbal ausgedrücktes Mitfühlen oder ein Erkennen der Übertragung ist, sondern ein inneres Mitschwingen auf mehreren Sinneskanälen sowie ein inneres Verstehen und Integrieren der unbewusst wahrgenommenen kommunikativen Signale. Und es scheint als ob ein Patient spüren kann, wie sein Analytiker mit den angetragenen widersprüchlichen Rollen, den traumatischen Gefühlen, der verzweifelten Abwehr gegen eine gefürchtete Retraumatisierung, dem inneren Zerrissensein selbst umzugehen und zu Rande zu kommen versucht. Vieles spricht dafür, dass es die innere Verarbeitung all dieser Phänomene im Analytiker ist, die am meisten hilfreich ist. Natürlich äußert sich diese »innere Arbeit« nicht nur inhaltlich sprachlich, sondern vor allem auch anhand vieler nonverbaler Beziehungsphänomene. Dadurch erfährt ein Patient neue Möglichkeiten, mit dem bisher ausweglos Erscheinenden, den hartnäckigen Wiederholungszwängen, dem Sich-Verrennen, der Sprachlosigkeit, dem Nicht-fühlen-Können zurecht zu kommen und diese in kleinen Identifizierungsschritten mit den mentalen Verarbeitungsprozessen seines Analytikers zu übernehmen. Wenn aufgrund dieses dyadischen Austausches neue Erfahrungen repräsentiert werden können und sich damit ganz neue »innere Räume« auftun, dann wird nicht nur das symbolische Verfügen-Können als bereichernd erfahren, sondern auch die dabei stattfindende subsymbolische Synchronisation.

»Wenn wir ... nicht so sehr auf Kognition, sondern auf subtiles und plötzliches Auf-und Abschwellen der affektiven Zustände und Rhythmen, des Eingestimmt-Seins, der Unterbrechung und der Wiederherstellung innerhalb der therapeutischen Dyade fokussieren, sind wir in der Lage, dynamische Ereignisse zu verstehen ... Die wesentlichen Mechanismen, die – in Echtzeit – die Verbindung, die Unterbrechung und die Wiederverbindung der inneren Welt des Patienten und der des Therapeuten regulieren, werden in den Transaktionen der nonverbalen Übertragung-Gegenübertragung vermittelt« (Schore 2007, S. 84).

Ohne es im Detail erklären zu können, hatte Herr A. zunehmend das Gefühl, sich erstmalig auf eine tiefe und authentisch anfühlende Weise mit seiner Patientin verbunden zu fühlen. Ob seine innere Auseinandersetzung mit seinen eigenen Traumatisierungen dazu beigetragen hatte? Die Erfahrung, dass er selbst einer inneren Wahrheit in sich nähergekommen war, ließ ihn offensichtlich viel selbstsicherer im Um-

7.12 Dyadische Bewusstseinserweiterung und interpsychische Kommunikation

gang mit seiner Patientin werden. Denn bei ihr schien nun eine Blockade gelöst zu sein und sie konnte zum ersten Mal kundtun, wie viel ihr die Analyse bedeuten würde und dass sie sich gar nicht mehr vorstellen könne, wie sie zuvor ohne dieses tiefere Wissen habe überhaupt leben können. Ralf Zwiebels (2003) Formulierung fiel ihm ein, dass es die vorrangige Aufgabe eines Analytikers sei, die Beziehung mit seinem Analysanden zu überleben. Ja, dies schien er geschafft zu haben und er war jetzt auch stolz darauf. Nun konnte eine neue Runde analytischen Arbeitens beginnen, das von außen betrachtet sicherlich viele Ähnlichkeiten mit dem bisherigen Vorgehen aufweisen, aber sich innerlich doch ziemlich anders anfühlen würde.

Die viel stärkere Berücksichtigung des Beziehungsgeschehens, der Persönlichkeit des Therapeuten und der Auswirkungen seiner Subjektivität auf den Patienten ist sicherlich die eindrücklichste Veränderung in der Theorie der psychoanalytischen Behandlungstechnik im 20. Jahrhundert.

Nicht Weniges davon hat Freud bereits geahnt, Einiges jedoch war ihm aufgrund seiner Sozialisation in einem positivistisch geprägten Zeitalter aber noch nicht zugänglich. Nun sollte aber nicht der Eindruck entstehen, dass allein die gefühlsmäßig gut abgestimmte Beziehung für maßgebliche Veränderungen der unbewussten pathogenen Muster im Patienten verantwortlich ist, wie dies in humanistischen Therapieverfahren postuliert wird. Nach wie vor bleiben Deutungen, die zu verbalisierbaren Repräsentationen inklusive der damit verbundenen autobiographischen Erinnerungen führen, von zentraler Bedeutung. Allerdings erhalten sie diese nur, wenn Therapeut und Patient zuvor mit affektiven Beziehungserfahrungen in Kontakt gekommen sind, die sich lebensgeschichtlich früheren Gedächtniseinträgen im impliziten Gedächtnis verdanken, sich aber nun mittels Übertragungsdeutungen mit dem expliziten Gedächtnis verbinden lassen. Erinnerungen bzw. Gedächtnisprozesse sind in diesem Sinn immer Transformationsvorgänge: Von der vormals unbegriffenen sprechhandelnden Wiederholung hin zu einer sprachlich symbolischen Repräsentation, die aber auf unauslöschliche Weise mit einer emotionalen Erfahrung verbunden ist (vgl. Habermas, 2014).

7.13 Zwischen Affirmation und Aporie

Wenn man die im Verlauf des 20. Jahrhunderts von verschiedenen Autoren geltend gemachten Veränderungsprozesse noch einmal kurz Revue passieren lässt, dann ist es zunächst einmal das Konzept der Einsichtsgewinnung darüber, wie Wahrnehmungsvorgänge durch vergangenes Erleben nicht nur geformt, sondern beeinträchtigt und verzerrt werden können. Patienten können anhand des Bewusstwerdens und vor allem der gründlichen Durcharbeitung von Übertragungen neue Freiheitsgrade ihres Erlebens gewinnen. Andere Menschen erscheinen dann zum Beispiel nicht mehr in dem Maße einschüchternd, ausbeuterisch, verfolgend, anklammernd, gelangweilt, verächtlich, zurückweisend, wie bisher stillschweigend befürchtet wurde, sondern sie können nun anders, differenzierter, mehr als Personen in ihrem eigenen Recht erlebt werden. Entsprechend verändern sich dann auch der Umgang mit anderen Menschen und interpersonelle Verhaltensweisen. Und selbstverständlich geht es hierbei nicht um eine kognitive Aufklärung über unbewusste oder verdrängte Motive, sondern um sehr emotionale Vorgänge der inneren Umorientierung im Rahmen von Beziehungsprozessen. Die Übertragungsanalyse, auf die in der Geschichte der Psychoanalyse immer wieder solch großer Wert gelegt wurde, ist deshalb ohne Zweifel nach wie vor ein wesentlicher Bestandteil des Analysierens. Die Auffassungen darüber, was übertragen wird, inwieweit es sich zum Beispiel hierbei um Projektionen und Externalisierungen eigener Selbstanteile oder um tatsächlich erlebte Erfahrungen mit wichtigen Bezugspersonen handelt, unterscheiden sich allerdings innerhalb der einzelnen Richtungen; aber immer bleibt es wichtig, nahe an den Gefühlen zu bleiben und nicht alleine lediglich kognitive Einsichten zu vermitteln. Seit den 1970er-Jahren weisen zudem immer mehr Autoren darauf hin, dass der Psychoanalytiker nicht nur ein teilnehmender Beobachter, sondern ein beobachtender Teilnehmer am analytischen Geschehen ist. Die »Zwei-Personen-Psychologie« oder sogenannte »Feldtheorien« wurden zur bevorzugten Betrachtungsweise, um das interpersonelle oder relationale Geschehen besser konzeptualisieren zu können. Mit dem Aufgeben der klassisch ichpsychologischen, immer noch mit dem Anspruch von Planbarkeit und Kontrolle verbundenen Beobachterposition, wurde aber auch deutlich, dass im konkreten Miteinander des therapeutischen Geschehens alle Theorien, Manuale, Entwürfe über das erwartbare Patientenverhalten oder über das methodisch einzig richtige Vorgehen zurückzustellen bzw. beiseite zu legen sind; die Konsequenz war nicht nur eine Befreiung von einengenden Schulrichtungen, sondern auch eine mitunter große Verunsicherung, die es auszuhalten gilt (z. B. Zwiebel, 2007).

Die im Grunde schon von Freud ausgedrückte, aber zunächst nur von wenigen Analytikern, wie z. B. Harold Searles oder Robert Langs weiter verfolgte Sichtweise, dass neben dem sprachlichen Inhaltsaspekt ein unbewusster Beziehungstext kontinuierlich mitläuft, der von beiden Teilnehmern unbewusst aufgenommen wird und in den Assoziationen des Patienten zum Ausdruck kommt, hat sich mittlerweile immer stärker durchgesetzt.

Insbesondere die Übertragung von Erkenntnissen aus der Mutter-Kind-Beziehung auf die analytische Beziehung machte auf viele Parallelen aufmerksam (z. B. Stern et al., 1998, Beebe & Lachmann, 2004). Bion hatte zuvor schon auf fruchtbare Weise verdeutlicht, wie wichtig das träumerische Ahnungsbewusstsein, die Rêverie, für den Zugang zum Unbewussten eines Patienten ist. Diese Schwerpunktsverlagerung – weg von der ausschließlichen Beschäftigung mit dem Intrapsychischen des Patienten, hin zum Erleben des Analytikers – eröffnete neue Horizonte für die Betrachtung von Veränderung. Dass der aufnehmende, träumende und verarbeitende Container aber nun auch ein lebendiges Wesen ist, von dem viele zunächst noch unerkannte Stimuli sprachlicher und vor allem auch nichtsprachlicher Art ausgehen, darf nicht übersehen werden (vgl. Mertens, 1991, Steyn, 2013). Und selbstverständlich kann gegen das Aufnehmen-Sollen von dissoziierten Emotionen eines Patienten auch ein erheblicher Widerstand im Analytiker entstehen. Er braucht eine ziemlich große Spannweite seiner Affekttoleranz, um auch toxische Emotionen in sich aufnehmen und verarbeiten zu können, die oftmals eine heftige Belastung darstellen. Die Persönlichkeit des Psychotherapeuten und zwar nicht nur im oberflächlichen Sinn des Wortes, sondern hinsichtlich seiner emotionalen Ausgewogenheit, Lebenserfahrung und -klugheit rückt deshalb in den Mittelpunkt aller neueren Betrachtungen.

Von zentraler Wichtigkeit war auch die Erkenntnis, dass symbolisierbares Erleben oftmals zuallererst hergestellt werden muss. Patienten haben häufig mit sprachlich nicht ausdrückbaren Leidenszuständen zu tun, die ihre Ursache nicht in Verdrängungen, sondern in frühen Symbolisierungsstörungen haben. Diese unrepräsentierten »Leerstellen« müssen gleichsam mittels einer nachholenden Ichentwicklung erst einmal transformiert werden, so dass sie Bestandteil einer sprachlich verfügbaren inneren Welt werden können. Erst dann können »Netzwerke« an Bedeutungen entstehen, die eine entsprechende Verarbeitungstiefe symbolisierbarer Gedanken und Vorstellungen sowie Phantasien aufweisen, mit denen dann flexibel umgegangen, ja sogar »gespielt« werden kann.

Diese Sichtweise führte schließlich dazu, dass vor allem das unbewusste Beziehungsgeschehen zum Thema von analytischen und therapeutischen Prozessen wurde. Der unbewusste Handlungsdialog, das Enactment, geschieht nicht nur gelegentlich, sondern mikroprozessual betrachtet sogar kontinuierlich (z. B. Mertens, 2013). Allerdings stoßen dessen Bewusstwerdung und Reflexion ebenfalls an Grenzen. Denn selbst dem aufmerksamsten und feinfühligsten Analytiker werden immer nur Anteile seiner eigenen nonverbalen und sprechhandelnden Hinweisreize einschließlich der Auswirkungen auf seinen Analysanden vor dem Hintergrund seiner Lebensgeschichte bewusst. Je gelungener sich diese symbolisierenden Verarbeitungsprozesse aber im Analytiker selbst abspielen, desto besser wird die gemeinsame emotionale Abstimmung und desto motivierter ist ein Patient, sich mit den inneren Arbeitsvorgängen seines Analytikers zu identifizieren. Dadurch gelingt es ihm, neue Wege des Umgangs mit sich selbst, in seinem Denken-Können seiner inneren Welt zu erfahren. Es leuchtet unmittelbar ein, dass diese Sichtweise sich fundamental von einer Auffassung unterscheidet, in der z. B. das »Üben von ichstrukturellen Kompetenzen« und das »Mentalisieren« wie eine therapeutische Technik eingesetzt werden.

»Der abgestimmte und intuitive Therapeut macht schon beim ersten Kontakt die Erfahrung der nonverbalen Augenblick-zu-Augenblick-Verlaufsstruktur der inneren Zustände des Patienten und modifiziert relativ flexibel und geschmeidig das eigene Verhalten, um mit dieser Verlaufsstruktur synchron zu sein, um dadurch einen Kontext für die Organisation des therapeutischen Bündnisses zu kreieren« (Schore, 2007, S. 81).

Dennoch: Trotz all dieser imponierenden Modelle und Konzepte bleibt das Analysieren nach wie vor ein »unmöglicher Beruf« (Freud, 1937c, Schneider, 2006). Natürlich können Menschen sich verändern und selbstverständlich verändern sich Patienten – und Therapeuten – im Verlauf einer psychoanalytischen Psychotherapie. Aber wie und warum sich diese Veränderungsprozesse genau und im Detail ereignen, gibt nach wie vor noch viele Fragen auf.

> **Zusammenfassung**
>
> Anhand eines Beispiels wurden psychoanalytische Konzepte verdeutlicht, die im Laufe des 20. Jahrhunderts für analytische und therapeutische Veränderungsprozesse geltend gemacht wurden. Dabei stellt sich zum einen heraus, wie entscheidend das Beziehungsgeschehen und die Persönlichkeit des Therapeuten dabei sind; zum anderen, dass es von zentraler Wichtigkeit zu sein scheint, dass dieser über die Möglichkeit verfügt, sich im Zusammenspiel mit einem bestimmten Patienten auf dessen einmalige Persönlichkeit einstimmen zu können. Dazu gehört vor allem die Bereitschaft, sich in sich selbst gut auszukennen und sich mit seinen Verwundungen einigermaßen versöhnt zu haben. Denn nur dann kann die eigene innere Welt mit derjenigen des Patienten gut synchronisiert werden und ihm zu einem besseren und kreativeren Umgang mit seinen noch brachliegenden Potenzialen verholfen werden. Autobiographische Erinnerungen erleichtern das Verständnis für Übertragungsprozesse und behalten auch in der zeitgenössischen Psychoanalyse ihre Bedeutung.

Literatur zur vertiefenden Lektüre

Bleichmar , H. (2004). Making conscious the unconscious in order to modify unconscious processing. Some mechanisms of therapeutic change. *International Journal of Psychoanalysis, 85*, 1379–1400.
Danckwardt, J. F., Schmitthüsen, G. & Wegner, P. (2014). *Mikroprozesse psychoanalytischen Arbeitens*. Frankfurt/M.: Brandes & Apsel.
Fosshage, J. L. (2005). The explicit and implicit domains in psychoanalytic change. *Psychoanalytic Inquiry, 25*, 516–539.

Hinz, H. (2004). Neubeginn, schrittweise, diskontinierlich. Theoretische Umwanderung des Wunders seelischer Veränderung. *Psyche – Z Psychoanal, 58,* 869–897.
Hübner, W. (2006). »Jenseits der Worte«. Versuch über projektive Identifizierung und ästhetische Erfahrung. *Psyche – Z Psychoanal, 60,* 319–348.
Kernberg, O. F. (2007). The therapeutic action of psychoanalysis: Controversies and challenges. *Psychoanalytic Quarterly, 76,* 1689–1724.
Scharff, J. M. (2004). »Ein Modell, das die Fehler in seinem Zentrum hat.« Neuere Arbeiten zur psychoanalytischen Behandlungstechnik. *Psyche – Z Psychoanal, 58,* 1011–1031.
Singer, J. A. & Conway, M. A. (2011). Reconstructing therapeutic action: Loewald, cognitive neuroscience and the integration of memory's duality. *International Journal of Psychoanalysis, 92,* 1183–1207.
Stoupel, D. (2012). Die präsentative Deutung. Ein Beitrag zur Psychoanalyse existentieller Veränderungsprozesse. In B. Nissen (Hrsg.), *Wendepunkte. Zur Theorie und Klinik psychoanalytischer Veränderungsprozesse* (S. 331–362). Gießen: Psychosozial-Verlag.

Fragen zum weiteren Nachdenken

- Ist es noch sinnvoll, klassische Behandlungsziele wie »Herr im eigenen Hause zu sein« aufrechtzuerhalten oder kann es immer nur um winzige Zuwächse reflexiver Kompetenz und einem besseren über Sich-selbst-Verfügen-Können gehen?
- Ist es sinnvoll, bei der psychoanalytischen Behandlung einzelne Interventionen zu betrachten oder wirken diese immer als eine unauflösbare Ganzheit, bei der sowohl der Lebenskontext des Patienten als auch der des Therapeuten berücksichtigt werden müssen?
- Sind die derzeitigen Grenzen der Erkenntnis hinsichtlich therapeutischer Veränderungsprozesse überwindbar oder dem Umgang mit unbewussten Prozessen inhärent?
- Ist es weiterhin sinnvoll, wie dies eine Zeitlang üblich war, implizite und explizite Gedächtnisvorgänge strikt voneinander getrennt zu halten?
- Kann man mit einem tieferen Wissen um sich selbst lernen, die Katastrophen in der Welt besser ertragen zu können?

Empfehlenswerte neuere Literatur mit kurzem Kommentar

1 Veränderungen in der Theorie der psychoanalytisch begründeten Verfahren

1.2.1 Veränderungen in der *Persönlichkeitstheorie der Psychoanalyse*

Aichhorn, T. (2019). *Freud arbeiten lassen – die Dynamisierung der Sexualtheorie durch Jean Laplanche*. Frankfurt/M.: Brandes & Apsel.

Aichhorn arbeitet differenziert heraus, welche theoretischen und klinischen Folgen sich aus der Erneuerung der psychoanalytischen Grundlagen von Jean Laplanche ergeben. Das Freud'sche Unbewusste ist der nicht übersetzbare Rest der rätselhaften elterlichen Botschaften an ihr Kind. Seine Sexualisierung kommt somit von außen. Die unübersetzbaren Reste wirken wie ein dynamisch drängendes Anderes, das nach immer erneuten Übersetzungsversuchen verlangt.

Fonagy, P. & Campbell, C. (2017). Böses Blut – Ein Rückblick: Bindung und Psychoanalyse, *Psyche – Z Psychoanal, 71*, 275–305.

Bindungstheorie und Psychoanalyse standen sich viele Jahre relativ unversöhnlich gegenüber. Die Bindungstheorie galt als eine am Verhalten orientierte Entwicklungspsychologie, die mit der inneren Welt, die psychoanalytische Autoren fokussieren, nur noch wenig zu tun hatte. Mittlerweile ist dieser Graben aber doch eingeebnet. Die Bedeutung früher Bindungserfahrungen wird selbstverständlich von Psychoanalytikern anerkannt, auch wenn die Vernachlässigung des Sexualen neu eingeschätzt werden muss.

Mertens, W. (2018). *Psychoanalytische Schulen im Gespräch über die Konzepte W. R. Bions*. Gießen: Psychosozial-Verlag.

Der Autor arbeitet den intersubjektiven Ansatz von Wilfred R. Bion heraus und erläutert diverse Konzepte wie »Container-contained«, »Rêverie«, »negative capability« oder »Angriffe auf Verbindungen«. Die Diskussionen zwischen verschiedenen Gesprächsteilnehmern und Anschlüsse an interdisziplinäre Konzepte ermöglichen ein besseres Verständnis der oftmals »dunklen« Formulierungen von Bion.

Rugenstein, K. (2021). *Die Sexualität der Psychoanalyse. Zur Bedeutung des Sexuellen in Theorie und Behandlungstechnik.* Göttingen: Vandenhoeck & Ruprecht.

An Jean Laplanche orientiert, stellt der Autor auf anschauliche und gut lesbare Weise dar, wie die beinahe schon in Vergessenheit geratene Sexualität wieder in die psychoanalytische Theorie und Praxis zurückgeholt werden kann.

1.2.2 Veränderungen in der psychoanalytischen Entwicklungspsychologie

Erreich, A. (2017). Unconscious fantasy and the priming phenomenon. *Journal of the American Psychoanalytic Association, 65*, 195–219.

Anne Erreich aktualisiert das Konzept der unbewussten Phantasie anhand von Überlegungen aus der Philosophie des Geistes und der Kognitionswissenschaft sowie Entwicklungspsychologie. Vor allem für nicht-deklarativ kodierte Gedächtnisinhalte lassen sich überzeugende Belege aus der »Priming«-Forschung finden.

Gaensbauer, T. J. (2014). Frühes Trauma und seine Repräsentation. Über die Lebensspanne vom frühkindlichen Stadium bis zum Beginn des Erwachsenenalters. Eine Falldarstellung. *Psyche – Z Psychoanal, 68*, 997–1029.

Der bekannte Traumaforscher zeigt anhand von Längsschnittdaten auf, wie ein früh entstandenes Trauma (ein einjähriges Mädchen wurde zur Zeugin des Todes seiner Mutter durch eine Briefbombe) zunächst zu typischen Symptomen einer posttraumatischen Belastungsstörung führte, die aber im frühen Erwachsenenalter – dank liebevoller Unterstützung der Adoptiveltern – weitgehend abklangen.

Krause, R. (2017). Affektpsychologische Überlegungen zu Seinsformen des Menschen. *Psyche – Z Psychoanal, 71*, 453–478.

Krause zeigt auf, welche entscheidende Bedeutung der mütterliche Affektausdruck für die Entstehung der kindlichen Persönlichkeit hat. »Emotionale Drehbücher« werden bis ins Erwachsenenalter weitergeführt. Er nimmt dabei Bezug auf die Konzepte der Desaffektualisierung von Moser, der Beta-Elemente von Bion und der Desobjektualisierung von Green.

Mertens, W. (2011). Entwicklungsorientierung in der Psychoanalyse – überflüssig oder unerlässlich? *Psyche – Z Psychoanal, 65*, 808–831.

Psychoanalytiker, die entwicklungsorientiert vorgehen, unterliegen mitunter Fehleinschätzungen, wie z. B. überholten Annahmen über einen linearen Entwicklungsverlauf, kausalen Fehlschlüssen u. a. m.

Mertens, W. (2019). Wie zuverlässig und wirklichkeitsgetreu sind unsere Erinnerungen? *Psyche – Z Psychoanal, 73(12)*, 974–1001.

Der Autor setzt sich mit der Frage auseinander, inwieweit die aus der gegenwärtigen kognitiven und neurobiologischen Gedächtnisforschung stammenden Konzepte des nicht-deklarativen und des deklarativen Gedächtnisses für ein genuines psychoanalytisches Verständnis nützlich sind.

Plassmann, R. (2022). Gegenwartsmoment, Transformationsprozess und Deutungstechnik. *Forum der Psychoanalyse, 38(2)*, 159–176.
Plassmann beschreibt wie angesichts der modernen Emotionsforschung ein neues Verständnis darüber möglich wird, wie sich das Selbst in einem von Emotionen organisierten Prozess bildet und sich lebenslang im Selbstprozess weiterentwickelt.

Poscheschnik, G. & Traxl, B. (Hrsg.) (2016). *Handbuch Psychoanalytische Entwicklungswissenschaft. Theoretische Grundlagen und praktische Anwendungen.* Gießen: Psychosozial-Verlag.
Das Handbuch vermittelt einen repräsentativen Überblick über wichtige Themen der psychoanalytischen Entwicklungswissenschaft.

Staats, H. (2021). *Entwicklungspsychologische Grundlagen der Psychoanalyse. Bd.1: Schwangerschaft, Geburt und Kindheit; Bd. 2: Jugend, Erwachsenwerden und Altern.* Stuttgart: Kohlhammer.
Der Autor gibt einen guten Überblick über entwicklungspsychologische Konzepte und Theorien, die als Grundlage psychoanalytischen Denkens gelten können. Die diversen Konzepte und Modelle werden mit empirischen entwicklungspsychologischen Befunden verglichen.

1.2.3 Veränderungen in der allgemeinen und speziellen Krankheitslehre

Busch, F. N. (2017). A model for integration actual neurotic or unrepresented states and symbolized aspects of intrapsychic conflict. *Psychoanalytic Quarterly, 86*, 75–108.
In dem von Fredric N. Busch entwickelten integrativen Modell werden unrepräsentierte Zustände und intrapsychische Konflikte nicht mehr als sich gegenseitig ausschließend betrachtet werden. Patienten kommen mit verschiedenen Selbstzuständen zum Analytiker und ihren Kognitionen, Affekten, Symptomen und Verhaltensweisen liegen gleichzeitig sowohl unrepräsentierte und dissoziative Zustände zugrunde wie auch Konflikte mit entsprechenden Abwehrvorgängen und Kompromissbildungen.

Dümpelmann, M. (2018). *Psychodynamische Behandlung psychotischer Störungen. Wenn die Grenze der Fall ist.* Stuttgart: Kohlhammer.
Dümpelmann gibt einen repräsentativen und innovativen Überblick über psychotische Störungen und deren Behandlung. Labile Selbst-Objekt-Grenzen sowie Beeinträchtigungen der Affektwahrnehmung stehen im Mittelpunkt eines Modells, das in Tiefenbrunn/Göttingen entwickelt und erprobt wurde.

Leikert, S. (2021). Verkapselte Körperengramme und die Traumfunktion – Zur Bearbeitung primärer Abwehrprozesse im Körperselbst. *Forum der Psychoanalyse, 37(4)*, 413–427.
Was geschieht, wenn die Traumfunktion, also die spontane Verbildlichung psychischer Inhalte beschädigt ist? Nach Auffassung des Autors kommt es

dann zu verkapselten Körperengrammen. Damit beschreibt der Autor Abwehrformationen, die leibliche Impulse hemmen, bevor eine Übersetzung ins Bildliche stattfinden kann und so die Traumfunktion beschädigen. Dies geschieht vor allem bei Patienten mit einer Traumatisierung in der Primärbeziehung.

Küchenhoff, J. (2019). Intercorporeity and body language: The semiotics of mental suffering expressed through the body. *International Journal of Psychoanalysis, 100(4)*, 769–791.

Orientiert an der Semiotik von Peirce sowie an Merleau-Ponty, Kristeva und Stern, entwickelt der Autor ein grundlegend neues Denken für die Betrachtung psychosomatischer Phänomene und zeigt dies anhand anschaulicher Beispiele.

Mertens, W. (2014). Psychodynamik. In ders. *Handbuch psychoanalytischer Grundbegriffe, 4., erweiterte und aktualisierte Auflage* (S. 756–774). Stuttgart: Kohlhammer, 5., überarb. Auflage 2022.

Überblick über psychodynamische Prozesse entlang den Gliederungspunkten, die dem Handbuch psychoanalytischer Grundbegriffe zugrunde liegen.

Storck, T. (2016). *Psychoanalyse und Psychosomatik. Die leiblichen Grundlagen der Psychodynamik.* Stuttgart: Kohlhammer.

Der Autor vermittelt einen umfassenden und differenzierten Überblick über die Ätiologie und Psychodynamik psychosomatischer Erkrankungen aus klassischer und zeitgenössischer Sicht.

Verhaeghe, P., Vanheule, S. & Rick, A. de (2007). Actual neurosis as the underlying psychic structure of panic disorder, somatization, and somatoform disorder: An integration of Freudian and attachment perspectives. *Psychoanalytic Quarterly, 76(4)*, 1317–1349.

Die Autoren führen aus, dass die diagnostischen Kategorien der Panikstörung, der Somatisierung und der undifferenzierten somatoformen Störungen eine Form der Psychopathologie darstellen, die bereits von Freud mit dem Konzept der Aktualneurosen beschrieben worden sind. Zugrunde liegen unbewältigte Trennungsangst und unzureichende Mentalisierung.

Wittmann, L. (2020). *Trauma. Psychodynamik – Therapie – Empirie.* Stuttgart: Kohlhammer.

Der Autor gibt einen informativen Überblick über klassische wie aktuelle psychoanalytische Traumakonzepte und prüft ihre Plausibilität anhand empirischer Forschungsdaten.

1.2.4 Veränderungen in der psychoanalytischen Theorie der Behandlung

Benjamin, J. & Atlas, G. (2016). Das »Zuviel« an Erregung: Sexualität im Licht von Exzess, Bindung und Affektregulation. In A. Mauss-Hanke (Hrsg.), *Internationale Psychoanalyse – Band 11.* Gießen: Psychosozial-Verlag.

Die Autorinnen setzen sich mit der Theorie von Jean Laplanche auseinander und argumentieren, dass das Rätselhafte und Exzessive der menschlichen Sexualität durch eine gelungene Bindungsentwicklung vieles von der Unverständlichkeit und Nicht-Mentalisierbarkeit verliert, die ihm Laplanche und andere Autoren zuschreiben.

Busch, F. (2019). Auf der Suche nach den Rêverien des Analytikers. In K. Münch (Hrsg.), *Internationale Psychoanalyse – Band 14* (S. 17–47). Gießen: Psychosozial-Verlag.

Fred Busch nimmt eine differenzierte Analyse des auf Bion zurückgehenden Konzepts der Rêverie vor und arbeitet die verschiedenen Bedeutungen bei einigen Post-Bionianern heraus.

De Masi, F. (2014). Das Unbewusste. Vergleichende Perspektiven in der klinischen Arbeit mit Neurose-, Borderline- und Psychosepatienten. *Forum der Psychoanalyse, 30,* 241–255.

Der Autor vertritt die These, dass bei Borderline- und psychotischen Erkrankungen vor allem Störungen der unbewussten Funktionen des emotional-rezeptiven Unbewussten zugrunde liegen, die das emotionale Gewahrwerden verunmöglichen. Dementsprechend fehlt die Möglichkeit, die eigene Geschichte zu begreifen und zu kommunizieren.

Focke, I. & Gutmann, B. (2019). *Begegnungen mit Anne-Marie Sandler. Praxis und Theorie ihrer Behandlungstechnik.* Gießen: Psychosozial-Verlag.

Ein anschaulicher, sehr lehrreicher und mit kommentierten Behandlungsvignetten versehener Überblick über die theoretischen Auffassungen und behandlungstechnischen Konsequenzen von Anne-Marie Sandler, der teilweise anhand eines langjährigen Austausches mit der renommierten Londoner Psychoanalytikerin und Ehefrau von Joseph Sandler erfolgte.

Galatzer-Levy, R. M. (2016). Der Grenzbereich zum Chaos: Ein nichtlineares Verständnis der psychoanalytischen Technik. *Psyche – Z Psychoanal, 70*(11), 1013–1040.

Der Autor veranschaulicht anhand der Behandlung eines Patienten mit Zwangsstörung Konzepte der Chaostheorie und verdeutlicht den Unterschied zu einer naturwissenschaftlichen Denkweise der herkömmlichen Psychoanalyse.

Hübner, W. (2018). *Sprache und Leib.* Frankfurt/M.: Brandes & Apsel.

Der Autor geht in dieser Aufsatzsammlung aus einer sprachanalytischen Warte und teilweise orientiert an der Allgemeinen Verführungstheorie von Jean Laplanche auf wichtige Themen und Autoren der gegenwärtigen Psychoanalyse – mitunter auch sehr kritisch – ein.

Kahl-Popp, J. (2021). *Traumerzählungen im Psychotherapie und Supervision. Traumtheorie und Implikationen für die klinische Praxis.* Berlin: Springer.

Jutta Kahl-Popp entwickelt in Anlehnung an das Traumgenerierungsmodell von Moser und Zeppelin sowie an den kommunikativ adaptiven Theorieansatz von Robert Langs ein komplexes Konzept der vor- und unbewussten Aspekte des Erträumens der verschlüsselten Botschaften von Patienten in ihren

Erzählungen und Träumen und erläutert dies vor allem anhand von Traumerzählungen in der klinischen Praxis und in der Supervision auf anschauliche Weise.

Lesmeister, R. (2017). *Begehren, Schuld und Neubeginn. Kritische Analysen psychoanalytischer Konzepte im Anschluss an Jacques Lacan.* Gießen: Psychosozial-Verlag.

Vor allem das Kapitel: Der schuldige Mensch und der tragische Mensch. Ein anthropologischer Dualismus im gegenwärtigen psychoanalytischen Diskurs (S. 57–100). Lesmeister vermisst in den heutigen Psychotherapieanträgen an die Krankenkassen und in den Fallberichten von Ausbildungskandidaten die Darstellung des Falles aus einem verinnerlichten Konfliktgeschehen. Stattdessen sind es die schuldigen Eltern, die zu wenig empathisch waren oder in ihrer triangulierenden Funktion versagt haben. Mit dieser einseitigen traumatheoretischen Übergewichtung in Teilen des psychoanalytischen Mainstreams wird eine komplexe Psychodynamik auf triviale Weise reduziert.

Pedersen, S. H., Paulsen, S. & Lunn, S. (2015). Affektregulierung: Halten, Containen und Spiegeln. In A. Mauss-Hanke (Hrsg.), *Internationale Psychoanalyse – Band 10* (S. 129–155). Gießen: Psychosozial-Verlag.

Ausgehend von dem eher funktionalen Konzept der Affektspiegelung von Gergely und Watson zeigen die Autoren die Unterschiede zu den Konzepten des Haltens i. S. von Winnicott, des Containens i. S. von Bion und des Spiegelns i. S. von Kohut auf. Die Konzeptklärung verdeutlicht, dass mit den unterschiedlichen Theorien auch unterschiedliche Kompetenzen eines Psychotherapeuten einhergehen.

Plassmann, R. (2021). *Das gefühlte Selbst. Emotionen und seelisches Wachstum in der Psychotherapie.* Gießen: Psychosozial-Verlag.

Ausgehend von Befunden der Säuglingsforschung, Bindungsforschung, Neurobiologie und Traumatherapie zeigt Reinhard Plassmann, dass die Entstehung des Selbst ein primär emotionaler Prozess ist. Anhand von Fallbeispielen zeigt er auf, dass Brüche im Selbst und Verarmungen des Selbstkontakts einen wesentlichen Anteil an der Entstehung psychischer und psychosomatischer Krankheiten haben.

1.3.1 Aus den Sozial- und Kulturwissenschaften

Conzen, P. (2017). *Die bedrängte Seele. Identitätsprobleme in Zeiten der Verunsicherung.* Stuttgart: Kohlhammer.

Angesichts der gegenwärtigen politischen, wirtschaftlichen und sozialen Verunsicherungen wird die Frage, wie Menschen ihre Lebenspläne über alle Krisen und Schicksalsschläge hinweg noch einigermaßen verwirklichen können, umso bedeutsamer.

King, V., Gerisch, B. & Rosa, H. (2021). *Lost in Perfection. Zur Optimierung von Gesellschaft und Psyche.* Berlin: Suhrkamp.

Immer mehr Menschen leiden unter dem ständigen Streben nach Optimierung und Perfektion. Das hat selbstverständlich weitreichende Folgen für Beziehungen mit Lebenspartnern und Kindern. Eine anhaltende Rastlosigkeit angesichts unerbittlicher Leistungs- und Konsumzwänge kann das individuelle Leben zu einer Tortur machen.

Reckwitz, A. (2019). *Das Ende der Illusionen. Politik, Ökonomie und Kultur in der Spätmoderne.* Frankfurt/M.: Edition Suhrkamp, 6. Auflage 2020.

Vor allem im Kapitel »Erschöpfte Selbstverwirklichung. Das spätmoderne Individuum und die Paradoxien seiner Emotionskultur« spricht Reckwitz ein psychoanalytisch brisantes Thema an: Viele Menschen stehen heutzutage unter dem Diktat, erfolgreich und glücklich sein zu müssen, aber sie haben nie gelernt, mit den unvermeidlichen Gefühlen von Trauer, Unglücklichsein und Scheitern angesichts viel zu hoch gesteckter und grandioser Ziele auf gelungene Weise umgehen zu können.

1.3.2 Aus der Linguistik

Buchholz, M. B. (2019). Szenisches Verstehen und Konversationsanalyse. *Psyche – Z Psychoanal, 73(6),* 414–441.

Das szenische Verstehen schließt v. a. die »Konversation« ein, die nach Freud Ausgangslage aller Theoriebildung ist. Buchholz plädiert, dafür die Mittel der Konversationsanalyse zu nutzen. Wenn das szenische Verstehen mit der Konversationsanalyse verbunden wird, können unbewusste Prozesse um die Dimension der aktuellen Gesprächsdynamik erweitert werden.

Favareau, J. (2008). Iconic, indexical, and symbolic understanding: Commentary on Aragno. *Journal of the American Psychoanalytic Association, 56(3),* 783–801.

Der Autor skizziert die Inhalte und Aufgaben der Biosemiotik, des Studiums der unzähligen Formen der Kommunikation und Bedeutung, die sowohl innerhalb als auch zwischen lebenden Systemen beobachtet werden können. Das Studium von Repräsentation, Bedeutung, Sinn und der biologischen Bedeutung von Zeichenprozessen – von interzellulären Signalprozessen über das Verhalten von Tieren bis hin zu menschlichen semiotischen Artefakten wie Sprache und abstraktes symbolisches Denken – ist auch für die Psychoanalyse wichtig.

Olds, D. D. (2003). Affect as a sign system. *Neuro-Psychoanalysis, 5(1),* 81–95.

Olds betrachtet verschiedene Typen von Zeichen i. S. v. Peirce (Ikon, Index, Symbol) und führt aus, dass jede Zeichenkategorie eine Rolle in Affektsystemen spielt. Ein Verständnis der Funktionen dieser verschiedenen Typen erhellt die Natur von Trieben und Affekten, Dissoziationen von Affektmanifestationen und die Funktionen der verschiedenen Arten von Zeichen in Affektsystemen.

Scarfone, D. (2013). From traces to signs: presenting and representing. In H. B. Levine, G. S. Reed & D. Scarfone (Eds.), *Unrepresented states and the construc-*

tion of meaning. Clinical and theoretical contributions (pp. 75–94). London: Karnac.

Orientiert an der Semiotik von C. S. Peirce vergleicht der kanadische Autor die Auffassungen von Bion, Lacan, Laplanche und Aulagnier hinsichtlich des Präpsychischen und des Psychischen bzw. der Präsentationen und der Repräsentationen.

1.3.3 Aus der Philosophie

Detel, W. (2018). *Eine schulenübergreifende Systematik moderner Psychoanalyse. Seelenmodell, Hermeneutik, Therapie.* Gießen: Psychosozial-Verlag.

Die Arbeit des Philosophen Wolfgang Detel stellt einen umfassenden Überblick über die Probleme des Erklärens und Verstehens in der Psychoanalyse dar, die seiner Auffassung nach bislang nicht zufriedenstellend gelöst werden konnten. Für ihn könnte ein evolutionstheoretisches Paradigma eine Erklärungsgrundlage für die diversen, zum Teil in heftigen Auseinandersetzungen befindlichen Richtungen psychoanalytischer Theorie und Praxis liefern.

Frühwein, C. (2018). Die Heisenberg'sche und die Freud'sche Unschärferelation. Zur Bedeutung methodischer Subjektivität in einer naturwissenschaftlich verstandenen Psychoanalyse. *Zeitschrift für psychoanalytische Theorie und Praxis, 33* (4), 441–461.

Der Autor kritisiert die aus einer Dritte-Person heraus erfolgenden methodischen Bemühungen von forschenden Psychoanalytikern, den psychoanalytischen Prozess zu erfassen. Konsequent arbeitet er heraus, dass sich der genuine Gegenstand der Psychoanalyse, unbewusste Vorgänge zwischen Analytiker und Analysand, nicht mit herkömmlichen empirischen Verfahren messen lässt.

Warsitz, R.-P. & Küchenhoff, J. (2015). *Psychoanalyse als Erkenntnistheorie – psychoanalytische Erkenntnisverfahren.* Stuttgart: Kohlhammer.

Die Arbeit von Warsitz und Küchenhoff stellt eine umfassende und sehr kenntnisreiche Auseinandersetzung mit den erkenntnistheoretischen Grundlagen der zeitgenössischen Psychoanalyse dar. Ihre Ausführungen zeigen, wie verfehlt eine an herkömmlichen wissenschaftstheoretischen Kriterien und entsprechenden Methoden orientierte Kritik an der unverwechselbaren erkenntnistheoretischen Position der Psychoanalyse ist.

1.3.4 Aus Neurowissenschaft und Cognitive Science

Blass, R. B. & Carmeli, Z. (2008). Plädoyer gegen die Neuropsychoanalyse. Fehlschlüsse, die dem neuesten wissenschaftlichen Trend in der Psychoanalyse zugrunde liegen und ihre negativen Auswirkungen auf den analytischen Diskurs. *Internationale Psychoanalyse, 3,* 121–153.

Eine immer noch lesenswerte Arbeit, die sich kritisch mit dem derzeitigen Trend der Neuropsychoanalyse auseinandersetzt. Vor allem der Behauptung, dass die Neurowissenschaften für die weitere Entwicklung der Psychoanalyse absolut notwendig sind, wird mit einleuchtenden Argumenten widersprochen.

Vermote, R. (2014). Der undifferenzierte Bereich psychischen Geschehens: Ein integratives Modell und seine klinischen Implikationen. *Zeitschrift für psychoanalytische Theorie und Praxis, 29*, 385–409.

Vermote bringt die in der Gegenwart sehr beliebte Bionsche Kategorie der träumerischen Gelöstheit, der sog. Rêverie, mit dem von dem Neurowissenschaftler Marcus Raichle entdeckten default mode network (dem Ruhezustandsnetzwerk) in Zusammenhang und zeigt auf diese Weise Möglichkeiten der interdisziplinären Erforschung des undifferenzierten Bereichs psychischen Geschehens auf.

2 Freie Assoziation und gleichschwebende Aufmerksamkeit: Methoden des psychoanalytischen Standardverfahrens

Barratt, B.B. (2021). Überlegungen zu einem frei assoziierenden Zuhören. *Jahrbuch der Psychoanalyse, 82*, 45–72.

Der Autor führt aus, dass jede psychoanalytische Sitzung wie ein Traum zu behandeln ist. Er führt die Idee des Zuhörens, um zuzuhören ein, im Gegensatz zum Zuhören als Hören, Zuhören zum Verstehen oder zum Interpretieren.

Bischof, D. (2021). Die freie Assoziation – Spielball zwischen interrogativer und phobischer Position. *Zeitschrift für psychoanalytische Theorie und Praxis, 36(2)*, 224–240.

Der Autor zeigt anhand der Gedanken von Bollas und Green auf, dass die freie Assoziation eine ubiquitäre Eigenschaft des menschlichen Geistes ist und eine unverzichtbare Arbeitsgrundlage der psychoanalytischen Behandlungspraxis. Grundlegend ist dabei auch, dass der Analytiker selbst einen Zugang zu seinen Assoziationen finden sollte. Geschieht dies nur unzureichend, kommt es zu sogenannten Überlaufphänomenen, bei denen psychische, mentalisierte Prozesse auf eine somatische oder Verhaltensebene »überlaufen«.

Mertens, W. (2019). Freie Assoziation. Generativer Wandel im Verständnis einer zentralen Behandlungsmethode? In I. Moeslein-Teising, G. Schäfer & R. Martin (Hrsg.), *Generativität* (S. 215–230). Gießen: Psychosozial-Verlag.

Diskutiert werden verschiedene Modifizierungen und Einwände gegen die Methode der freien Assoziation, wie sie von eher phänomenologisch und relational orientierten Richtungen in den letzten Jahren vorgenommen wurden. Obwohl es sinnvoll sein kann, behandlungstechnische Parameter bei bestimmten Schwierigkeiten von Patienten, frei assoziieren bzw. erzählen zu können, zu berücksichtigen, gibt es keinen gravierenden Grund, das unbefangene Erzählen und die korrespondierende gleichschwebende Aufmerksamkeit als genuine und grundlegende Methode der Psychoanalyse in der Gegenwart zu verabschieden.

Nissen, B. (2018). Frei-schwebend zum Ereignis: Der Prozess zur Deutung. *Psyche – Z Psychoanal, 72,* 847–868.

Bernd Nissen arbeitet differenziert heraus, wie die Haltungen der gleichschwebenden Aufmerksamkeit und der freien Assoziation zu intersystemischen Veränderungen zwischen Vorbewusstem und Unbewusstem führen. Aus dem Zusammenspiel dieser Methoden und der Kommunikation von Unbewusst zu Unbewusst entsteht ein interpsychischer Raum.

Özbeck, T. (2021). Heimliches Erträumen des Unerhörten?! Überlegungen zum Hören und Träumen aus interkultureller Perspektive. *Jahrbuch der Psychoanalyse, 82,* 177–194.

Die Autorin arbeitet anhand einer Untersuchung von Maya Nadig an einer südchinesischen Ethnie heraus, wie die frühesten Austauschprozesse zwischen Mutter und Kind, die bereits pränatal mit auditorischen Eindrücken beginnen, kulturspezifisch sind und eine adaptive Bedeutung haben. Bei den matriarchalischen Sumoa bleibt ein Kind auch noch als verheirateter Erwachsener immer im Haus der Mutter.

Rugenstein, K. (2019). *Freie Assoziation und gleichschwebende Aufmerksamkeit. Arbeiten mit der psychoanalytischen Methode.* Göttingen: Vandenhoeck & Ruprecht.

Der Autor zeigt nach einem fundierten Überblick anhand der psychoanalytischen Methodik des »Freud'schen Paars« das Dilemma auf, wie stark im Zeitalter einer evidenzbasierten Medizin und Psychotherapie es immer schwieriger nicht nur für Patienten, sondern auch für Therapeuten wird, sich auf eine Entdeckungsreise in das eigene Unbewusste zu begeben, ohne dabei ständig Vorgaben wie Wirtschaftlichkeit, Notwendigkeit und Zweckmäßigkeit therapeutischer Maßnahmen im Hinterkopf zu haben.

Solano, P. & Quagelli, L. (2015). On »free associative activities«. *Psychoanalytic Review, 102,* 237–264.

Weil heutige Patienten häufig mit mangelhaft repräsentierten oder gar unrepräsentierten psychischen Zuständen um Psychoanalyse nachsuchen, reicht es nicht mehr aus, sich überwiegend auf die semantischen Inhalte von freien Assoziationen zu konzentrieren. Vielmehr rücken immer stärker performative, expressive und präsentative Ausdrucksmomente in den Vordergrund, die von den Autoren als »freie assoziative Aktivitäten« bezeichnet werden.

Warsitz, R.-P. (2016). »Die freie Assoziation ist nicht nur eine Erzählung.« Über einige Formen des Sprechens in der Psychoanalyse. *Jahrbuch der Psychoanalyse, 73,* 69–94.

Der Autor arbeitet anhand von drei Formen des Sprechens die spezifische Erkenntnismethode der Psychoanalyse heraus, die sich aus der Forderung ableitet, eine dem psychoanalytischen Gegenstand, der Dialektik von freier Assoziation und gleichschwebender Aufmerksamkeit angemessene Form ihrer Rezeption, Aufzeichnung und Reflexion zu finden.

3 Psychoanalytisch begründete Therapieverfahren – ein Überblick

Bürgin, D., Pless, S. & Staehle, A. (2016). Kinder und Erwachsenenanalyse im Dialog. *Psyche – Z Psychoanal, 70*, 1041–1066.
Dieter Bürgin, Silke Pless und Angelika Staehle plädieren für eine Aufhebung der in der Vergangenheit oftmals getrennt gehaltenen Bereiche der Kinder- und Erwachsenenanalyse und zeigen die Fruchtbarkeit eines »integrierten Trainings« auf.

Gödde, G., Bergner, A. & Kurz, G. (2022). *Supervision in der tiefenpsychologisch fundierten Psychotherapie.* Stuttgart: Kohlhammer.
Das Buch enthält ein sehr gründliches Kapitel über die Charakteristika der tiefenpsychologisch fundierten Psychotherapie in deutlicher Abgrenzung von der analytischen Psychotherapie und Psychoanalyse.

Mertens, W. (2020). Anmerkungen zu gängigen, aber veralteten Abgrenzungen. *Psychodynamische Psychotherapie, 19(1),* 73–85.
Die seit vielen Jahren gebräuchlichen Definitionen von Psychoanalyse, analytischer Psychotherapie und tiefenpsychologisch fundierter Psychotherapie sind viel zu global und enthalten zudem veraltete Auffassungen. Unterschiede zwischen den Therapieverfahren kommen überwiegend aufgrund der zur Verfügung stehenden Zeit für die Durcharbeitung unbewusster psychischer Probleme zum Ausdruck, nicht jedoch in grundlegenden Differenzen im behandlungstechnischen Verständnis.

Zwiebel, R. (2017). *Vom Irrtum lernen.* Stuttgart: Klett-Cotta.
Dem Autor geht es um die Entwicklung einer Fehlerkultur in der Psychoanalyse. Obwohl Irrtümer, Täuschungen und Fehlleistungen des Therapeuten unvermeidlich zum analytischen Prozess dazu gehören, sind sie, obgleich nicht erwünscht, eine unverzichtbare Quelle für das Verstehen. Mit eigenen Beispielen geht Zwiebel dieser Aufforderung mutig voran.

4 Diagnostik und Indikation

Laimböck, A. (2015). *Die Szene verstehen. Die psychoanalytische Methode in verschiedenen Settings.* Frankfurt/M.: Brandes & Apsel.
Die Autorin plädiert dafür, das szenische Verstehen i. S. v. Hermann Argelander unabhängig vom jeweiligen Setting zur grundlegenden psychoanalytischen Methode zu machen, was sie anhand von ausführlichen Beispielen aus der Behandlungspraxis in diversen Settings veranschaulicht.

Levine, H. B. (2014). Die nichtfarbige Leinwand: Repräsentation, therapeutisches Handeln und die Bildung der Psyche. *Psyche – Z Psychoanal, 68,* 787–819.
Bereits in Freuds Klientel, aber vermehrt heute gibt es immer mehr Patienten, die über ungenügend ausgearbeitete psychische Repräsentationen verfügen oder diese wieder verloren haben. Diese nur schwach repräsentierten menta-

len Zustände bilden eine »nichtfarbige Leinwand«, die nach einer Transformation verlangen.

Reinke, E. (2017). *Das psychoanalytische Erstinterview und seine Bedeutung für Diagnostik und Behandlung.* Gießen: Psychosozial-Verlag.

Das Erstinterview gilt als die erste Verständigung zwischen Therapeut und Patient und nimmt deshalb einen zentralen Stellenwert ein. Orientiert an Hermann Argelander und Otto F. Kernberg illustriert die Autorin mit zahlreichen Beispielen die erkenntnistheoretische Dimension des szenischen Verstehens.

Rugenstein, K. (2018). Erstgespräch, Indikation und Antragstellung. In A. Gumz & S. Hörz-Sagstetter (Hrsg.), *Psychodynamische Psychotherapie in der Praxis* (S. 208–221). Weinheim: Beltz.

Entsprechend der gut durchdachten didaktischen Konzeption des Buches gibt der Autor einen übersichtlichen und informativen Überblick über das komplexe Thema.

Storck, T. (2017). Die Bedeutung des Nichtverstehens in psychotherapeutischen Prozessen. Über den Umgang mit dem Versteh-Blues. *Forum der Psychoanalyse, 33(1)*, 109–124.

Nach einem Überblick über die Grundzüge des hermeneutischen Verstehens skizziert der Autor – orientiert am genuinen Erkenntnisgegenstand der Psychoanalyse, dem dynamisch Unbewussten – das Element von Negativität, das für das psychoanalytische Verstehen zentral ist.

5 Von der Oberfläche in die Tiefe

Bronstein, C. (2015). Finding unconscious phantasy in the session: Recognizing form. *International Journal of Psychoanalysis, 96*, 925–944.

Die Autorin diskutiert die verschiedenen Formen, durch die sich unbewusste Phantasien in der analytischen Sitzung anhand der Übertragungsbeziehung manifestieren. Einen besonderen Einfluss haben dabei solche emotionalen Aspekte, die mit frühen »präsymbolischen« Phantasien verbunden sind und eine entsprechende emotionale Wirkung in der der oftmals auch körperlich erlebten Gegenübertragung haben.

Brown, L. J. (2018). Deconstructing countertransference. *Psychoanalytic Quarterly, 87(3)*, 533–555.

Nach Brown war zwar die breite Definition der Gegenübertragung (totalistic approach) sehr hilfreich, um alle subjektiven Erfahrungen ernst zu nehmen. Der Nachteil dieser Sichtweise ist jedoch, dass den vielfältigen subjektiven Erfahrungen, denen ein Therapeut begegnen kann, unzureichende Aufmerksamkeit geschenkt wird, wenn diese allgemein und zu undifferenziert als »Gegenübertragung« zusammengefasst werden.

Bürgin, D. (2021). Im Dazwischen. *Jahrbuch der Psychoanalyse 82*, 83–108.

Der Autor verdeutlicht, wie sich ein Analytiker in dem »Dazwischen« von intrasubjektiven und interpersonalen Zonen bewegt, in dem mittels bildlicher und sprachlicher Metaphern ein »gemeinsames Drittes« entsteht, das schließlich in seinem aktuellen Bedeutungsgehalt zur Sprache kommt.

Bleger, L. (2021). Was ist (denn eigentlich) das Material der Stunde? *Jahrbuch der Psychoanalyse, 82*, 17–43.

Der Autor beschreibt eine spezifische Form der Aktion und Tat in der analytischen Situation, die er jedoch von den herkömmlichen Formen des Enactments und des Sprechhandelns abgegrenzt wissen möchte. Im Übertragungshandeln wird der Analytiker von den nicht bewussten Phantasmen seines Analysanden ergriffen.

Brehm, J. (2017). »Kann das Unbewusste im Körper sein?«: Zum analytischen Umgang mit protomentalisierten Zuständen – eine Kasuistik. *Jahrbuch der Psychoanalyse, 75*, 125–153.

Der Autor befasst sich mit noch nicht symbolisch repräsentierten Erfahrungen, die vorerst nur als körperlich-seelische Erregungszustände wahrgenommen werden, da es in der Kindheit der betreffenden Personen zumeist an resonanzfähigen Objektbeziehungen mangelte. Diese noch nicht repräsentierten psychosomatischen Erregungszustände können in der Übertragung aktualisiert werden.

Diamond, M. J. (2020). Return of the repressed: Revisiting dissociation and the psychoanalysis of the traumatized mind. *Journal of the American Psychoanalytic Association 68*, 839–874.

Der Autor plädiert für eine Aufhebung der seit Freud zumeist erfolgten konzeptuellen Trennung von Verdrängung und Dissoziation. Diese hätte zur Folge, dass die derzeit zumeist separat geführten Traumatheorien und entsprechende Behandlungsempfehlungen wieder mit genuin psychoanalytischem Denken zusammengeführt werden können.

Krejci, E. (2015). *Vertiefung in die Oberfläche. Ausgewählte Schriften.* Gießen: Psychosozial-Verlag.

Neben Artikeln, in denen sich die bekannte Bion-Übersetzerin mit Konzepten seines Werkes befasst, findet sich auch ein Aufsatz über emotionale Entwicklungs- und Denkprozesse des kleinen Kindes. Mit diesem Wissen ausgestattet, kann man in der analytischen Behandlungspraxis hinter einer Oberfläche scheinbarer Normalität oftmals auf eine Vielzahl von Spaltungen, Dissoziationen und einen manipulativen Sprachgebrauch stoßen.

6 Warum ist Veränderung so schwierig?

Dammann, G. (2014). Desobjektualisierung: Theorie und Klinik eines Konzepts von André Green. *Psyche – Z Psychoanal, 68*, 886–921.

Der Autor diskutiert die Schwierigkeiten, die bei bestimmten Patienten mit einer Desobjektualisierung i. S. v. Green auftreten. Diese Patienten können keine Übertragungsbeziehung zulassen, aber auch mit Mentalisierung nichts anfangen.

Nissen, B. (2020). Deutung. Ein Aufriss von Freud über Klein und Bion bis zur Gegenwart. *Jahrbuch der Psychoanalyse, 80*, 13–28.
Nissen arbeitet heraus, wie das »Herausfinden des verborgenen Sinns« von Symptomen nicht mit einer einfachen kognitiven Bewusstmachung geleistet werden kann, was trotz Freuds epochalen Befunden über die Übertragung und deren oft mühsamer Durcharbeitung oftmals in Vergessenheit gerät.

Tuckett, D. (2019). Ideas prevented from becoming conscious: On Freud's unconscious and the theory of psychoanalytic technique. *International Journal of Psychoanalysis 100(6)*, 1068–1083.
Der Autor vertritt die Auffassung, dass es bei den abgewehrten Ideen im Wesentlichen um die beunruhigenden vorbewussten und unbewussten Überzeugungen der Patienten geht, die in der analytischen Beziehung auf der Grundlage von früher Erlebtem entstehen und Gefühle wie Angst, Schuld oder Scham hervorrufen.

7 Was heilt? Von der Übertragungsdeutung zum Umgang mit der interpsychischen Kommunikation – Veränderungsprozesse in der Psychoanalyse

Danckwardt, J. F., Schmithüsen, G. & Wegner, P. (2014). *Mikroprozesse psychoanalytischen Arbeitens.* Frankfurt/M.: Brandes & Apsel.
Die Autoren stellen eine differenzierte Untersuchung von emotionalen Mikrobewegungen in psychoanalytischen Prozessen dar. Anhand einer Pilotstudie wird aufgezeigt, wie mittels kleinteiliger Prozesselemente hilfreiche Einsichten im Verständnis von Behandlungsprozessen gewonnen werden können.

Diamond, M. J. (2017). The vibrant challenges of clinically effective psychoanalytic mindedness. *Psychoanalytic Quarterly, 86(3)*, 627–643.
Diamond konzentriert sich auf die zwei zentralen und herausforderndsten Komponenten einer analytischen Denkhaltung; nämlich die Verfügbarkeit des Analytikers für das Unbewusste des Patienten sowie seine Fähigkeit, mit Kränkungen umzugehen und Enttäuschungen zu ertragen.

Goetzmann, L. & Ruettner, B. (2017). Veränderungen in der Psychotherapie. Katastrophe, Zusammenbruch und transformative Verzweigungen. *Forum der Psychoanalyse, 33*, 369–383.
Orientiert an Autoren wie Bion, Bollas und Winnicott beschreiben Lutz Goetzmann und Barbara Ruettner die Angst vor einem Zusammenbruch, die mit einer massiven Abwehr einhergeht. Bei einer angemessenen therapeutischen Umgangsweise gibt es aber auch die Möglichkeit für eine Transformation der ursprünglichen emotionalen Erfahrung und die Findung eines neuen Gleichgewichts.

Grier, F. (2020). Musikalität im Behandlungszimmer. *Internationale Psychoanalyse, 15*, 123–160.
Der Autor beschreibt die Allgegenwärtigkeit der musikalischen Dimension in

der psychoanalytischen Begegnung, die erstaunlicherweise in der psychoanalytischen Literatur immer noch relativ vernachlässigt wird. Ebenso beschäftigt er sich mit den Langzeitwirkungen der präverbalen frühkindlichen Musikalität im Hinblick auf die Entwicklung von Objektbeziehungen und der Persönlichkeitsbildung.

Habibi-Kohlen, D. (2019). Wege der Gegenübertragung im Analytiker: Klinische Beispiele des Durcharbeitens. *Internationale Psychoanalyse, 14*, 169–193.

Orientiert an der südamerikanisch geprägten Feldtheorie und postkleinianischen Autoren stellt die Autorin dar, wie die Gegenübertragung im Sinne einer Analyse der Mikroprozesse durchgearbeitet werden kann, und zwar vor allem die negative Gegenübertragung. Dabei wird immer auch ein Teil der eigenen Lebensgeschichte berührt, was eine Offenheit für oft schmerzliche Wiederbegegnungen mit eigenen traumatischen Erfahrungen erfordert.

Lane, R. (2018). From reconstruction to construction: The power of corrective emotional experiences in memory reconsolidation and enduring change. *Journal of the American Psychoanalytic Association, 66(3)*, 507–516.

Der Neurowissenschaftler Richard Lane zeigt auf, dass Freud seiner Zeit weit voraus war, als er das Konzept beschrieb, dass das Gedächtnis immer wieder eine »Umschrift« erfährt oder aktualisiert werden kann. Neuere Befunde weisen darauf hin, dass Erinnerungen, wenn sie sich in einem labilen Zustand befinden, in einem Prozess der Gedächtnis-Rekonsolidierung verändert werden können.

Picht, J. (2018). Dimensionen des Geschehens und das Phantasma der Begegnung. *Psyche – Z Psychoanal, 72*, 869–892.

Anhand einer klinischen Vignette führt der Autor aus, dass das psychoanalytische Geschehen sich in mehreren Dimensionen – Bedeutung (Erkenntnis), Berührung (Kontakt) und Bewegung (Ereignis) – entfaltet. Sinnesqualitäten des Sehens, der Berührung und des Hörens spielen dabei eine zentrale Rolle.

Will, H. (2018). Wie ungesättigte Deutungen entstehen: Die Arbeit der Figurabilität. *Psyche – Z Psychoanal, 72(4)*, 374–396.

Will beschreibt ein neues Deutungskonzept, das er als »offen, inspiriert, libidinös, bildhaft, narrativ, unvollständig und nicht erklärend« charakterisiert. Konzepte der ungesättigten Deutung und der Figurabilität (Bion, Ferro, Baranger & Baranger) stehen dabei im Mittelpunkt. Wichtig ist ihm eine Erweiterung der Gegenübertragung um imaginative, träumerische (halluzinatorische) und narrative Elemente.

Will, H. (2020). Drei Dimensionen, die eine psychoanalytische Deutung ausmachen. *Jahrbuch der Psychoanalyse, 80*, 135–157.

Der Autor beschreibt drei Dimensionen psychoanalytischer Deutungen, die den Weiterentwicklungen psychoanalytischen Denkens in der zweiten Hälfte des 20. Jahrhunderts entsprechen und verdeutlicht dies anhand einer Fallvignette.

Literatur

Abend, S. (2005). Analyzing intrapsychic conflict: Compromise formation as an organizing principle. *Psychoanalytic Quarterly, 74*, 5–26.

Abrams, S. & Solnit, A. (1998). Coordinating developmental and psychoanalytic processes. *Journal of the American Psychoanalytic Association, 46*, 85–104.

Akhtar, S. (2013). *Psychoanalytic listening. Methods, limits, and innovations.* London: Karnac.

Allen, J. G. & Fonagy, P (Hrsg.) (2009). *Mentalisierungsgestützte Therapie. Das MBT-Handbuch – Konzepte und Praxis.* Stuttgart: Klett-Cotta.

Altman, N. (2000). Black and white thinking: A psychoanalyst reconsiders race. *Psychoanalytic Dialogues, 10*, 589–605.

Altmeyer, M. & Thomä, H. (Hrsg.) (2006). *Die vernetzte Seele.* Stuttgart: Klett-Cotta.

Arbeitskreis OPD (Hrsg.) (2006). *Operationalisierte Psychodynamische Diagnostik OPD-2. Das Manual für Diagnostik und Therapieplanung.* Bern: Huber, 3., überarb. Aufl. 2014.

Arlow, J. (1995). Stilted listening: Psychoanalysis as discourse. *Psychoanalytic Quarterly, 64*, 215–266.

Aron, L. & Bushra, A. (1998). Mutual regression and altered states. *Journal of the American Psychoanalytic Association, 46*, 389–412.

Bach, S. (1994). *The language of perversion and the language of love.* Northvale, NJ: Aronson.

Bachant, J. L. & Adler, E. (1996). Free association and analytic neutrality: The basic structure of the psychoanalytic situation. *Journal of the American Psychoanalytic Association, 44*, 1021–1046.

Balter, L., Lothane, Z. & Spencer, J. (1989). On the analyzing instrument. *Psychoanalytic Quarterly, 49*, 474–504.

Bateman, A. W. & Fonagy, P. (2004). *Psychotherapy for borderline personality disorder: Mentalization based treatment.* Oxford: Oxford University Press.

Beebe, B. & Lachmann, F. F. (2004). *Säuglingsforschung und die Psychotherapie Erwachsener. Wie interaktive Prozesse entstehen und zu Veränderungen führen.* Stuttgart: Klett-Cotta.

Benecke, C. (2014). *Klinische Psychologie und Psychotherapie. Ein integratives Lehrbuch.* Stuttgart: Kohlhammer.

Benjamin, J. (2004). Beyond doer and done to: An intersubjective view of thirdness. *Psychoanalytic Quarterly, 73,* 5–46.
Bergmann-Mausfeld, G. (2006). Pathologische Passung, Mentalisierung und therapeutische Reaktion. *Forum der Psychoanalyse, 22,* 249–267.
Bernfeld, S. (1934). Die Gestalttherapie. *Imago, 20,* 32–77.
Berns, U. (2006). Das Unbewusste bei Freud – klinische Theorien und psychoanalytische Praxis. In M. B. Buchholz & G. Gödde (Hrsg.), *Das Unbewusste in der Praxis. Erfahrungen verschiedener Professionen,* Bd. 3 (S. 53–76). Gießen: Psychosozial-Verlag.
Bion, W. R. (1962). *Learning from experience* (dt.: *Lernen durch Erfahrung.* Übers. Krejci, E., Frankfurt/M.: Suhrkamp, 1990).
Bion, W. R. (1970). *Attention and interpretation.* London: Maresfield (dt.: *Aufmerksamkeit und Deutung.* Übers. Vorspohl, E., Tübingen: edition diskord, 2006).
Blaß, H. (2010). Männliche Identität. *Psyche – Z Psychoanal, 64,* 675–699.
Bleichmar, H. (2004). Making conscious the unconscious in order to modify unconscious processing. Some mechanisms of therapeutic change. *International Journal of Psychoanalysis, 85,* 1379–1400.
Bohleber, W. (1998). Diskussion der Fallvorstellung Otto F. Kernbergs. *Psyche – Z Psychoanal, 52,* 1163–1169.
Bohleber, W. (2007). Der Gebrauch von offiziellen und von privaten impliziten Theorien in der klinischen Situation. *Psyche – Z Psychoanal, 60,* 426–454.
Bohleber, W., Fonagy, P., Jiménez, J. P., Scarfone, D., Varvin, S. & Zysman, S. (2013). Towards a better use of psychoanalytic concepts: A model illustrated using the concept of enactment. *International Journal of Psychoanalysis, 94,* 501–530.
Bollas, C. (1997). *Der Schatten des Objekts. Das ungedachte Bekannte: Zur Psychoanalyse der frühen Entwicklung.* Stuttgart: Klett-Cotta, 1. Aufl. 1987.
Bollas, C. (2002). *Free association.* London: Icon Books.
Bollas, C. (2006). Übertragungsdeutung als ein Widerstand gegen die freie Assoziation. *Psyche – Z Psychoanal, 60,* 932–947.
Bolognini, S. (2004). Intrapsychic – interpsychic. *International Journal of Psychoanalysis, 85,* 337–357.
Bornstein, M. (2010). How do contemporary psychoanalysts treat the past? *Journal of the American Psychoanalytic Association, 58,* 995–1001.
Boston Change Process Study Group (2002). Explicating the implicit: The local level and the microprocess of change in the analytic situation. *International Journal of Psychoanalysis, 83,* 1051–1062, (dt.: Das Implizite erklären: Die lokale Ebene und der Mikroprozess der Veränderung in der analytischen Situation. *Psyche – Z Psychoanal, 58,* 935–952, 2004).
Boston Change Process Study Group (2005). The »something more« than interpretation revisited: Sloppiness and co-creativitiy in the psychoanalytic encounter. *Journal of the American Psychoanalytic Association, 53,* 693–729.
Boston Change Process Study Group (2008). Forms of relational meanings: Issues in the relations between the implicit and reflective-verbal domains. *Psychoanalytic Dialogues, 18,* 125–148.

Boston Change Process Study Group (2013). Enactment and the emergence of new relational organization. *Journal oft he American Psychoanalytic Association*, 61, 727–749.

Bouchard, M.-A. & Lecours, S. (2004). Analysing forms of superego functioning as mentalisations. *International Journal of Psychoanalysis* 85, 879–896.

Brakel, L. (1993). Shall drawing become part of free association? *Journal of the American Psychoanalytic Association*, 41, 359–394.

Brisch, K. H., Grossmann, K. E., Grossmann, K. & Köhler, L. (Hrsg.) (2002). *Bindung und seelische Entwicklungswege. Grundlagen, Prävention und klinische Praxis*. Stuttgart: Klett-Cotta.

Brüggen, W. (2005). Ödipuskomplex – Kernkomplex der Neurosen? Über die entwicklungs- und kognitionspsychologische Wiederkehr eines verdrängten Konzeptes. In F. Wellendorf & H. Werner (Hrsg.), *Das Ende des Ödipus – Entwertung und Idealisierung ödipaler Konzepte in der Psychoanalyse heute* (S. 113–135). Tübingen: Edition discord.

Bucci, W. (1997). *Psychoanalysis and cognitive science. A multiple code theory*. New York: Guilford.

Bucci, W. (2007a). Dissociation from the perspective of multiple code theory: Part I. Psychological roots and implications für psychoanalytic treatment. *Contemporary Psychoanalysis*, 43, 165–184.

Bucci, W. (2007b). Dissociation from the perspective of multiple code theory: Part II. The spectrum of dissociative processes in the psychoanalytic relationship. *Contemporary Psychoanalysis*, 43, 305–326.

Bucci, W. (2011). The interplay of subsymbolic and symbolic processes in psychoanalytic treatment: It takes two to tango – But who knows the steps, who's the leader? The choreography of the psychoanalytic interchange. *Psychoanalytic Dialogues*, 21, 45–54.

Buchholz, M. B. & Gödde, G. (2013). Balance, Rhythmus, Resonanz: Auf dem Weg zu einer Komplementarität zwischen »vertikaler« und »resonanter« Dimension des Unbewussten. *Psyche – Z Psychoanal*, 67, 844–880.

Busch, F. (1989). The compulsion to repeat in action: A developmental perspective. *International Jourrnal of Psychoanalysis*, 70, 535–544.

Busch, F. (1994). Some ambiguities in the method of free association and their implications for technique. *Journal of the American Psychoanalytic Association*, 42, 363–384.

Busch, F. (1995). *The ego at the center of clinical technique*. Northvale, NJ: Jason Aronson.

Busch, F. (1996). The ego and its significance in analytic interventions. *Journal of the American Psychoanalytic Association*, 44, 1073–1099.

Busch, F. (1997). Understanding the patient's use of the method of free association: an ego psychological approach. *Journal of the American Psychoanalytic Association*, 45, 407–424.

Busch, F. (1999). *Rethinking clinical technique*. Northvale, NJ: Aronson.

Busch, F. (2003). Telling stories. *Journal of the American Psychoanalytic Association, 51*, 25–42.
Busch, F. (2005). Conflict theory/trauma theory. *Psychoanalytic Quarterly, 74*, 27–45.
Busch, F. (2010). Distinguishing psychoanalysis from psychotherapy. *International Journal of Psychoanalysis, 91*, 23–34.
Busch, F. (2014). *Creating a psychoanalytic mind: A psychoanalytic method and theory*. New York: Routledge.
Busch, H.-J. (2001). *Subjektivität in der spätmodernen Gesellschaft*. Weilerswist: Velbrück Wissenschaft.
Cabaniss, D. L., Cherry, S., Douglas, C. J. & Schwartz, A. R. (2011). *Psychodynamic psychotherapy. A clinical manual*. New York: Wiley-Blackwell.
Caligor, E., Kernberg, O. F. & Clarkin, J. F. (2007). *Handbook of dynamic psychotherapy for higher level personality disorder*. Washington, DC: American Psychiatric Publishing.
Canestri, J. (Eds.) (2006). *Psychoanalysis. From practice to therapy*. London: John Wiley & Sons.
Carpy, D. V. (1989). Tolerating the countertransference: A mutative process. *International Journal of Psycho-Analysis, 70*, 287–294.
Clyman, R. (1992). The procedural organisation of emotions: A contribution from cognitive science to the psychoanalytic theory of therapeutic action. In T. Shapiro & R. Emde (Eds.), *Affect: Psychoanalytic perspectives* (S. 349–382). Madison: International Universities Press.
Dammann, G. (2014). Desobjektalisierung. In W. Mertens (Hrsg.), *Handbuch psychoanalytischer Grundbegriffe* (S. 167–176). Stuttgart: Kohlhammer, 4. überarb. u. erw. Aufl.
Danckwardt, J. F. (2011a). Die Angst vor der Methode in der Psychoanalyse. *Psychoanalyse in Europa, Bulletin 65*, 121–132.
Danckwardt, J. F. (2011b). Die vierstündige analytische Psychotherapie in Ausbildung und Behandlung – ein Auslaufmodell? *Zeitschrift für psychoanalytische Theorie und Praxis, 26*, 208–220.
Danckwardt, J. F. (2014). Indikation. In W. Mertens (Hrsg.), *Handbuch psychoanalytischer Grundbegriffe* (S. 420–428). Stuttgart: Kohlhammer, 4., überarb. u. erw. Aufl.
Dantlgraber, J. (1982). Bemerkungen zur subjektiven Indikation für Psychoanalyse. *Psyche – Z Psychoanal, 36*, 193–225.
Diamond, D., Blatt, S. J. & Lichtenberg, J. D. (Eds.) (2007). *Attachment & sexuality*. New York: Lawrence Earlbaum Associates.
Diamond, M. J. (2010). *Söhne und Väter. Eine Beziehung im lebenslangen Wandel*. Frankfurt/M.: Brandes & Apsel.
Doering, S. & Hörz, S. (2012). *Handbuch der Strukturdiagnostik. Konzepte, Instrumente, Praxis*. Stuttgart: Schattauer.
Eagle, M. N. (2011). *From classical to contemporary psychoanalysis. A critique and integration*. New York: Routledge.

Ehlers, W. & Holder, A. (2009). *Psychoanalytische Verfahren. Basiswissen Psychoanalyse. Bd. 2.* Stuttgart: Klett-Cotta.

Ehrlich, L. T. (2013). Analysis begins in the analyst's mind: Conceptual and technical considerations on recommending analysis. *Journal of the American Psychoanalytic Association, 61,* 1077–1107.

Ermann, M. (2014). *Der Andere in der Psychoanalyse. Die intersubjektive Wende.* Stuttgart: Kohlhammer.

Fenichel, O. (1941). *Problems of psychoanalytic technique.* Albany, NY: Psychoanalytic Quarterly.

Ferro, A. (2009). *Psychoanalyse als Erzählkunst und Therapieform.* Gießen: Psychosozial-Verlag.

Fiedler, P. (2014). Neue Welle der Verhaltenstherapie. Bietet sie uns wirklich innovative Möglichkeiten der Behandlung psychischer Störungen? *Nervenheilkunde, 33,* 227–232.

Fink, B. (2005). *Eine klinische Einführung in die Lacansche Psychoanalyse. Theorie und Technik.* Wien/Berlin: Turia + Kant.

Fink, B. (2013). *Grundlagen der psychoanalytischen Technik. Eine lacanianische Annäherung für klinische Berufe.* Wien/Berlin: Turia + Kant.

Fishman, G. G. (1999). Knowing another from a dynamic systems point of view: The need for a multimodal concept of empathy. *Psychoanalytic Quarterly, 68,* 376–400.

Flaake, K. (2001). *Körper, Sexualität, Geschlecht. Studien zur Adoleszenz junger Frauen.* Gießen: Psychosozial-Verlag.

Fonagy, P. (1999). Memory and therapeutic action. *International Journal of Psychoanalysis, 80,* 215–223.

Fonagy, P. (2003). Beitrag beim Panel des Spring Meeting of the American Psychoanalytic Association, Philadelphia, Mai 18, 2002. zit. nach McDermott (2003), a. a. O.

Fonagy, P. (2004). Miss A with commentaries by Paul Denis, Irwin Z. Hoffman. *International Journal of Psychoanalysis, 85,* 807–822.

Fonagy, P. (2011). Eine genuin entwicklungspsychologische Theorie des sexuellen Lustempfindens und deren Implikationen für die psychoanalytische Technik. *Analytische Kinder- und Jugendlichen-Psychotherapie, 42,* 469–497.

Fonagy, P. & Target, M. (1996). Playing with reality: I. Theory of mind and the normal development of psychic reality. *International Journal of Psycho-Analysis, 77,* 217–233.

Fonagy, P., Gergely, G., Jurist, E. & Target, M. (2004). *Affektregulierung, Mentalisierung und die Entwicklung des Selbst.* Stuttgart: Klett-Cotta.

Fosshage, J. L. (2010). Implicit and explicit dimensions of oedipal phenomenology: A reassessment. *Psychoanalytic Inquiry, 30,* 520–534.

Fosshage, J. L. (2011). The use and impact of the analysts's subjectivity with empathic and other listening/experiencing perspectives. *Psychoanalytic Quarterly, 80,* 139–160.

Freedman, N. (1983). On psychoanalytic listening. The construction, paralysis and reconstruction of meaning. *Psychoanalysis and Contemporary Thought, 6*, 405–434.
Freedman, N. (1985). The concept of transformation in psychoanalysis. *Psychoanalytic Psychology, 2*, 317–339.
Freedman, N. & Lavender, J. (1997). On receiving the patient's transference: the symbolic and desymbolizing countertransference. *Journal of the American Psychoanalytic Association, 45*, 79–103.
Freedman, N. & Russell, J. (2003). Symbolization of the analytic discourse. *Psychoanalysis and Contemporary Thought, 26*, 39–86.
Freedman, N., Lasky, R. & Ward, R. (2009). The upward slope: A study of psychoanalytic transformations. *Psychoanalytic Quarterly, 78*, 201–231.
Freud, S. (1899a). Über Deckerinnerungen. *G.W. Bd. 1*, S. 531–554.
Freud, S. (1905e). Bruchstück einer Hysterie-Analyse. *G.W., Bd. 5*, S. 161–286.
Freud, S. (1910d). Die zukünftigen Chancen der psychoanalytischen Therapie. *G.W., Bd. 8*, S. 104–115.
Freud, S. (1911e). Die Handhabung der Traumdeutung in der Psychoanalyse. *G.W. Bd. 8*, S. 350–357.
Freud, S. (1912b). Zur Dynamik der Übertragung. *G.W., Bd. 8*, S. 363–374.
Freud, S. (1912e). Ratschläge für den Arzt bei der psychoanalytischen Behandlung. *G.W., Bd. 8*, S. 376–387.
Freud, S. (1913c). Zur Einleitung der Behandlung. *G.W., Bd. 8*, S. 454–478.
Freud, S. (1913i). Die Disposition zur Zwangsneurose. Ein Beitrag zum Problem der Neurosenwahl. *G.W., Bd. 8*, S. 442–452.
Freud, S. (1915e). Das Unbewußte. *G.W., Bd. 10*, 264–303.
Freud, S. (1923b). Das Ich und das Es. *G.W., Bd. 13*, S. 237–289.
Freud, S. (1925d). Selbstdarstellung. *G.W., Bd. 14*, S. 31–96.
Freud, S. (1926d). Hemmung, Symptom und Angst. *G.W., Bd. 14*, S. 111–205.
Freud, S. 1926f). »Psycho-Analysis«. *G.W., Bd. 14*, S. 299–307.
Freud, S. (1937c). Die endliche und die unendliche Analyse. *G.W., Bd. 16*, S. 59–69.
Freud, S. (1937d). Konstruktionen in der Analyse. *G.W., Bd. 16*, S. 43–56.
Freud, S. (1940a). Abriß der Psychoanalyse. *G.W., Bd. 8*, S. 63–138.
Freud, S. (1985c). Briefe an Wilhelm Fließ. In F. M. Masson (Hrsg.), *Briefe an Wilhelm Fließ* 1887–1904. Deutsche Fassung von M. Schröter. Frankfurt/M.: S. Fischer.
Frick, E. (2009). *Psychosomatische Anthropologie. Ein Lehr-und Arbeitsbuch für Unterricht und Studium*. Unter Mitarbeit von Harald Gündel. Stuttgart: Kohlhammer
Friedman, R. C. & Downey, J. I. (2002). *Sexual orientation and psychoanalysis. Sexual science and clinical practice*. New York: Columbia University Press.
Fuchs, T. (2013). Der Schein des Anderen. Empathie und Virtualität. In T. Breyer (Hrsg.), *Grenzen der Empathie. Philosophische, psychologische und anthropologische Perspektiven* (S. 263–281). München: Wilhelm Fink.

Gabbard, G. O. & Westen, D. (2003). Rethinking therapeutic action. *International Journal of Psychoanalysis, 84*, 823–842.

Gabbard, G. O. (2010). *Psychodynamische Psychiatrie. Ein Lehrbuch*. Gießen: Psychosozial-Verlag.

Galatzer-Levy, R. M. (2004). Chaotic possibilities: Toward a new model of development. *International Journal of Psychoanalysis, 85*, 419–441.

Gallese, V. (2006). Intentional attunement: Embodied simulation and its role in social cognition. In M. Mancia (Ed.), *Psychoanalysis and neuroscience* (pp. 269–301). Milan: Springer.

Gallese, V. (2008). Empathy, embodied simulation, and the brain: Commentary on Aragno and Zepf/Hartmann. *Journal of the American Psychoanalytic Association, 56*, 769–781.

Gallese, V., Eagle, M. N. & Migone, P. (2007). Intentional attunement: Mirror neurons and the neural underpinnings of interpersonal relations. *Journal of the American Psychoanalytic Association, 55*, 131–176.

Gammelgaard, J., & Zeuthen, K. (2010). Infantile sexuality: The concept, its history and place in contemporary psychoanalysis. *Scandinavian Psychoanalytic Review, 33*, 3–12.

Geißler, P. (2014). Implizites Beziehungswissen. In W. Mertens (Hrsg.), *Handbuch psychoanalytischer Grundbegriffe* (S. 414–420). Stuttgart: Kohlhammer, 4. überarb. u. erw. Aufl.

Geißler, P. & Heisterkamp, G. (Hrsg.) (2007). *Psychoanalyse der Lebensbewegungen – Zum körperlichen Geschehen in der psychoanalytischen Therapie – Ein Lehrbuch*. Wien, New York: Springer.

Gill, M. M. (1982). *Analysis of transference. Vol. 1. Theory and technique*. Psychological Issues Monograph 53. New York: International University Press. (dt.: *Die Übertragungsanalyse: Theorie und Technik*. Frankfurt/M.: Fischer, 1996).

Gill, M. M. (1993). Die Analyse der Übertragung. *Forum der Psychoanalyse, 9*, 46–61.

Ginot, E. (2007). Intersubjectivity and neuroscience. Understanding enactments and their therapeutic significance within emerging paradigms. *Psychoanalytic Psychology, 24*, 317–332.

Ginot, E. (2009). The empathic power of enactments. The link between neuropsychological processes and an expanded definition oft empathy. *Psychoanalytic Psychology, 26*, 290–309.

Grabska, K. (2000). Gleichschwebende Aufmerksamkeit und träumerisches Ahnungsvermögen (Reverie). *Forum der Psychoanalyse, 16*, 247–260.

Gray, P. (1991). On transferred permissive or approving superego functions: the analysis of the ego's superego activities. Part II. *Psychoanalytic Quarterly, 60*, 1–21.

Gray, P. (1994). *The ego and the analysis of defense*. Northvale, NJ: Jason Aronson, 2. Aufl. 2005.

Gray, P. (1996). Undoing the lag in the technique of conflict and defense analysis. *Psychoanalytic Study of the Child, 51*, 87–101.

Green, A. (1975). Analytiker, Symbolisierung und Abwesenheit im Rahmen der psychoanalytischen Situation. *Psyche – Z Psychoanal, 29*, 503–541, auch in ders., *Geheime Verrücktheit, Grenzfälle der psychoanalytischen Praxis* (S. 171–214). Gießen: Psychosozial-Verlag, 2000.

Green, A. (1983). Die tote Mutter. *Psyche – Z Psychoanal, 47*, 205–240.

Greenson, R. R. (1967). *The technique and practice of psychoanalysis*. New York: International University Press (dt.: *Technik und Praxis der Psychoanalyse*. Stuttgart: Klett-Cotta 1973.

Grimmer, B. (2014). *Psychodynamische Gesprächskompetenzen in der Psychotherapie. Kommunikation und Interaktion*. Stuttgart: Kohlhammer.

Grossmann, M. (2009). Affect-communication: The »something more than interpretation«. *International Journal of Psychoanalytic Self Psychology, 4*, 330–353.

Grotstein, J. S. (2009). »…*but at the same time and an another level …« Clinical applications in the Kleinian/Bionian mode, vol. 2*. London: Karnac.

Habermas, T. (2014). Dreaming the other's past: Why remembering may still be relevant to psychoanalytic therapy, at least in some traditions. *International Journal of Psychoanalysis, 95*, 951–963.

Ham, J. & Tronick, E. Z. (2009). Relational psychophysiology: Lessons from mother-infant physiology research on dyadically expanded states of consciousness. *Psychotherapy Research, 19*, 619–632.

Hampe, M. (2001). Theorie, Erfahrung, Therapie. Anmerkungen zur philosophischen Beurteilung psychoanalytischer Prozesse. Kommentar zu Leuzinger-Bohleber et al. und Sandell et al. *Psyche – Z Psychoanal, 55*, 328–337.

Harrison, A. M. & Tronick, E. (2011). ›The noise monitor‹: A developmental perspective on verbal and nonverbal meaning-making in psychoanalysis. *Journal of the American Psychoanalytic Association, 59*, 961–982.

Harrison, A. M. (2014). The sandwich model: The ›music and dance‹ of therapeutic action. *International Journal of Psychoanalysis, 95*, 313–340.

Hartocollis, P. (2002). ›Actual neurosis‹ and psychosomatic medicine: The vicissitudes of an enigmatic concept. *International Journal of Psychoanalysis, 83*, 1361–1373.

Haubl, R. & Mertens, W. (1996). *Der Psychoanalytiker als Detektiv. Eine Einführung in die psychoanalytische Erkenntnistheorie*. Stuttgart: Kohlhammer.

Heenen-Wolff, S. (2007). From symbolic law to narrative capacity. A paradigm shift in psychoanalysis? *International Journal of Psychoanalysis, 88*, 75–90.

Hoffman, I. Z. (2006). The myths of free association and the potentials of the analytic relationship. *International Journal of Psychoanalysis, 87*, 43–61.

Holmes, J. (2012). *Sichere Bindung und psychodynamische Therapie*. Stuttgart: Klett-Cotta.

Hopf, H. (2014). *Die Psychoanalyse des Jungen*. Stuttgart: Klett-Cotta.

Huber, D., Zimmermann, J., Henrich, G., & Klug, G. (2012). Comparison of cognitive-behaviour therapy with psychoanalytic and psychodynamic therapy for depressed patients – a three-year follow-up study. *Zeitschrift für Psychosomatische Medizin und Psychotherapie, 58*, 299–316.

Hübner, W. (2006). »Jenseits der Worte«. Versuch über projektive Identifizierung und ästhetische Erfahrung. *Psyche – Z Psychoanal, 60,* 319–348.
Jones, E. (1960). *Sigmund Freud – Leben und Werk, Bd. 1,2 und 3.* München: Deutscher Taschenbuch-Verlag, 1984 a, b, c.
Junker, H. (2013). *Intersubjektivität und implizites Gedächtnis. Reflexionen veränderter therapeutischer Praxis.* Frankfurt/M.: Brandes & Apsel.
Kapfhammer, H.-P. (2014). Entwicklung, Entwicklungspsychologie. In W. Mertens (Hrsg.), *Handbuch psychoanalytischer Grundbegriffe* (S. 212–222). Stuttgart: Kohlhammer, 4., überarb. und erw. Aufl.
Kernberg, O. F. (1984). *Severe personality disorders. Psychotherapeutic strategies.* New Haven: Yale University Press.
Kernberg, O. F. (1998). Eine schwere sexuelle Hemmung im Laufe der psychoanalytischen Behandlung eines Patienten mit narzißtischer Persönlichkeitsstörung. *Psyche – Z Psychoanal, 52,* 1147–1162.
Kernberg, O. F. (2002). Neuere Entwicklungen der Behandlungstechnik in den englischsprachigen psychoanalytischen Schulen. *Forum der Psychoanalyse, 18,* 1–19.
Kernberg, O. F., Dulz, B. & Sachsse, U. (Hrsg.) (2000). *Handbuch der Borderline-Störungen.* Stuttgart: Schattauer.
Kernberg, O. F., Selzer, M. A., Koenigsberg, H. W., Carr, A. C. & Appelbaum, A. M. (1993). *Psychodynamische Therapie bei Borderline-Patienten.* Bern: Huber.
Kettner, M. (1991). Peirce's notion of abduction and psychoanalytic interpretation. In P. S. Epstein & B. E. Litowitz (Eds.), *Semiotic perspectives on clinical theory and practice: medicine, neuropsychiatry and psychoanalysis* (pp. 163–180). New York: Mouton De Gruyter.
Kettner, M. (1995). Psychoanalytische Deutungsmuster. Plädoyer für die diskursive Erforschung der Supervision. In E. Kaiser (Hrsg.), *Psychoanalytisches Wissen. Beiträge zur Forschungsmethodik* (S. 265–283). Opladen: Westdeutscher Verlag.
Kettner, M. (2012). Welches Menschenbild passt zur psychoanalytischen Psychologie. In G. Gödde & M. B. Buchholz (Hrsg.), *Der Besen, mit dem die Hexe fliegt. Wissenschaft und Therapeutik des Unbewussten. Bd. 2: Konversation und Resonanz in der Psychotherapie* (S. 129–156). Gießen: Psychosozial-Verlag.
Kettner, M. (2014). Wahrheit (der psychoanalytischen Erkenntnis). In W. Mertens (Hrsg.), *Handbuch psychoanalytischer Grundbegriffe* (S. 1074–1078). Stuttgart: Kohlhammer.
King, V. (2014). Geschlechterdifferenz. In W. Mertens (Hrsg.), *Handbuch psychoanalytischer Grundbegriffe* (S. 309–314). Stuttgart: Kohlhammer.
Kitcher, P. (1995). *Freud's dream. A complete interdisciplinary science of mind.* Cambridge, Mass.: MIT Press.
Klitzing, K. v. (2002). Frühe Beziehungswelt im Längsschnitt – von der Beziehungswelt der Eltern zur Vorstellungswelt des Kindes. *Psyche – Z Psychoanal, 56,* 863–887.
Klüwer, R. (1995). Agieren und Mitagieren – 10 Jahre später. *Zeitschrift für psychoanalytische Theorie und Praxis, 10,* 45–70.

Knight, R. (2011). Fragmentation, fluidity and transformation: Nonlinear development in middle childhood. *Psychoanalytic Study of the Child, 65*, 19–47.
Knight, R. (2014). A hundred years of latency: From Freudian psychosexual theory to dynamic systems nonlinear development in middle childhood. *Journal of the American Psychoanalytic Association, 62*, 203–235.
Köhler, L. (1998). Einführung in die Entstehung des Gedächtnisses. In M. Koukkou, M. Leuzinger-Bohleber & W. Mertens (Hrsg.), *Erinnerung von Wirklichkeiten. Psychoanalyse und Neurowissenschaften im Dialog, Bd. 1: Bestandsaufnahme* (S. 131–222). Stuttgart: Verlag Internationale Psychoanalyse.
Kohut, H. (1959). Introspection, empathy and psychoanalysis. *Journal of the American Psychoanalytic Association, 7*, 459–483 (dt.: Introspektion, Empathie und Psychoanalyse. *Psyche – Z Psychoanal, 25*, 831–855, 1971).
König, H. (2000). *Gleichschwebende Aufmerksamkeit und Modellbildung. Eine qualitativ-systematische Einzelfallstudie zum Erkenntnisprozess des Psychoanalytikers.* Ulm: Ulmer Textbank.
König, J. (2012) Triebnatur in Question. Alfred Lorenzers historisch-materialistische Psychoanalyse meets Judith Butlers Queer Theory. In M. Brunner et al. (Hrsg.), *Politische Psychologie heute? Perspektiven – Themen – Theorien* (S. 119–143). Gießen: Psychosozial-Verlag.
Körner, J. (1989). Arbeit an der Übertragung? Arbeit in der Übertragung! *Forum der Psychoanalyse, 5*, 209–223.
Körner, J. & Rosin, U. (1992). Über Regression. *Forum der Psychoanalyse, 1*, 25–47.
Krause, R. (1997). *Allgemeine Psychoanalytische Krankheitslehre. Bd. 1*. Stuttgart: Kohlhammer.
Krause, R. (2002). Psychoanalytische Affektforschung. Anwendungen auf die psychoanalytische klinische Arbeit. In P. Giampieri-Deutsch (Hrsg.), *Psychoanalyse im Dialog der Wissenschaften. Bd. 1. Europäische Perspektiven* (S. 273–286). Stuttgart: Kohlhammer.
Kris, A. O. (1982). *Free association: Method and process*. New Haven: Yale University Press.
Krovoza, A. (2012). Ein Krisenpanorama – das Subjekt der Psychoanalyse und die Neuschöpfung von Welt. *Psychosozial, 35*, Nr. 129, 9–19.
Küchenhoff, J. (2010). Der Wandel psychoanalytischer Theoriekonzepte. Klinische Herausforderungen und technischer Fortschritt. In K. Münch, D. Munz & A. Springer (Hrsg.), *Die Psychoanalyse im Pluralismus der Wissenschaft* (S. 83–108). Gießen. Psychosozial-Verlag.
Küchenhof, J. (2011). Die forschende Haltung des Analytikers in einem sich ausweitenden Spektrum therapeutischer Settings. *Psychoanalyse in Europa, Bulletin, 65*, 107–116.
Küchenhoff, J. & Warsitz, R.-P. (2015). *Psychoanalyse als Erkenntnistheorie*. Stuttgart: Kohlhammer.
Kulish, N. (2010). Clinical implications of contemporary gender theory. *Journal of the American Psychoanalytic Association, 58*, 231–258.

Kulish, N. & Holtzman, D. (2014). The widening scope of indications for perversion. *Psychoanalytic Quarterly, 83*, 281–313.
Kulish, N. & Holtzman, D. (1998). Persephone, the loss of virginity and the female oedipal complex. *International Journal of Psycho-Analysis, 79*, 57–71.
Lachmann, F. (2008). The process of transforming. *International Journal of Psychoanalytic Self Psychology, 3*, 1–15.
Laplanche, J. (1996). *Die unvollendete kopernikanische Revolution in der Psychoanalyse*. Frankfurt/M.: Fischer.
Layton, L. (2014). Grandiosity, neoliberalism, and neoconservativism. *Psychoanalytic Inquiry, 34*, 463–474.
Lear, J. (2009). Technik und eigentliches Ziel der Analyse. Vier Möglichkeiten, einen bestimmten Moment zu betrachten. *Psychoanalyse in Europa, Bulletin, 63*, 152–159.
Lecours, S. (2007). Supportive interventions and nonsymbolic mental functioning. *International Journal of Psychoanalysis, 88*, 895–915.
Lecours, S. & Bouchard, M.-A. (1997). Dimensions of mentalisation: Outlining levels of psychic transformation. *International Journal of Psychoanalysis, 78*, 855–875.
Lecours, S. & Bouchard, M.-A. (2011). Verbal elaboration of distinct affect categories and BDP symptoms. *Psychology and Psychotherapy: Theory, Research and Practice, 84*, 26–41.
Lesmeister, R. (2009). *Selbst und Individuation. Facetten von Subjektivität und Intersubjektivität in der Psychoanalyse*. Frankfurt/M.: Brandes & Apsel.
Leuzinger-Bohleber, M. (2007). Forschende Grundhaltung als abgewehrter »common ground« von psychoanalytischen Praktikern und Forschern? *Psyche – Z Psychoanal, 61*, 966–994.
Leuzinger-Bohleber, M., Emde, R. N. & Pfeiffer, R. (Hrsg.) (2013). *Embodiment – ein innovatives Konzept für Entwicklungsforschung und Psychoanalyse*. Göttingen: Vandenhoeck & Ruprecht.
Leuzinger-Bohleber, M., Benceke, C. & Hau, S. (2015). Psychoanalytische Forschung. Methoden und Kontroversen in Zeiten wissenschaftlicher Pluralität. Stuttgart: Kohlhammer.
Levy, R. A., Ablon, J. S. & Kächele, H. (2012). *Psychodynamic psychotherapy research*. New York: Humana Press.
Levy, S. T. & Inderbitzin, L. B. (1990). The analytic surface and the theory of technique. *American Journal of Psychoanalytic Association, 38*, 371–391.
Lipps, T. (1907). Das Wissen von fremden Ichen. In ders. (Hrsg.), *Psychologische Untersuchungen, Bd. 1* (S. 694–722). Leipzig: W.Engelmann.
Loewald, P. (1986). Transference-countertransference. *Journal of the American Psychoanalytic Association, 34*, 275–287.
Lorenzer, A. (1972). *Zur Begründung einer materialistischen Sozialisationstheorie*. Frankfurt/M.: Suhrkamp.
Luborsky, L. (1995). *Einführung in die analytische Psychotherapie. Ein Lehrbuch*. Göttingen: Vandenhoeck & Ruprecht.

Mahoney, P. (1979). The boundaries of free association. In ders., *Psychoanalysis and discourse* (pp. 16–56). London: Tavistock, 2. Aufl. 1987.
Makari, G. & Shapiro, T. (1993). On psychoanalytic listening. Language and unconscious communication. *Journal of the American Psychoanalytic Association, 41*, 991–1002.
Mancia, M. (2006). Implicit memory and early unrepressed unconscious. *International Journal of Psychoanalysis, 87*, 83–103.
Marty, P. (1958). The allergic object relationship. *International Journal of Psycho-Analysis, 39*, 98–103.
Massie, H., Massie, H. N. & Szajnberg, N. M. (2008). *Lives across time/growing up: Paths to emotional health and emotional illness from birth to age 30 in 76 people.* London: Karnac.
Mayes, L. C. (2001). The twin poles of order and chaos. *Psychoanalytic Study of the Child, 56*, 137–170.
McDermott, V. A. (2003). Is free association still fundamental? *Journal of the American Psychoanalytic Association, 51*, 1349–1356.
Meissner, W. W. (2000). The structural principle in psychoanalysis: II. Structure formation and structural change. *Psychoanalysis and Contemporary Thought, 23*, 331–371.
Mens-Verhulst., J. van, Schreur, K. & Woertman, L. (Hrsg.). (1996). *Töchter und Mütter. Weibliche Identität, Sexualität und Individualität.* Stuttgart: Kohlhammer.
Mertens, W. (1990). *Einführung in die psychoanalytische Therapie. Bd. 1.* Stuttgart: Kohlhammer, 3. Aufl. 2000.
Mertens, W. (1990). *Einführung in die psychoanalytische Therapie. Bd. 2.* Stuttgart: Kohlhammer, 3., akt. Auflage 2004.
Mertens, W. (1991). *Einführung in die psychoanalytische Therapie, Bd. 3.* Stuttgart: Kohlhammer, 3., Aufl. 1993.
Mertens, W. (1998a). Theoretischer Pluralismus als Chance? Prolegomena zu einer komparativen Untersuchung psychoanalytischer Modelle. In P. Kutter, R. Páramo-Ortega & T. Müller (Hrsg.), *Weltanschauung und Menschenbild. Einflüsse auf die psychoanalytische Praxis* (S. 198–214). Göttingen: Vandenhoeck & Ruprecht.
Mertens, W. (1998b). *Psychoanalytische Grundbegriffe. Ein Kompendium.* Weinheim: Psychologie Verlags Union, 2. überarb. Aufl.
Mertens, W. (2009). *Psychoanalytische Erkenntnishaltungen und Interventionen.* Stuttgart: Kohlhammer, 2. aktual. u. erweit. Aufl. 2014.
Mertens, W. (2010). *Psychoanalytische Schulen im Gespräch. Sturkturtheorie, Ichpsychologie und moderne Konflikttheorie. Bd. 1.* Bern: Huber.
Mertens, W. (2010–12). *Psychoanalytische Schulen im Gespräch. Bd. 1–3.* Bern: Hans Huber.
Mertens, W. (2011). Entwicklungsorientierung in der Psychoanalyse: überflüssig oder unerlässlich? *Psyche – Z Psychoanal, 65*, 808–831.

Mertens, W. (2013). Das Zwei-Personen-Unbewusste – Unbewusste Wahrnehmungsprozesse in der analytischen Situation. *Psyche – Z Psychoanal, 67*, 817–843.
Mertens, W. (2014). Psychodynamik. In ders. (Hrsg.), *Handbuch psychoanalytischer Grundbegriffe* (S. 756–774). Stuttgart: Kohlhammer.
Mertens, W. & Haubl, R. (1996). *Der Psychoanalytiker als Archäologe. Eine Einführung in die Methode der Rekonstruktion.* Stuttgart: Kohlhammer.
Milrod, B. L., Busch, F. N., Cooper, A. M. & Shapiro, T. (1997). *Manual of panic focused psychodynamic psychotherapy.* Washington, DC: American Psychiatric Press.
Mitchell, S. (1988). *Relational concepts in psychoanalysis: An integration.* Cambridge, MA: Harvard University Press.
Mitchell, S. A. (2003). *Bindung und Beziehung. Auf dem Weg zu einer relationalen Psychoanalyse.* Gießen: Psychosozial-Verlag.
Mitrani, J. L. (1995). Towards an understanding of unmentalized experience. *Psychoanalytic Quarterly, 64*, 68–112.
Moser, U. (2001). »What is a Bongaloo, Daddy?« Übertragung, Gegenübertragung, therapeutische Situation. Allgemein und am Beispiel »früher Störungen«. *Psyche – Z Psychoanal, 55*, 97–136.
Moser, U. (2003). Traumtheorien und Traumkultur in der psychoanalytischen Praxis. *Psyche – Z Psychoanal, 57*, Teil 1, 639–657, Teil 2, 729–750.
Moser, U. (2005). Transformation und affektive Regulierung in Traum und Wahn. *Psyche – Z Psychoanal, 59*, 718–765.
Moser, U. (2008). *Traum, Wahn und Mikrowelten.* Frankfurt/M.: Brandes & Apsel.
Moser, U. (2009). *Theorie der Abwehrprozesse. Die mentale Organisation psychischer Störungen.* Frankfurt/M.: Brandes & Apsel.
Müller-Pozzi, H. (2008). *Eine Triebtheorie für unsere Zeit. Sexualität und Konflikt in der Psychoanalyse.* Bern: Huber.
Müller-Pozzi, H. (2012). Der Andere und das Objekt. Zur Metapsychologie der frühen Objekt Beziehung. *Psyche – Z Psychoanal, 66*, 61–84.
Müller-Pozzi, H. (2014). Triebe und Triebschicksale oder der Andere und das Objekt. *Psyche – Z Psychoanal, 68*, 306–335.
Oesterdiekhoff, G. W. (2000). *Zivilisation und Strukturgenese.* Frankfurt/M.: Suhrkamp.
Olds, D. D. (2000). A semiotic model of mind. *Journal of the American Psychoanalytic Association, 48*, 497–529.
Orange, D. M. (2004). *Emotionales Verständnis und Intersubjektivtät. Beiträge zu einer psychoanalytischen Epistemologie.* Frankfurt/M.: Brandes & Apsel.
Orange, D. M., Atwood, G. E. & Stolorow, R. D. (2001). *Intersubjektivität in der Psychoanalyse. Kontextualismus in der psychoanalytischen Praxis.* Frankfurt/M.: Brandes & Apsel.
Orlinsky, D. (2008). Die nächsten 10 Jahre Psychotherapieforschung. Eine Kritik des herrschenden Forschungsparadigmas mit Korrekturvorschlägen. *Psychotherapie, Psychosomatik, Medizinische Psychologie, 58*, 359–365.

Pally, R. (1998). Emotional processing: the mind-body connection. *International Journal of Psycho-Analysis, 79*, 349–362.
Pally, R. (2001). A primary role for nonverbal communication in psychoanalysis. *Psychoanalytic Inquiry, 21*, 71–93.
Pally, R. (2005). A neuroscientific perspective on forms of intersubjectivity in infant research and adult treatment. In B. Beebe, S. Knoblauch, J. Rustin & D. Sorter (Eds.), *Forms of intersubjectivity in infant research and adult treatment* (pp. 191–241). New York: Other Press.
Pally, R. (2007). The predicting brain: Unconscious repetition, conscious reflection and therapeutic change. *International Journal of Psychoanalysis, 88*, 861–881.
Palombo, J., Bendicsen, H. K. & Koch, B. J. (Eds.) (2009). *Guide to psychoanalytic developmental theories*. New York: Springer.
Paniagua, C. (1985). A methodological approach to surface material. *International Review of Psychoanalysis, 12*, 311–325.
Paniagua, C. (1991). Patients's surface, clinical surface, and workable surface. *Journal of the American Psychoanalytic Association, 39*, 669–685.
Peräkylä, A. (2008). Conversation analysis and psychoanalysis: Interpretation, affect, and intersubjectivity. In ders., C. Antaki, S. Vehviläinen, & I. Leudar (Eds.), *Conversation analysis and psychotherapy* (pp. 100–119). Cambridge: Cambridge University Press.
Pflichthofer, D. (2012). *Spielregeln der Psychoanalyse*. Gießen: Psychosozial-Verlag.
Pflichthofer, D. (2014). Performanz, performativ. In W. Mertens (Hrsg.), *Handbuch psychoanalytischer Grundbegriffe* (S. 709–714). Stuttgart: Kohlhammer, 4., überarb. u. erw. Aufl.
Phillips, S. H. (2014). Sexual aberration or instinctual vicissitude? Revisiting Freud's »The sexual aberrations«. *Psychoanalytic Quarterly, 83*, 315–325.
Procci, W. (2013): Psychoanalysis and APsaA in the twenty-first century: Their fates may be different. *Journal of the American Psychoanalytic Association, 61*, 879–896.
Quindeau, I. & Dammasch, F. (2014). *Männlichkeiten – Wie weibliche und männliche Psychoanalytiker Jungen und Männer behandeln. Fallgeschichten, Kommentare, Diskussion*. Stuttgart: Klett-Cotta.
Racker, H. (1968). *Transference and countertransference*. New York: International University Press (dt.: *Übertragung und Gegenübertragung. Studien zur psychoanalytischen Technik*. München: Ernst Reinhardt, 1978, 6. Aufl. 2002).
Reed, G. S. (2009). An empty mirror: reflections on non-representation. *Psychoanalytic Quarterly, 78*, 1–26.
Reik, T. (1948). *Listening with the third ear*. New York: Farar, Straus (dt: *Hören mit dem dritten Ohr*. Köln: Kiepenheuer und Witsch, 1976).
Renik, O. (1993). Analytic interaction: Conceptualizing technique in the light of the analyst's irreducible subjectivity. *Psychoanalytic Quarterly, 62*, 553–571.
Renik, O. (1995). The role of an analyst's expectations in clinical technique: Reflections on the concept of resistance. *Journal of the American Psychoanalytic Association, 43*, 83–94.

Renik, O. (2006). *Practical psychoanalysis for therapists and patients*. New York: Other Press.
Riesenberg-Malcolm, R. (2003). *Unerträgliche seelische Zustände erträglich machen. Psychoanalytische Arbeiten mit extrem schwierigen Patienten*. Stuttgart: Klett-Cotta.
Rohde-Dachser, C. (1979). *Das Borderline-Syndrom*. Bern: Huber. 7., vollständig überarb. u. erw. Auflage, 2004.
Rohde-Dachser, C. (1991). *Expedition in den dunklen Kontinent. Weiblichkeit im Diskurs der Psychoanalyse*. Berlin, NewYork: Springer.
Rohde-Dachser, C. (2004). »In den Himmel kommen, ohne zu sterben.« Inszenierungen des Unmöglichen als Selbsterhaltungsstrategie. In C. Rohde-Dachser & F. Wellendorf (Hrsg.), *Inszenierungen des Unmöglichen. Theorie und Therapie schwerer Persönlichkeitsstörungen* (S. 36–59). Stuttgart: Klett-Cotta.
Rohde-Dachser, C. & Wellendorf F. (Hrsg.) (2004). *Inszenierungen des Unmöglichen. Theorie und Therapie schwerer Persönlichkeitsstörungen*. Stuttgart: Klett-Cotta, 2. Aufl. 2005.
Rosegrant, J. (2005). The therapeutic effects of the free-associative state of consciousness. *Psychoanalytic Quarterly, 74*, 737–766.
Rosenfeld, H. (1981). *Zur Psychoanalyse psychotischer Zustände*. Frankfurt/M.: Suhrkamp.
Rubovits-Seitz, P. (1998). *Depth-psychological understanding: Methodological grounding of clinical interpretations*. Hillsdale, NJ.: Analytic Press.
Rudolf, G. (2004). *Strukturbezogene Psychotherapie. Leitfaden zur psychodynamischen Therapie struktureller Störungen*. Stuttgart: Schattauer, 2. erw. Aufl. 2009.
Rüger, U. & Reimer, C. (2006). Gemeinsame Merkmale und Charakteristika psychodynamischer Therapieverfahren. In C. Reimer & U. Rüger (Hrsg.), *Psychodynamische Psychotherapien. Lehrbuch der tiefenpsychologisch fundierten Psychotherapieverfahren* (S. 3–22). Heidelberg: Springer.
Rüger, U., Dahm, A. & Kallinke, D. (2003). *Faber/Haarstrick. Kommentar Psychotherapie-Richtlinien*. München: Urban & Fischer, 6. Aufl.
Rüger, U., Dahm, A. & Kallinke, D. (2012). *Kommentar Psychotherapie Richtlinien*. München: Urban & Fischer, 9. Aufl.
Safran, J. D., Muran, J. C. & Proskurov, B. (2009). Alliance, negotiation, and rupture resolution. In R. A. Levy & J. S. Ablon (Eds.), *Handbook of evidence-based psychodynamic psychotherapy* (pp. 201–225). New York: Humana Press.
Saller, V. (2014). Das dynamische Unbewusste im Lichte der Kategorien First und Second von Charles Sander Peirce. *Journal für Psychoanalyse, 55*, 5–32.
Salomonsson, B. (2007). ›Talk to me baby, tell me what's the matter now. Semiotic and developmental perspectives on communications in psychoanalytic infant treatment. *International Journal of Psychoanalysis, 88*, 127–146.
Sander, L. (2002). Thinking differently: Principles of process in living systems and the specifity of beeing known. *Psychoanalytic Dialogues, 12*, 11–42.
Sandler, J. (1976). Gegenübertragung und die Bereitschaft zur Rollenübernahme. *Psyche – Z Psychoanal, 30*, 297–305.

Sandler, J. & Sandler, A.-M. (1984). The »second censorship«, the »three box model« and some technical implications. *International Journal of Psycho-Analysis, 64*, 413–426 (dt.: Vergangenheits-Unbewußtes, Gegenwarts-Unbewußtes und die Deutung der Übertragung. *Psyche – Z Psychoanal, 39*, 800–829, 1985)

Sandler, J., Dare, C. & Holder, A. (1973). *Die Grundbegriffe der psychoanalytischen Psychotherapie*. Stuttgart: Klett.

Scarfone, D. (2014). The *Three essays* and the meaning of the infantile sexual in psychoanalysis. *Psychoanalytic Quarterly, 83*, 327–344.

Scharff, J. M. (2010). *Die leibliche Dimension in der Psychoanalyse*. Frankfurt/M.: Brandes & Apsel.

Schneider, G. (2006). Ein »›unmöglicher‹ Beruf« (Freud) – Zur aporetischen Grundlegung der psychoanalytischen Behandlungstechnik und ihrer Entwicklung. *Psyche – Z Psychoanal, 60*, 900–931.

Schneider, G. (2012). Tertium datur. Über die Zugehörigkeit des Nicht-Analytischen zum analytischen Prozess. In T. Storck (Hrsg.), *Zur Negation der psychoanalytischen Hermeneutik* (S. 73–102). Gießen: Psychosozial-Verlag.

Schore, A. N. (2005). Das menschliche Unbewusste: die Entwicklung des rechten Gehirns und seine Bedeutung für das frühe Gefühlsleben. In V. Green (Hrsg.) *Emotionale Entwicklung in Psychoanalyse, Bindungstheorie und Neurowissenschaften. Theoretische Konzepte und Behandlungspraxis* (S. 35–68). Frankfurt/M.: Brandes & Apsel.

Schore, A. N. (2007). *Affektregulation und die Reorganisation des Selbst*. Stuttgart: Klett-Cotta.

Schwaber, E. A. (1992). Countertransference. The analyst's retreat from the patient's vantage point. *International Journal of Psychoanalysis, 73*, 349–361.

Schwaber, E. A. (1998). From whose point of view? The neglected question in analytic listening. *Psychoanalytic Quarterly, 67*, 645–661.

Segal, H. (1957). Bemerkungen zur Symbolbildung. In E. Bott-Spillius (Hrsg.), *Melanie Klein heute. Bd. 1* (S. 202–224). Stuttgart: Klett-Cotta.

Shedler, J. (2011). Die Wirksamkeit psychodynamischer Psychotherapie. *Psychotherapeut, 56*, 265–277.

Shulman, M. (2012). Comments on the development of a psychoanalytic technique. *Psychoanalytic Inquiry, 32*, 79–86.

Silverman, M. A. (1987). Clinical material. *Psychoanalytic Inquiry, 7*, 147–165.

Silverman, M. A. (2012). On myths amd myth-making: Psychoanalytic theorizing about mother-daughter relationships and the »female oedipus complex«. *Psychoanalytic Quarterly, 81*, 727–750.

Singer, J. A. & Conway, M. A. (2011). Reconstructing therapeutic action: Loewald, cognitive neuroscience and the integration of memory's duality. *International Journal of Psychoanalysis, 92*, 1183–1207.

Solano, L. (2011). Gedanken zwischen Körper und Psyche im Lichte Wilma Buccis Theorie der multiplen Codierung. In A. Mauss-Hanke (Hrsg.), *Internationale Psychoanalyse 2011. Ausgewählte Beiträge aus dem International Journal of Psychoanalysis* (S. 77–105). Bd. 6. Gießen. Psychosozial-Verlag.

Spacal, S. (1990). Free association as a method of self-observation in relation to other methodological principles of psychoanalysis. *Psychoanalytic Quarterly, 59*, 420–436.

Spence, D. (1984). Perils and pitfalls of free-floating attention. *Contemporary Psychoanalysis, 20*, 37–76.

Spence, D. P. (2003). Listening for rhetorical truth. *Psychoanalytic Quarterly, 72*, 875–903.

Steiner, J. (1998). *Orte des seelischen Rückzugs.* Stuttgart: Klett-Cotta.

Staats, H. (2021a). *Entwicklungspsychologische Grundlagen der Psychoanalyse. Band 1: Schwangerschaft, Geburt und Kindheit.* Stuttgart: Kohlhammer.

Staats, H. (2021b). *Entwicklungspsychologische Grundlagen der Psychoanalyse. Band 2: Jugend, Erwachsenwerden und Altern.* Stuttgart: Kohlhammer.

Stern, D., Sander, L., Nahum, J. Harrison, A., Lyons-Ruth, K., Morgan, A., Bruschweiler-Stern, N. & Tronick, E. (1998). Noninterpretative mechanisms in psychoanalytic therapy. The ›something more‹ than interpretation. *International Journal of Psycho-Analysis, 79*, 903–921 (dt.: Nicht-deutende Mechanismen in der psychoanalytischen Therapie. Das »Etwas-Mehr« als Deutung. *Psyche – Z Psychoanal, 56*, 974–1006, 2002).

Stern, D. N. (2005). *Der Gegenwartsmoment. Veränderungsprozesse in Psychoanalyse, Psychotherapie und Alltag.* Frankfurt/M.: Brandes & Apsel.

Stern, D. N. (2011). *Ausdrucksformen der Vitalität.* Frankfurt/M.: Brandes & Apsel.

Steyn, L. (2013). Tactics and empathy: Defences against projective identification. *International Journal of Psychoanalysis, 94*, 1093–1113.

Stolorow, R. D., Atwood, G. E. & Orange, D. M. (1999). Kohut and contextualism: Toward a post-Cartesian psychoanalyic theory. *Psychoanalytic Psychology, 16*, 380–388.

Stone, L. (1961). *The psychoanalytic situation. An examination of its development and essential nature.* New York: International University Press (dt: Die psychoanalytische Situation. Frankfurt/M.: Fischer, 1973).

Storck, T. (2013). Doing transference – Agieren als Ver-handeln der Übertragungsbeziehung. *Jahrbuch der Psychoanalyse, 66*, 81–120.

Strachey, J. (1934). The nature of the therapeutic action of psychoanalysis. *International Journal of Psychoanalysis, 15*, 127–159.

Strauß, B., Kirchmann, H. Schwark, B. & Thomas, A. (2010). *Behinderung, Sexualität und Persönlichkeitsentwicklung. Zum Verständnis sexueller Störungen aus der Sicht interpersonaler Theorien.* Stuttgart: Kohlhammer.

Strawson, P. F. (2008). Freedom and resentment. In ders., *Freedom and resentment and other essays* (pp. 1–28). London:Routledge.

Streeck, U. (2004). *Auf den ersten Blick. Psychotherapeutische Beziehungen unter dem Mikroskop.* Stuttgart: Klett-Cotta.

Streeck, U. (2007). *Psychotherapie komplexer Persönlichkeitsstörungen. Grundlagen der psychoanalytisch-interaktionellen Methode.* Stuttgart: Klett-Cotta.

Sugarman, A. (2006). Mentalization, insightfulness, and therapeutic action. The importance of mental organization. *International Journal of Psychoanalysis, 87*, 965–987.

Sugarman, A. (2007). Whatever happened to neurosis? *Psychoanalytic Psychology, 24*, 409–428.
Täkhä, V. (1993). *Mind and its treatment. A psychoanalytic approach*. Madison, CT: Universities Press.
Target, M. (2007). Is our sexuality our own? A developmental model of sexuality based on early affect mirroring. *British Journal of Psychotherapy, 2*, 517–530.
Thompson, M. G. (1998). The fundamental role of psychoanalysis. *Psychoanalytic Review, 85*, 697–714.
Tronick, E. (2007). *The neurobehavioral and social-emotional development of infants and children*. New York, NY: Norton.
Tuch, R. H. (2007). Thinking with, and about patients to scared to think: Can non-interpretive maneuvers stimulate reflective thought? *International Journal of Psychoanalysis, 88*, 91–111.
Tuckett, D. (2012). Some reflections on psychoanalytic technique: In need of core concepts or an archaic ritual? *Psychoanalytic Inquiry, 32*, 87–108.
Tyson, P. The challenges of psychoanalytic developmental theory. *Journal of the American Psychoanalytic Association, 50*, 19–52.
Verhaeghe, P. & Vanheule, S. (2005). Actual neurosis and PTSD. The impact of the other. *Psychoanalytic Psychology, 22*, 493–507.
Verhaeghe, P., Vanheule, S. & Rick, A. de (2007). Actual neurosis as the underlying psychic structure of panic disorder, somatization, and somatoform disorder: An integration of Freudian and attachment perspectives. *Psychoanalytic Quarterly, 76*, 1317–1349.
Vivona, J. M. (2006). From developmental metaphor to developmental model: The shrinking role of language in the talking cure. *Journal of the American Psychoanalytic Association, 54*, 877–902.
Vivona, J. M. (2009). Embodied language in neuroscience and psychoanalysis. *Journal of the American Psychoanalytic Association, 57*, 1327–1360.
Wachtel, P. L. (2008). *Relational theory and the practice of psychotherapy*. New York: Guilford Press.
Wallerstein, R. S. (1990a). The corrective emotional experience: Is reconsideration due? *Psychoanalytic Inquiry, 10*, 288–324.
Wallerstein, R. S. (1990b). Psychoanalysis: the common ground. *International Journal of Psycho-Analysis, 71*, 3–19.
Walter, A. (2010). Entwicklungslinien psychoanalytischer Entwicklungspsychologie und Entwicklungstheorie. Von der Entwicklungsstörung zur Entwicklungstherapie. In S. K. D. Sulz & S. Höfling (Hrsg.), *… und er entwickelt sich doch! Entwicklung durch Psychotherapie* (S. 71–116). München: CIP-Medien.
Wampold, B. (2001). *The great psychotherapy debate: Models, methods and findings*. London: Lawrence Erlbaum Associates.
Weinshel, E. M. (1990). How wide is the widening scope of psychoanalysis and how solid is its structural model? Some concerns and observations. *Journal of The American Psychoanalytic Association, 38*, 275–296.

Weiß, H. (2007). Ein mehrphasiges Modell der projektiven Identifizierung. *Psyche?– Z Psychoanal, 61*, 151–173.

Weiß, H. (2009). *Das Labyrinth der Borderline-Kommunikation. Klinische Zugänge zum Erleben von Raum und Zeit.* Stuttgart: Klett-Cotta.

Weiss, J. & Sampson, H. (1986). *The psychoanalytic process: Theory, clinical observations, and empirical research.* New York: Guilford.

Westen, D. & Gabbard, G. O. (2002a). Developments in cognitive neuroscience, I. Conflict, compromise, and connectionism. *Journal of the American Psychoanalytic Association, 50*, 53–98.

Westen, D. & Gabbard, G. O. (2002b). Developments in cognitive neuroscience, II. Implications for theories of transference. *Journal of the American Psychoanalytic Association, 50*, 99–134.

Widlöcher, D. (Ed.) (2002). *Infantile sexuality and attachment.* London/New York: Karnac.

Will, H. (2008). Über die Position eines Analytikers, der keiner Schule entstammt. Eine Fallstudie zum Verhältnis von öffentlicher und privater Theorie. *Psyche – Z Psychoanal, 62*, 1–27.

Wilson, M. (2003). The analyst's desire and the problem of narcissistic resistances. *Journal of the American Psychoanalytic Association, 51*, 71–99.

Wöller, W. & Kruse, J. (2012). Psychodynamische Psychotherapieverfahren. In W. Senf und M. Broda (Hrsg.), *Praxis der Psychotherapie. Ein integratives Lehrbuch* (S. 191–198). Stuttgart: Thieme, 5., vollst. überarb. Aufl.

Wurmser, L. (1987). *Flucht vor dem Gewissen. Analyse von Über-Ich und Abwehr bei schweren Neurosen.* Berlin: Springer.

Zerbe, K. J. (2007). Psychotherapy and psychoanalysis: Fifty years later. *Journal of the American Psychoanalytic Association, 55*, 229–238.

Zwiebel, R. (2003). Die Position des Analytikers. In A. Gerlach, A.-M. Schlösser & A. Springer (Hrsg.), *Psychoanalyse mit und ohne Couch: Haltung und Methode* (S. 36–59). Gießen: Psychosozial-Verlag.

Zwiebel, R. (2004). Der Analytiker als anderer: Überlegungen zum Einschluss der Person des Analytikers in der analytischen Praxis. *Psyche – Z Psychoanal, 58*, 836–868.

Zwiebel, R. (2007). *Von der Angst, Psychoanalytiker zu sein. Das Durcharbeiten der phobischen Position.* Stuttgart: Klett-Cotta.

Zwiebel, R. (2013). *Was macht einen guten Psychoanalytiker aus? Grundelemente professioneller Psychotherapie.* Stuttgart: Klett-Cotta.

Sachregister

A

abduktive Logik 36
Abwehrmechanismen 21
Affekt-Kommunikation 30
Affektregulierungsprozess 31
Affektsymbolisierung 95
Affekttheorie 37
Affekttoleranz 213
Agieren 192
Aktualneurose 28
Alltagstheorien 154
Amputiertenfetischismus 107
Analysierbarkeit 29
Analytiker als 144
analytische Psychotherapie 18, 88, 112, 114
analytisches Paar 43
Anamnese
– tiefenpsychologische 97
Angst des Analytikers 56
Angst vor der Wahrheit 77, 162
Äquivalenzmodus des Denkens 84
Arbeitsbündnis 29
Arbeitskreis OPD 27, 107
Arbeitsmodell 42
Archäologie-Modell 177
Argumentationszugänglichkeit 154
Assoziationswiderstand 164
Ausgeschlossensein
– ödipales 153
ausgewählte Tatsache 151

B

Bedeutung
– unbewusste 47
Behandlungsverfahren
– psychoanalytisches 41
Bewusstseinszustand 138
– der freien Assoziation 45
– regressiver 131
Beziehungsmuster
– implizites 36
Bildhauer-Metapher 130
Bindung 24
Bindungsforschung
– zweite Generation 25
Bindungstheorie 25, 91
biographische Rekonstruktion 179
Borderline-Persönlichkeitsstörung 28, 101

C

Cognitive Science 36
Containment
– parasitäres 153
Control-Mastery-Theorie 188

D

Dekonstruktion
– des Triebs 26
Denken
– konkretistisches 55

251

Sachregister

Desobjektalisierung 180
Deutung 134
Deutungshypothese 139
Deutungsschablone 129
Diagnostisches und Statistisches Manual 97
Dissoziationsmodell 27
Dynamik
- als metapsychologischer Gesichtspunkt 20

E

Ein-Personen-Psychologie 169
Einsicht 24
Einstimmung
- empathische 37
emotionale Abstimmung 208
emotionale Intelligenz 54
Empathie 67, 199
Entscheidungsprozess
- intuitiver 134
- unbewusster 151
Entwicklungsobjekt 26, 29
- validierendes 67
Entwicklungsprozess
- linear, nonlinear 26
Erfahrung
- unmentalisierte 180
Eröffnungsszene 99
Erstinterview
- psychoanalytisches 97
Erzählen, spontanes
- als Wirkfaktor 58
Essstörung 160

F

Faber-Haarstrick-Kommentar 115
Fetisch 102
frei flottierende Rollenbereitschaft 190
Frei-assoziieren-Können 143
freie Assoziation 43, 129

Frequenzvorstellung
- des Patienten 77

G

Gedächtnis 164
- implizites, explizites 31
Gedächtnissysteme
- implizit, explizit 36
Gegenübertragung 67, 70, 106, 135, 153, 184, 186
Gegenübertragungsbereitschaft 187
Gegenübertragungsspannung 135
Gegenwartsmoment 205
Gegenwarts-Unbewusstes 136
Gehirn
- verkörpertes 20
Gender-Perspektive 34
gesellschaftlich Unbewusstes 154
Gesetz des Vaters 35
Gesprächskontrolle
- alltagssprachliche 49
Gesprächssituation
- ungewöhnliche 41, 75
Gesprächsverhalten
- alltägliches 51
gleichschwebende Aufmerksamkeit 43, 62
Grundannahmen
- der Psychoanalyse 47

H

Handlungsdialog
- unbewusster 214
Handlungsdruck 134
- im Sprechen 55
Handlungsgrund
- unbewusster 128
handlungssprachlich 29
Hermeneutik des Verdachts 29, 163
hermeneutische Wende 33

Sachregister

I

Ich-Ideal-Ansprüche
– perfektionistische 83
Ich-Organisation 195
Ich-Stärke 112, 193
ichstrukturelle Fähigkeiten 54
idealer Patient 171
implizite Beziehungsregeln 168
implizites Beziehungsgeschehen 208
implizites Beziehungswissen 204
Indikation 97
– objektive, subjektive 87
Indikationsentscheidung 93
Indikationsstellung 112
– subjektive 29
Intelligenz
– vorbegriffliche 55
intermediärer Raum 209
Internationale Klassifikation psychischer Störungen 97
Intersubjektivität 30
– primäre 209
Introspektion
– stellvertretende 66

K

Kastrationsangst 123
Kindheitserinnerungen 178
Kognitive Verhaltenstherapie 24
Kommunikation
– emotionale 69
– nichtbewusste 37
– unbewusste 63
Kompetenz
– analytische 57, 76
Kompromissbildung 27, 46, 163
konkretistisches Denken 32
Konsensusproblem 108
Konversation
– alltägliche 47
Konversationsanalyse 35
Kore-Persephone-Komplex 27

L

Langzeittherapie
– analytische 78
Lehranalyse, Lehrtherapie 129

M

manualisierte Verfahren 32
Mentalisierung 25, 28
mentalisierungsbasierte Psychotherapie 92
Mentalisierungsfähigkeit 54
Mikroprozesse der Veränderung 207
Mitagieren 31
modifizierte analytische Psychotherapie 92
Modus des Hörens 133
Momente der Begegnung 205
Mythos der freien Assoziation 48

N

negative capability 108
neosexuelle Revolution 34
nontalking cure 70

O

Oberfläche 126, 132
Objektivitätsparadigma
– positivistisches 68
ödipaler Konflikt 26
Operationalisierte Psychodynamische Diagnostik 97

P

Passung 97
pensée opératoire 54
Persönlichkeit des Therapeuten 211
Persönlichkeitsorganisation 192
Persönlichkeitsstörung 86

Sachregister

Phantasie 25
Physik
– als Leitwissenschaft 20
Plan
– unbewusster 189
Pluralität 33
– psychoanalytische 23, 141
– psychoanalytischer Richtungen 23
primäre Liebe 199
Probedeutung 100
Professionalisierung 128
projektive Identifizierung 190
Prosodie 66
Prozess
– psychoanalytischer 76
Prozessanalyse 64, 73
Pseudoverstehen 68
Psychoanalytisches Standardverfahren 87
Psychodynamik 120
Psychodynamische Psychotherapie 19
Psychosexualität 25
Psychotherapeuten-Gesetz 22
Psychotherapieforschung 32
Psychotherapie-Richtlinien 18, 114

R

Rahmen
– äußerer 41
Regel
– der freien Assoziation 47
Regression
– partielle 120
Repräsentation
– symbolische 211
Retraumatisierung 210
Rêverie 64, 209, 213
Richtlinienpsychotherapie 88
Richtlinien-Psychotherapie 32

S

sadistisch-perverse Position 105
Selbstanalyse 65
Selbstaufmerksamkeit
– subjektive, objektive 59
Selbstbeobachtung 46, 142
Selbstheilung 84
Selbstobjekt-Übertragung 201
Selbstorganisation 209
Selbstwertbalance 138
Signalangst 21
Somatisierungsstörung 93
Somatoforme Störung 28
Spaltung 107, 167
Spiegelneuronen 37, 63
Sprachzerstörung 192
Sprechhandlung 46, 51, 53, 84
strukturbezogene Psychotherapie 92
Strukturdiagnostik der OPD 105
strukturelle Störungen 115
Strukturniveau 83, 86
Strukturpathologie 120
Stundenfrequenz 75
Subtext 46
Symbolik
– bildliche 46
symbolische Gleichung 84
Symbolisierung 180
Symbolisierungsdefizit 113
Symbolisierungsniveau 52, 54
Symbolisierungsstörung 84, 92, 214
Symptom 128, 160
szenisches Verstehen 98

T

Takt, Taktgefühl 42
Taktlosigkeit 170
Theorie des Geistes 25
Theorien
– implizite 153
– implizite und explizite 33

tiefenpsychologisch fundierte Psychotherapie 18, 52, 88, 112, 114
Transformationsparadigma 83
Trauminterpretation 171
Trennungsangst 123
Triangulierung 27
Triebtheorie 91

U

Überich-Pathologie 159
Überich-Widerstand 165
Übertragung 53, 89, 182
Übertragungsanalyse 168, 212
Übertragungsanalyse im Hier und Jetzt 141
Übertragungsdeutung 60, 87
– mutative 188
Übertragungsheilung 77
Übertragungwiderstand 165
unbewusst
– dynamisch 21
unbewusste Phantasie 178
Urteilsfehler 28

V

Verdrängungsparadigma 91
Verdrängungswiderstand 165
Verführungstheorie
– allgemeine 25
Verhaltenstherapie 52
Versorgungsstudie der Kassenärztlichen Bundesvereinigung 76

Verstehen
– tiefenhermeneutisches 126
Verwandlungsobjekt 30
Vitalitätsaffekt 207

W

Wahrheit
– narrative 29
Wahrnehmungstheorie 209
Widerstand 55, 65, 89, 131, 163, 188, 189
– des Therapeuten 173
Widerstand aufgrund eines Krankheitsgewinns 165
Widerstand gegen das Bewusstwerden der Übertragung 167
Widerstand gegen das Involviert-Werden in die Übertragung 168
Widerstand gegen die Auflösung einer Übertragung 167
Wiederkehr des Verdrängten 83
Wirkfaktoren 32, 92
Wissenschaftlicher Beirat 18

Z

Zeichentheorie 35
Zwangsgedanken 161
Zwei-Personen-Psychologie 212
Zwischenleiblichkeit 68

Personenregister

A

Abend, S.   27
Ablon, J. S.   32
Abrams, S.   26
Aichhorn, T.   217
Akhtar, S.   73
Allen, J.   194
Altman, N.   34
Altmeyer, M.   30
Arbeitskreis OPD   106, 124
Arbeitskreis PISO   90
Arlow, J.   49, 75
Aron, L.   31
Atlas, G.   220
Axelrad, S.   124

B

Bach, S.   59
Balint, M.   199
Balzer, W.   155
Barratt, B.B.   225
Basch, M.   85
Bassler, M.   90
Bateman, A. W.   32, 90
Beebe, B.   69, 213
Bell, K.   125
Benecke, C.   32, 41
Benedek, T.   85
Benjamin, J.   35, 220
Bergmann-Mausfeld, G.   93
Bergner, A.   227

Bernfeld, S.   46
Bischof, D.   225
Bion, W. R.   64, 108, 151, 155, 162, 179, 190, 209, 213
Blass, R. B.   224, 229
Blaß, H.   27
Bleger, L.   224, 229
Bleichmar, H.   138, 215
Bohleber, W.   33, 34, 37, 70
Bollas, C.   30, 43, 78, 168, 180, 196
Boll-Klatt, A.   94
Bolognini, S.   209
Börne, L.   45
Bornstein, M.   29
Boston Change Process Study Group   30, 31, 169, 204, 207, 208
Bouchard, M.-A.   28, 84
Bowlby, J.   26
Bozetti, I.   78
Brakel, L.   56
Brecht, E.   125
Brehm, J.   229
Brisch, K. H.   25
Brody, S.   124
Bronstein, C.   228
Brown, L. J.   228
Brüggen, W.   26
Bucci, W.   27, 36, 45, 155
Buchholz, M.   35, 129
Buchholz, M. B.   223
Bürgin, D.   227, 228
Busch, F.   27, 28, 32, 36, 56, 65, 76, 84, 133, 221

Busch, F. N. 219
Busch, H.-J. 26
Bushra, A. 31

C

Cabaniss, D. L. 19
Caligor, E. 32
Campbell, C. 217
Canestri, J. 33
Carmeli, Z. 224
Carpy, D. V. 31
Chasseguet-Smirgel, J. 103
Clyman, R. 36
Conway, M. A. 36
Conzen, P. 222

D

Damasio, A. 36
Dammann, G. 180, 229
Dammasch, F. 34
Danckwardt, J. F. 29, 32, 87, 230
Dantlgraber, J. 87
Dare, C. 165
de Bono, E. 45
De Masi, F. 221
Deserno, H. 125
Detel, W. 224
Diamond, D. 25, 27
Diamond, M. J. 229, 230
Doehring, S. 97
Downey, J. I. 34
Dreyer 94
Dreyer, K.-A. 94
Dümpelmann, M. 219

E

Eagle, M. N. 25, 37
Ehlers, W. 25
Ehrlich, L. T. 87
Emde, R. N. 26
Ermann, M. 30

Erreich, A. 218

F

Faber, F. R. 110
Favareau, J. 223
Fenichel, O. 129, 130, 142, 179
Ferro, A. 83
Fink, B. 159
Fischer, G. 90
Fishman, G. G. 68
Flaake, K. 27, 34
Fliess, R. 67
Fließ, W. 178
Focke, I. 78, 174, 221
Fonagy, P. 25, 26, 29, 32, 37, 48, 84, 90, 105, 194, 217
Fosshage, J. L. 26, 68, 215
Freedman, N. 29, 54, 70, 83, 180
Freud, A. 142
Freud, S. 20, 33, 40, 42, 44, 46, 61, 62, 64, 70, 74, 102, 127, 129, 130, 155, 164, 165, 169, 177, 178, 182–184, 189, 192, 193, 204, 209, 211, 213, 215
Frick, E. 37
Friedman, R. C. 34
Frühwein, C. 224
Fuchs, T. 68

G

Gabbard, G. O. 25, 30, 32, 33, 92
Gaensbauer, T. J. 218
Galatzer-Levy, R. M. 26, 221
Gallese, V. 37
Gammelgaard, J. 25
Geißler, P. 30, 36
Gerisch, B. 222
Gill, M. M. 140–142, 144, 167, 197
Ginot, E. 31, 70
Gödde, G. 35, 129, 227
Goetzmann, L. 230
Grabska, K. 63

Gray, P. 64–66, 73, 140, 142–144, 150
Green, A. 78, 180
Greenacre, P. 103
Greenson, R. R. 129, 195
Grier, F. 230
Grimmer, B. 35
Grossmann, M. 30
Grotstein, J. S. 64
Grünbaum, A. 36
Guilford, J. P. 45
Gumz, A. 228
Gündel, H. 237
Gutmann, B. 221
Gutwinski-Jeggle, J. 174

H

Habibi-Kohlen, D. 231
Haarstrick, R. 110
Habermas, T. 211
Hahn, I. 78
Ham, J. 209
Hampe, M. 36
Harrison, A. M. 30
Hartocollis, P. 28
Hau, S. 41
Haubl, R. 29
Heenen-Wolff, S. 35
Heidegger, M. 68
Heimann, P. 186
Heisterkamp, G. 30
Hinz, H. 216
Hoffman, I. Z. 48
Hoffmann, S. O. 90
Hohage, R. 94
Holder, A. 25, 165
Holtzman, D. 27, 28
Hopf, H. 27
Hörz, S. 97
Hörz-Sagstetter, S. 228
Huber, D. 32
Hübner, W. 30, 216, 221
Husserl, E. 68

I

Inderbitzin, L. B. 140, 144

J

Jung, C. G. 204
Junker, H. 36

K

Kächele, H. 32, 151
Kahl-Popp, J. 221
Kapfhammer, H.-P. 26
Keats, W. 108
Kernberg, O. F. 24, 28, 33, 90, 93, 167, 216
Kettner, M. 29, 36, 127, 153, 154
King, V. 34, 222
Kitcher, P. 34
Klöpper, M. 94
Klüwer, R. 30
Knight, R. 26
Köhler, L. 36
Kohut, H. 66, 67, 72, 85, 134, 199, 200
König, J. 34
Körner, J. 31, 141
Krause, R. 32, 218
Krejci, E. 229
Kris, A. O. 140, 141, 143, 145
Krovoza, A. 34
Kruse, J. 54
Küchenhoff, J. 25, 35, 37, 75, 78, 220, 224
Kulish, N. 27, 28, 34
Kurz, G. 227

L

Lachmann, F. F. 29, 69, 213
Laimböck, A. 227
Lane, R. 231
Langs, R. 213

Laplanche, J.   25
Lavender, J.   70
Lear, J.   78
Lecours, S.   28, 29, 31, 53, 56, 83, 84
LeDoux, J.   36
Leikert, S.   219
Lesmeister, R.   35, 222
Leuzinger-Bohleber, M.   33, 36, 41
Levine, H. B.   223, 227
Levy, R. A.   32, 144
Levy, S. T.   140
Lichtenberg, J.   26
Lipps, T.   68
Little, M.   186
Loewald, P.   187
Lorenzer, A.   26
Lotterman, A. C.   155
Luborsky, L.   32
Lunn, S.   222

M

Makari, G.   73
Mancia, M.   36, 179
Marahrens-Schürg, C.   125
Martin, R.   225
Marty, P.   54
Maskit, B.   155
Mauss-Hanke, A.   220, 222
Mayes, L.C.   26
McWilliams, N.   124
Meissner, W. W.   26, 68
Mens-Verhulst, J.van   34
Mentzos, S.   90
Merleau-Ponty, M.   68
Mertens, W.   29, 31, 33, 46, 65, 73, 98, 108, 131, 213, 214, 217, 218, 220, 225, 227
Migone, P.   37
Miller, A.   200
Milrod, B.   32, 90
Mitchell, S.   31, 49
Mitrani, J. L.   54, 83, 180
Moeslein-Teising, I.   225

Moser, U.   30, 33, 37, 79
Müller-Pozzi, H.   25
Münch, K.   37, 221
Munz, D.   37

N

Nissen, B.   174, 226, 230

O

Özbeck, T.   226
Ogden, T.   209
Olds, D. D.   35, 223
Orange, D.   30, 35
Orlinsky, D.   32

P

Pally, R.   69, 70
Palombo, J.   26
Panaguia, C.   65
Paniagua, C.   133, 134, 245
Panksepp, J.   36
Paulsen, S.   222
Pedersen, S. H.   222
Peirce, C.S.   35, 36
Peräkylä, A.   35
Pflichthofer, D.   30
Phillips, S. H.   28
Piaget, J.   54
Picht, J.   231
Plassmann, R.   219, 222
Pless, S.   227
Poincaré, H.   151
Poscheschnik, G.   94, 219
Procci, W.   91

Q

Quagelli, L.   226
Quindeau, I.   34

R

Racker, H. 169, 186, 188
Reckwitz, A. 223
Reddemann, L. 90
Reed, G. S. 223
Reik, T. 62
Reinke, E. 228
Renik, O. 31
Rick, A. de 220
Riesenberg-Malcolm, R. 93
Rizzolatti, G. 63
Rohde-Dachser, C. 34, 93, 106
Rosa, H. 222
Rosegrant, J. 59, 60
Rosenfeld, H. 93
Rosin, U. 31
Roth, G. 24
Rubovits-Seitz, P. 29
Ruettner, B. 230
Rudolf, G. 28, 90, 194
Rüger, U. 92, 110
Rugenstein, K. 218, 226, 228
Rupprecht-Schampera, U. 106
Russell, J. 29

S

Safran, J. D. 29
Solano, P. 226
Saller, V. 35
Salomonsson, B. 35
Sampson, H. 188
Sander, L. 26
Sandler, A.-M. 29
Sandler, J. 29, 165, 190
Scarfone, D. 25, 223
Schäfer, G. 225
Scharff, J. M. 30, 216
Scheler, M. 68
Schiller, F. 45
Schmidt, M. G. 94
Schmitthüsen, G. 215, 230
Schneider, G. 31, 79, 94, 174, 215

Schore, A. N. 26, 31, 37, 214
Schwaber, E. A. 67, 72, 140, 141, 144, 145, 151
Searles, H. 69, 213
Segal, H. 84
Shaked, J. 38
Shapiro, T. 73
Shedler, J. 32
Silverman, M.A. 27, 33
Singer, J. A. 36, 216
Solano, L. 28
Solnit, A. 26
Spence, D. 68
Springer, A. 37
Staats, H. 219
Staehle, A. 227
Stasch M. 124
Steiner, J. 27, 93
Stern, D. 26, 30, 31, 213
Steyn, L. 213
Stone, L. 167
Storck, T. 70, 79, 220, 228
Stoupel, D. 216
Strachey, J. 188
Strauß, B. 25
Strawson, P. F. 68
Streeck, U. 28, 32, 90, 174, 194
Sugarman, A. 29, 32, 83

T

Täkhä, V. 29
Target, M. 25, 84
Thomä, H. 30, 151
Traxl, B. 219
Tress, W. 90
Tronick, E. 30, 208, 209
Tuch, R. H. 32
Tuckett, D. 33, 43, 79, 230
Tyson, P. 26

V

v. Klitzing, K. 27, 106

Vanheule, S. 220
Verhaeghe, P. 28, 220
Vermote, R. 225
Vivona, J. 36

W

Wachtel, P. 31, 164
Wallerstein, R. S. 31, 33, 38
Walter, A. 29
Wampold, B. 32
Warsitz, R.-P. 35, 224, 226
Weber-Meewes, A. 125
Wegner, P. 230
Weinshel, E. M. 28
Weiß, H. 93, 174, 250

Weiss, J. 188
Wellendorf, F. 93
Westen, D. 25, 30, 32, 33, 92
Widlöcher, D. 25
Will, H. 33, 155, 231
Wilson, M. 173
Winnicott, D. W. 199, 209
Wittmann, L. 220
Wöller, W. 54, 94
Wurmser, L. 65, 130

Z

Zeuthen, K. 25
Zwiebel, R. 31, 33, 57, 73, 209, 211, 213, 227